“十四五”职业教育国家规划教材

高等职业教育“互联网+”新形态教材·市场营销专业

# 新编市场营销（第3版）

许春燕　王雪宜　主　编

苏　芳　赵　珊　张　雪　江丰沛　周　炎　副主编

電子工業出版社
Publishing House of Electronics Industry
北京·BEIJING

## 内 容 简 介

在“新市场、新商业、新商科”背景下，本教材以培养学习者营销职业能力为本位，基于营销工作过程、全域营销互联网新思维，以模块化设计、任务驱动为主线，开发了职业性与实践性、教育性合一的内容体系，恪守德技双修、知行合一、立德树人的理念，实施教学做一体、课内外并举、线上线下融合的行动导向教学方法，兼顾营销知识、技能与道德素养。同时依托在线课程平台，同步点对点配套在线课程信息化资源，便利学习者碎片化、无边界、自主学习。

本教材可满足培养一线应用型高素质全域营销人才的需要，可作为高职、应用型本科院校及中职学校市场营销专业课程的教学用书，也可作为财经类其他专业、人文社科类及理工类等相关专业市场营销选修课程的用书，还可以满足其他相关学历提升、企业培训、技能测试等对市场营销课程的用书需求。



**图书在版编目（CIP）数据**

新编市场营销 / 许春燕，王雪宜主编. —3 版. —北京：电子工业出版社，2020.11

ISBN 978-7-121-37725-9

Ⅰ. ①新… Ⅱ. ①许…②王… Ⅲ. ①市场营销学－高等学校－教材 Ⅳ. ①F713.50

中国版本图书馆 CIP 数据核字（2019）第 237650 号

责任编辑：贾瑞敏
印　　刷：北京盛通数码印刷有限公司
装　　订：北京盛通数码印刷有限公司
出版发行：电子工业出版社
　　　　　北京市海淀区万寿路 173 信箱　邮编 100036
开　　本：787×1 092　1/16　印张：16.25　字数：416 千字
版　　次：2009 年 6 月第 1 版
　　　　　2020 年 11 月第 3 版
印　　次：2025 年 9 月第 10 次印刷
定　　价：51.00 元

凡所购买电子工业出版社图书有缺损问题，请向购买书店调换。若书店售缺，请与本社发行部联系，联系及邮购电话：(010)88254888，88258888。

质量投诉请发邮件至 zlts@phei.com.cn，盗版侵权举报请发邮件至 dbqq@phei.com.cn。

本书咨询联系方式：电话 010-62017651；邮箱 fservice@vip.163.com；QQ 群 427695338；微信 DZFW18310186571。

# 前言

本教材是“新市场、新商业、新商科”背景下的需求导向、价值引领、能力本位、“岗课赛证”融合的高等职业教育“互联网+”、新形态一体化职业教育国家规划教材。

从2009年第1版、2014年第2版到2020年第3版，从教育部教高〔2006〕16号文《教育部关于全面提高高等职业教育教学质量的若干意见》、到国发〔2019〕4号文《国务院关于印发国家职业教育改革实施方案的通知》以及教职成司函〔2019〕94号文《关于组织开展“十三五”职业教育国家规划教材建设工作的通知》等文件精神，本教材编写团队在“新市场、新商业、新商科”背景下，不懈探索以培养学习者营销职业能力为本位，基于营销工作过程、全域营销互联网新思维，以模块化设计、任务驱动为主线，开发职业性与实践性、教育性合一的内容体系，恪守德技双修、知行合一、立德树人的理念，构建“以学习者为中心”的深度学习体系。同时依托在线课程平台，同步点对点配套在线课程信息化资源，便利学习者碎片化、无边界、自主学习，实施教学做一体、课内外并举、线上线下融合的行动导向教学方法，兼顾营销知识、技能与道德素养。

本教材同时也是主编许春燕老师10年企业经营管理从业、20年高职市场营销专业教育教学（12年市场营销专业群带头人）期间，对营销理论不断学习、对新营销不懈观察与思索、对高职教育教学规律不断摸索、对“教师、教材、教法”三教改革不断探索的结晶。

因在基于营销工作过程设计编写架构，内容体系实践性与职业性合一，兼顾营销知识、技能与道德素养，以及在知行合一、教学做一体、德技双修、立德树人的行动导向教学设计等方面的积极探索，本教材第2版被评为“十二五”职业教育国家规划教材、第3版被评为“十三五”职业教育国家规划教材。

本教材第3版，根据国发〔2019〕4号文《国务院关于印发国家职业教育改革实施方案的通知》等文件精神，在教材设计、思政育人、内容体系构建、信息化资源建设以及知行合一、工学结合教材模式设计上，进行了进一步的探索。

## 一、教材体系模式：产教融合，校企双元，职业性与教育性合一

以服务产业升级、区域经济发展为宗旨，以培养产业升级所需高素质复合型、创新型市场营销人才为目标，基于市场营销行业企业标准、工作过程，邀请韩都衣舍电子商务集团股份有限公司等企业营销实战专家共同参与，归纳典型工作任务、营销活动行动领域，系统化构架了教材内容体系——将教材主体设计为迈入市场、洞察市场、定位市场、满足市场、贴近市场、直击市场6个模块。以任务驱动为主线设计了11个任务，每个任务设置学习目标、任务导入、任务实施、应知应会及拓展训练五部分内容，任务主体又通过情境思辨、营销思维、同步聚焦、同步观察、同步拓展等大量即时“情境化”同步素材的引入，启发学习者在观察与思考中构建营销思维、认知与职业素养。

## 二、教材内容选取：实践性与职业性合一，彰显适应性、前瞻性、创新性

在“新市场、新商业、新商科”背景下，本教材着重从全网营销、全媒体整合传播等社交新媒体时代的新视野出发，融合移动互联网营销新思维来选择内容，并增加大量本埠实战素材，以确保教材内容的适应性、前瞻性、创新性。

同时通过在线课程、网络拓展等二维码拓展资源，运用互联网思维，实现线上线下融合、课内外并举，潜移默化地引导学习者终身学习。

## 三、培根铸魂并行：德技双修，知行合一，立德树人

本教材在教材体系架构、内容选取、及“教学做一体化”教学模式设计等方面，全面落实“立德树人”根本任务，每个任务都单设“职业操守”“走进职场”学习目标，把做事先做人、家国情怀、企业社会责任、中华优秀传统商贸文化、社会主义核心价值观、新媒体传播素养以及遵纪守法、利他精神、爱岗敬业、创新创业意识等职业人文素成，贯穿到教材内容设计及教学做一体教学模式设计“三全育人”全过程。切实贯彻落实党的二十大报告中提出的“育人的根本在于立德。全面贯彻党的教育方针，落实立德树人根本任务，培养德智体美劳全面发展的社会主义建设者和接班人”。

## 四、“互联网+”、新形态一体化：点对点、颗粒化信息资源，动态更新

### 1. 依托在线课程平台，同步配套在线课程资源，开启无边界自主学习

本教材的配套在线课程“营销你我他”于2017年上线超星“学习通”App，至今已建设运行3年，2018年被评为威海职业学院校级精品资源共享课，2019年12月被推荐申报山东省精品资源共享课，后续资源将持续建设和开发中，为本教材学习者开启了同步配套视频、动画、图片、PPT等教学资源实时更新、教与学实时互动、无边界自主学习的在线窗口。

### 2. 构建“以学习者为中心”的深度学习体系

本教材按照“以学生为中心，以学习成果为导向，促进自主学习”的思路，基于企业真实营销工作任务，尝试开发成“思维构建+工作任务+留白笔记+拓展训练”四位一体的新型工作手册式教材，并通过大量在线拓展及知识点慕课、动画等二维码自主学习资源的引入，弱化教材“教学材料”的特征，强化“学习资料”的功能，为学习者构建深度学习体系。

## 五、教材适用

本教材可满足培养一线应用型高素质全域营销人才的需要，可作为高职、应用型本科院校及中职学校市场营销专业课程的教学用书，也可作为财经类其他专业、人文社科类及理工类等相关专业市场营销选修课程的用书，还可以满足其他相关学历提升、企业培训、技能测试等对市场营销课程的用书需求。

本教材共分6个模块，内含11个任务单元，由威海职业学院许春燕负责制定编写大纲

及统稿、定稿，并具体承担任务 1、2、6、11 的编写；威海职业学院王雪宜参与任务导入、任务实施的开发设计，具体承担任务 7、8、9、10 的编写；威海职业学院苏芳具体承担任务 3、4、5 的编写；威海职业学院赵珊具体参与任务 6、7、9 的在线课程资源开发；威海职业学院张雪具体参与任务 8 的在线课程资源开发；济南大学江丰沛具体参与相关任务拓展案例与素材的搜集和整理。韩都衣舍电子商务集团股份有限公司客服总监周炎女士参与了课程开发理念研讨、课堂体系构建，并具体参与了任务 4、9、11 的在线拓展素材的搜集工作。

在本教材第 3 版编写过程中，学习、参考并借鉴了大量其他市场营销业界前辈和同人的有关文献及网络资源，尤其是中国大学 MOOC、超星学习通等优质在线开放课程资源，受益匪浅，在此深表谢意！

本教材第 3 版配有同步的在线精品资源共享课，欢迎扫码关注超星学习通威海职业学院许春燕主持的“营销你我他”在线课程，即时在线浏览学习本教材所涉关键知识点的配套微课、PPT、动画资源，以及图片、文本、超链接等拓展资源。

本教材第 3 版同时配有数十个“拓展观察”等在线辅助拓展资源，供读者扫码浏览，助力相关知识点的学习、理解与应用。

由于编者水平有限，加上时间仓促，本教材难免存在疏漏和不妥之处，敬请读者批评指正。编者联系邮箱：xchyan68@163.com。

编　者

本书同步配套在线精品资源共享课：
营销你我他（学习通）
邀请码：43854150

# 目 录

# 模块1 迈入市场，认识营销

## 模块导引

请现场或线上考察：企业所需营销岗位有哪些？要求哪些营销知识、技能与人文素养？

通过营销观察、消费体验、在线研讨、课堂分享、角色扮演、实战演练等方式，思考并领会：今天谁不需要营销？营销就是推销吗？需要可以被创造吗？你的客户是谁？客户从哪里来？先有满意的员工，才能创造满意的客户？企业营销活动与慈善有关联吗？营销管理的任务是需求管理？互联网营销思维及营销组合创新的当下表现模式及趋势是什么？

本模块引领你切身体验到营销无处不在，助推你树立敏锐的观察意识，建构、形成恪守职业道德、营销伦理和企业社会责任的现代市场营销理念、互联网营销思维，为有效分析营销现象、创新设计营销组合、解决企业营销问题提供营销原理支撑。

你需要面对和思考的主要问题，包括但不限于：

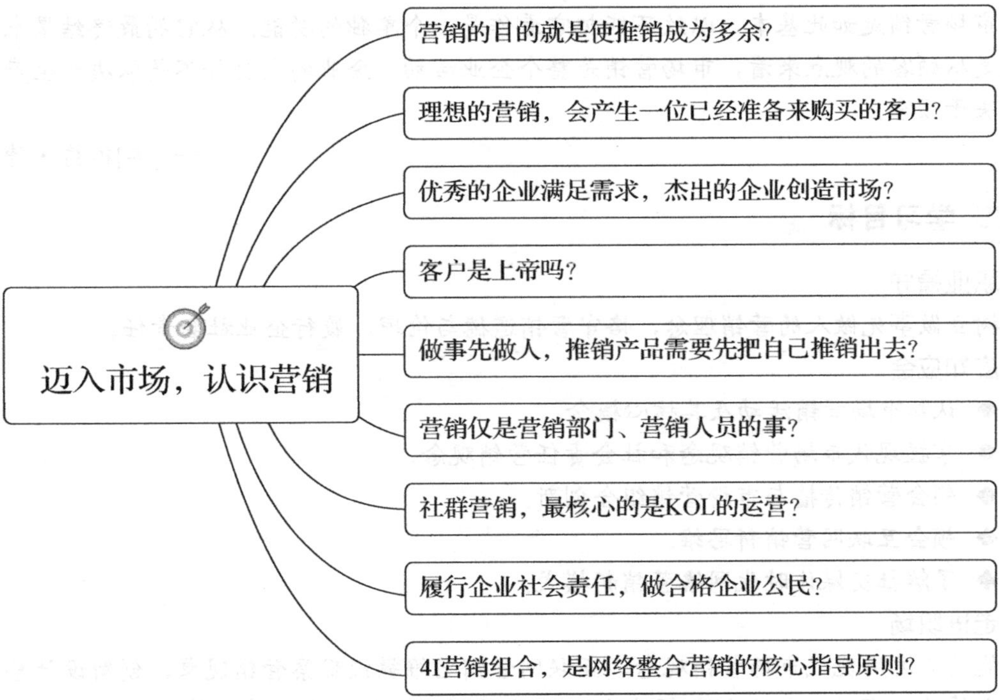

# 任务1

# 更新市场营销理念



市场营销是如此基本，以致不能把它看作是一个单独的功能。从它的最终结果来看，也就是从顾客的观点来看，市场营销是整个企业活动。企业的成功并不是取决于生产，而是取决于顾客。

——[美]彼得·德鲁克

## 学习目标

**职业操守**

树立做事先做人的营销理念，恪守营销道德与伦理，履行企业社会责任。

**应知应会**

◆ 认知市场营销活动及其核心概念。

◆ 掌握现代市场营销观念和社会责任营销观念。

◆ 领会营销传播与市场营销组合创新。

◆ 领会互联网营销新思维。

◆ 了解社交媒体时代网络营销新模式。

**走进职场**

能灵活运用现代市场营销观念、互联网营销思维敏锐观察营销现象，创新设计整合营销组合策略，有效分析和创新解决企业营销问题，践行职业道德、营销伦理和企业社会责任。

## MARKETING 任务导入

### 市场营销“职业发展”，四面楚歌？

进入2019年，不少营销人发现自己不会做营销了：一方面，在这轮经济周期中，大量品牌主高度重视营销的转化率，甚至缩减传统营销预算；另一方面，随着媒体环境的变化，刷量式、分发式的营销日益难以为继。2019年也是媒体有效性与媒体转化力备受重视的一年。随着快手、抖音等社交短视频平台的相继走红，媒介渠道进一步碎片化，对于品牌主来说，如何使传播带来实际转化率是他们最关注的问题；随着5G时代的到来，“万物互联”的新窗口也将被打开。

从工作职能范围来看，公司运营部门正在夺取企业自媒体阵地（两微一抖）的管理权，从媒体、编辑、编剧圈过来的内容团队正在抢夺“日常创意”工作；在渠道合作上，新形态的销售部门有着更强势的话语权……可以说市场营销的“职业护城河”越来越窄且浅。

对市场部的领导者来说，如何守住企业中部门的职能和话语权，在2019年变得更为重要。而对于营销从业者来说，在知识爆炸的时代，到底学哪些新本事，是继续做营销，还是转投运营或其他职能部门的怀抱，都会是既艰难又重要的抉择。

A公司是一家面向国内外生产和销售渔具、鱼饵的公司，小C是刚加入A公司市场部的“菜鸟”，面对当前的行业发展和职业形势，小C感到非常困惑。针对渔具、鱼饵类产品如何开展市场营销，小C需要尽快厘清营销思路、了解市场行情、掌握市场营销的基本活动，以便更快地进入岗位角色。

**议一议**

① 线上线下考察人才招聘市场，了解企业需求的营销岗位有哪些。

② 要胜任企业所需的营销岗位，需要具备哪些知识、技能与人文素养？

**拓展**

观察：2020年7月，互联网营销师新职业发布

**拓展**

观察：2021年11月，互联网营销师国家职业技能标准发布

## 任务实施

1. 打开淘宝、天猫、京东，分别梳理三大平台，考察销量前三的渔具品类、品牌和具体产品、价格、促销、渠道及竞争品状况，整理归纳渔具行业的市场行情，并做好记录。

2. 走进本埠渔具G企业或渔具实体店（或本埠其他主导产业），考察当地主要渔具品类、品牌及具体产品行情。

3. 学习本任务"应知应会"部分，领会市场营销、需求、市场等核心概念及企业社会责任等现代市场营销观念的内涵，明确不同需求状态下营销人员面临的不同营销管理任务，厘清市场营销活动的基本流程，完成工作任务卡1，如表1.1所示。

笔记

**表1.1　工作任务卡1——确定本埠G企业市场营销管理任务**

完成时间：　　　年　　月　　日

| 考察内容 | | 线上网店 | | 本埠线下实体店 | |
|---|---|---|---|---|---|
| | | 信息来源 | 考察结果 | 信息来源 | 考察结果 |
| 渔具产品 | 主要品类名称 | | | | |
| | 主要产品名称 | | | | |
| | 主要品牌名称 | | | | |
| 渔具产品目标市场 | 主要品类 | | | | |
| | 主要产品 | | | | |
| 渔具市场行情 | 价格行情 | | | | |
| | 渠道行情 | | | | |
| | 促销行情 | | | | |
| | 客户满意度现状 | | | | |
| | 竞争品行情 | | | | |
| 渔具产品需要解决的营销问题 | | | | | |
| 渔具产品营销应遵循的营销思维 | | | | | |
| 渔具产品的营销活动管理过程 | | | | | |

## 应知应会

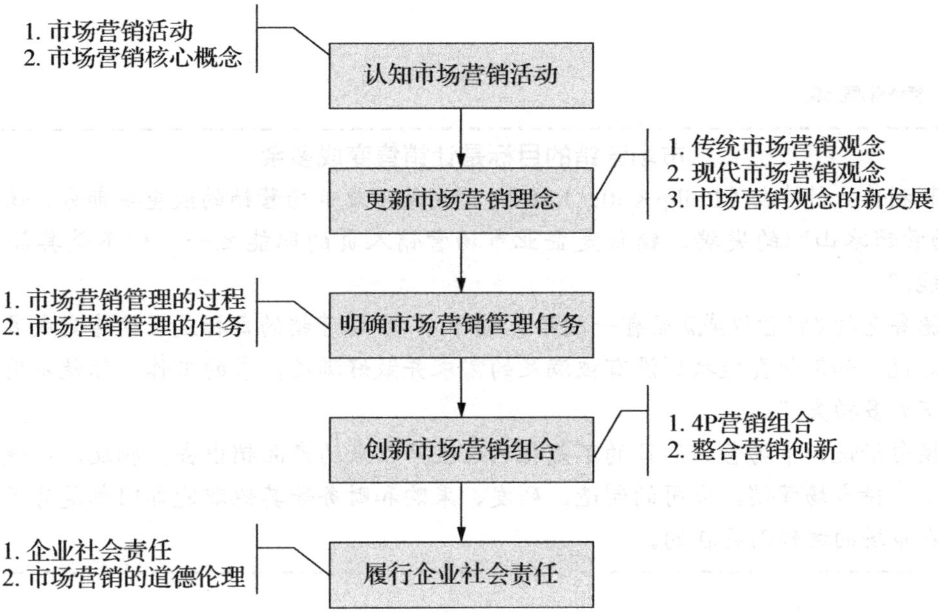


**慕课**

**视频：**理想的市场营销

市场营销既是一种组织职能，又是一种创造、传播、传递客户价值的思维和活动。

营销无处不在，无人不需，人们日常所消费的各种产品或服务都可能是营销的对象；芸芸众生、各种营利性企业、非营利性组织及政府，都有可能是被营销者或营销者。

营销既古老又现代，看似简单，实则博大精深。从人员推销到智慧营销，从数字营销到移动商务，从网络销售到社交媒体，在21世纪全球化、贸易保护主义抬头、新科技浪潮带来的百年不遇之大变局的市场环境下，在不断刷新消费者生活方式、消费模式的同时，也在不断颠覆企业的经营理念与营销模式。

只有认识营销、走近营销、掌握营销活动的“十八般武艺”，才能在瞬息万变的市场环境中敏锐扫描市场信息，有效研判市场商机，有针对性地实施营销决策、组织、执行和应变，提高市场营销活动效能，实现多方利益相关者的利益共赢。

# 任务 *1.1* 认知市场营销活动

营销思维

**市场营销的目标是让销售变成多余**

菲利普·科特勒（Philip Kotler）指出："销售不是市场营销的最重要部分，销售是'市场营销冰山'的尖端。销售是企业市场营销人员的职能之一，但不是其最重要的职能。"

德鲁克的《经营权威》里有一段话说得好："'市场营销的目标是让销售变成多余'。这就是说，如果你真能找到没有被满足的需求并做好满足需求的工作，你就不用在销售上下太多功夫。"

换句话说，市场营销的目的不是把已经生产出来的产品销出去。相反，制造产品是为了支持市场营销，公司的制造、研发、采购和财务等其他职能部门都是为了支持企业在市场的运作而存在的。

## *1.1.1* 市场营销活动

作为一种经营活动，市场营销主要是辨别和满足人类和社会的需要，并把社会和个人的需要变成有利可图的商业行为。对市场营销所做的最简短的定义是"有利益地满足需求"。

从企业微观经济活动角度说，市场营销是指营销者在高度不确定性的市场条件下，以满足目标市场需求为目的，对自身可控因素与力量进行最佳组合与搭配，通过创造、传播与传递顾客价值，比竞争者更为快捷有效地实现消费者、企业自身及合作伙伴、社会等多方利益相关者利益共赢的社会经营活动管理过程。

概括地说，市场营销是企业有利可图地满足多方利益相关者需求的创造价值、传播价值、传递价值的过程。市场营销过程始于产品研发之前，行于产品开发之中，在产品销售之后还会继续延续。

也就是说，企业要确保能够满足需求的产品快捷有效地传递到消费者或用户手中，必须把营销活动从流通领域向前延伸至生产领域，即在生产活动开始之前要进行市场调研，并按照客户需求进行产品开发等，向后则扩展深入至消费领域，包括售后服务、消费感受等信息的搜集和反馈等，如图 1.1 所示。具体地说，市场营销活动过程包含市场调研、选择目标市场、产品开发、定价、渠道选择、促销活动、产品的储存与运输、销售及售后服务等系列环节。

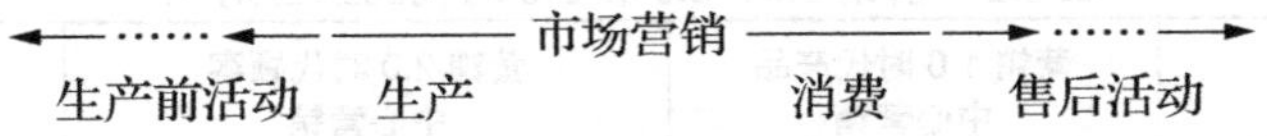


图 1.1 现代市场营销活动

可以从以下几方面理解市场营销活动的特征。

① 市场营销是企业创造性地发现需求、满足需求的社会活动管理过程。

② 市场营销活动是一种全过程活动。它不仅包括市场调查、产品或服务设计与传播、分销，还包括售后服务、客户关系维护等。

③ 市场营销活动是一种营利性活动，企业在满足消费者需求的同时获取利润。

④ 市场营销是企业通过营销组合的设计与创新去满足目标市场需求。

⑤ 市场营销是企业履行社会责任、谋求长远发展、满足多方利益相关者利益的社会活动管理过程。

由此我们不难归纳出：成功开展市场营销活动，发现需求、满足需求，需要通过市场营销组合的设计与创新去实现，创造性是突破口，履行企业的社会责任、兼顾多方利益相关者的利益是满足目标市场需求的要件。

**你知道吗？**

**理想的市场营销会产生一个已经准备来购买的顾客**

市场营销源于销售，但不等同于销售、推销或促销。

德鲁克曾指出："可以设想，某些推销工作总是需要的。然而，营销的目的就是要使推销成为多余。营销的目的在于深刻地认识和了解顾客，从而使产品和服务完全适合顾客的需要而形成产品自我销售。理想的营销会产生一个已经准备来购买的顾客，剩下的事就是如何便于顾客得到这些产品和服务。"

**同步观察**

**价值驱动营销**

在当前经济震荡、气候变化和污染日益严重的情况下，数字化媒介和社会化媒体等新兴事物兴起，顾客和企业信息不对称的区间越来越小，时代对营销的使命不断提出新的诉求。科特勒认为，"人文中心主义"的营销 3.0 时代将取代"以产品为中心"的营销 1.0 时代、"以顾客为中心"的营销 2.0 时代，如表 1.2 所示。

表1.2　营销1.0、2.0和3.0时代的综合对比

| 时代 / 项目 | 营销1.0时代产品中心营销 | 营销2.0时代顾客中心营销 | 营销3.0时代价值驱动营销 |
|---|---|---|---|
| 目标 | 销售产品 | 满足并维护顾客 | 让世界变得更好 |
| 推动力 | 工业革命 | 信息技术 | 新浪潮科技 |
| 企业看待市场方式 | 具有生理需要的大众买方 | 有思想和选择能力的聪明顾客 | 具有独立思想、心灵和精神的完整个体 |
| 主要营销概念 | 产品开发 | 差异化 | 价值 |
| 企业营销方针 | 产品细化 | 企业和产品定位 | 企业使命、愿景和价值观 |
| 价值主张 | 功能性 | 功能性和情感化 | 功能性、情感化和精神化 |
| 与消费者互动情况 | 一对多交易 | 一对一关系 | 多对多合作 |

**资料来源：**科特勒，卡塔加雅，等. 营销革命3.0——从产品到顾客，再到人文精神[M]. 北京：机械工业出版社，2012.

## *1.1.2*　市场营销核心概念

要正确理解市场营销活动，应正确理解以下相关核心概念。

### 1. 需要、欲望、需求

(1) 需要

需要是指人类与生俱来的基本需要，科特勒称之为“个人没有得到某些满足的感受状态”。它们存在于人类本身的生理需要和自身生存状态之中，不是市场营销者所能凭空创造的。

(2) 欲望

欲望是指想得到上述基本需要的具体满足物的愿望，是个人受不同文化及社会环境影响表现出来的对基本需要的特定追求，如人们对自行车、经济车、豪华车等的愿望。

**知识拓展**

**牢骚中孕育的商机**

商机就蕴藏在未来的不确定性中。当“创造一种生活方式”成为未来企业组织的共同使命之后，企业就可以通过逆向思维来发现一种不合理的生活方式。

“堵车”令人烦躁，但无疑已经成为大都市里的一种生活状态。事实上，当大部分人都在抱怨堵车时，广播电台却成了一个堵车受益者，堵车令一个已经衰落的行业重新焕发了生机，甚至有的广播记者还“幸灾乐祸”地说“让堵车来得更猛烈些吧”。

要理解顾客的需要和欲望，并不总是十分简单的事情。例如，当顾客说自己需要一台大功率的除草机或一家安静的旅店时，市场营销人员必须深入研究。我们可以从以下5种需要模型中加以分析。

① 明确表述的需要（如顾客想要一辆不是很贵的汽车）。

② 真正的需要（如顾客想要一辆使用成本很低的汽车，而不只是初始价格很低）。

③ 未明确表述的需要（如顾客期望从销售者那里购买到优质的服务）。

④ 令人愉悦的需要（如顾客希望获赠车载导航系统）。

⑤ 秘密需要（如顾客希望朋友把自己当作内行）。

想一想

**为啥晒朋友圈**

网络技术的发展让我们在一个虚拟的空间里真实地活着。

朋友圈里的各种晒，晒衣服、晒礼物、晒身材、晒恩爱……一切皆可拿来晒。

各种晒，是分享？是炫耀？还是仅仅一个记录而已？或者兼而有之？

(3) 需求

需求是指人们愿意并有能力购买某个具体产品或服务的欲望。例如，同样想拥有一辆豪华车，但只有具有一定的购买力，该欲望才可能变成需求。

## 2. 市场

市场是由一切具有特定的需求和欲望，愿意和能够以交换来满足这些需求的顾客所组成的。从营销的角度看，买方构成市场，卖方构成产业，如图 1.2 所示。市场专指买方，不是指买卖发生的场所，如超市等，也不是指生产要素集中的市场，如劳动力市场、房地产市场、技术市场等。

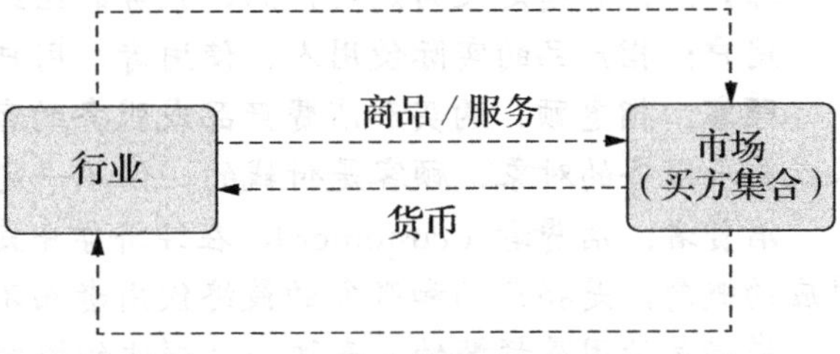


**图 1.2 营销视野的市场认知**

知识拓展

**主要的市场**

① 根据购买行为特点，市场可分为**消费者市场、组织者市场**。根据购买目的不同，组织者市场又可分为生产者市场、中间商市场、非营利组织市场（包括政府市场、社会团体等非政府组织市场）。

② 根据商品属性，市场可分为消费品市场、生产资料市场、资金市场、技术市场、信息市场、服务市场、劳动力市场、房地产市场等。

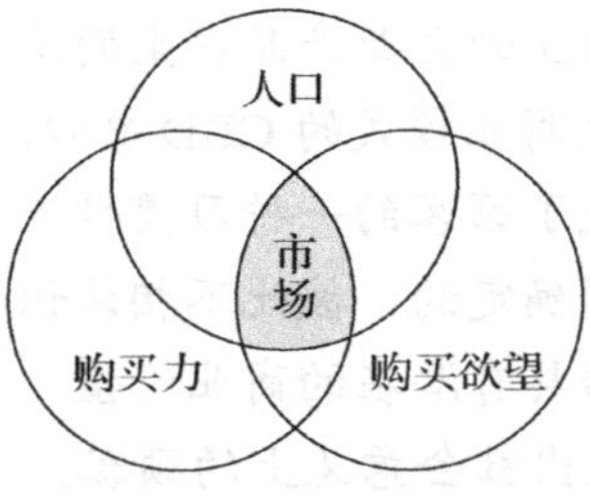


**图 1.3 市场构成三要素**

从市场营销角度理解，市场等于需求，哪里有需求，哪里就有市场。市场通常由人口、购买欲望、购买力三要素构成，如图 1.3 所示。其中，人口是指对产品有现实或潜在需要的人；购买力是指顾客购买商品或服务、满足某种需要的支付能力；购买欲望是指顾客购买某种商品或服务的动机、愿望。当 3 个要素同时具备时，就构成了该商品或服务的**现实市场**；当后两个要素不能同时具备时，就只能称其为**潜在市场**，而一旦这些条件具备，则潜在市场就可转化为现实市场。

市场规模的大小由具有需求、拥有他人所需要的资源并愿意以这些资源交换其所需之物的人数而定。

知识拓展

### 到底是客户、用户、顾客，还是消费者

麦肯锡创始人马文·鲍尔曾说："我们没有顾客，我们只有客户。"巴菲特的黄金搭档查理·芒格讲过一个故事，说他看到有个卖渔具的人制作了许多绿色、紫色闪闪发亮的鱼饵，就问："鱼会喜欢这些鱼饵么？"那人说："我可不是把鱼饵卖给鱼的！"

顾客与用户，买鱼饵的人与吃鱼饵的鱼，谁是你的客户？他们都是消费者吗？

报纸杂志、互联网上，甚至相关营销教材里，客户、用户、顾客、消费者，这 4个词经常，甚至同时出现，让很多人懵圈。作为营销人，首先要弄清楚我们的客户是谁。

**客户：** 被普遍定义为购买产品、服务的组织和个人。英文为 client。

**用户：** 指产品的实际使用人、使用者，用户通常不一定客户。英文为 user。

**顾客：** 指惠顾、购买和消费产品或服务的客人，泛指商店或服务行业前来购买东西的人或要求服务的对象。顾客是付钱的，但不一定是用户或消费者。英文为 customer。

**消费者：** 消费者（customer），在经济学中是与生产者（producer）、经营者（operator）对应的概念，是指产品和服务的最终使用者而不是生产者、经营者。在描述一些宏观问题时消费者是使用最频繁的，表达一个群体的概念。

现在开发商都把购房者称为客户，没听说过哪个开发商称购房者为用户的。腾讯把微信使用者称为微信用户，几时见过腾讯尊称我们为客户呢？综上所述：客户购买了产品，但用户才是产品的最终使用者。消费者可以是客户，是用户，是顾客，也可以同时是顾客、客户、用户多种身份。在互联网营销世界中，用户是主角。从客户思维，客户关心的是价格、性价比、消费体验；而从用户思维，用户关心的是使用体验。以用户为中心，体验是王道。

今天，客户、用户、顾客，他们作为消费者，同时都是企业和品牌的持币选民，他们的体验直接影响了企业产品和品牌的发展走向，用户思维、客户思维，一个都不能少。

知识拓展

### 未来的顾客在何处

仔细分析围绕着"虚拟生活""快乐体验""自助旅行""厨房革命"等生活方式而出现的新型顾客，就会明白这样一个事实：它们并不是围绕着某一个独立的企业产品发生的消费需求，而全都是社会生活方式这只"母鸡"下的蛋。被称为第四代商业模式的 CBD 中心，其本质上是围绕着休闲生活方式而出现的新型商业空间。当逛街成了顾客的一种习惯性或流行性的休闲生活方式时，就将原本毫无意义的、看似零散的、不确定的、彼此不相认识的人们集中到一起，并且创造出了一股不可忽视的顾客流量，开始具有潜在的商业价值。未来的生活方式不但能够创造出社会意义上的产品，而且能够创造出社会意义上的顾客。

未来的顾客就隐藏在无形的生活方式中，而这种生活方式是由众多企业共同创造的。

### 3. 产品、服务、体验

个人或组织提供给市场满足顾客某种需求和欲望的产品不仅包括实体产品，还包括为顾客提供的服务、体验或利益。从广义上说，还包括人、地点、组织、信息和观念等。

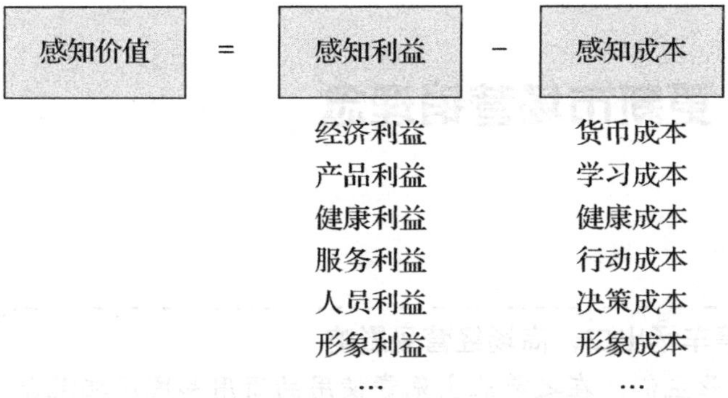


**图 1.4　顾客价值**

### 4. 顾客价值与满意度

顾客价值是指顾客在感知到产品或服务的利益之后，减去其在获取产品或服务时所付出的成本，从而得到的对产品或服务效用的主观评价，如图 1.4 所示。

顾客对产品或服务的选择基于他们所认知的产品或服务所传递的价值和满意度，满意的顾客将会重复购买并将自身良好的体验分享给其他人，不满意的顾客则会转向竞争者并向其他人散布，甚至夸大自己的不满。

**拓展**

**思维：**谈商品力建设我们到底在谈什么？

**同步聚焦**

**顾客购买一件商品可能会看中的感知价值**

营销理论从早期的 USP（Unique Selling Proposition，独特的销售主张）理论、品牌形象论、定位、整合营销传播到今天的 KOL（Key Opinion Leader，关键意见领袖）、KOC（Key Opinion Consumer，关键意见顾客）和私域流量，从早期的四大传统媒体、门店超市终端到今天的新媒体、社交电商，随着信息传播渠道和产品销售渠道的不断变化，还将会衍生出更多的概念。我们该如何在变化中求生存？或许，我们应该思考一些更本质的东西。

人们追求舒适的生活条件，不会变。

人们为了生存、享受生活、延长寿命，不会变。

人们免于恐惧、痛苦和危险，不会变……

还有，顾客购买产品和服务的本质，不会变。

不妨问一下你自己，你购买一件物品是因为什么？单纯的喜欢？有实用价值？用来送人？……

让你购买的并不是产品本身的价值，而是在购买时所能感知到的价值。

感知价值是因人而异，你能感知到的价值，其他人不一定能感知到。而且感知价值不是一成不变的，同一件物品，你今天觉得太棒了，说不定你明天就觉得差得不行了。

你认为顾客购买一件商品可能会看中哪些感知价值？

### 4. 交换、交易

交换是以提供某种东西作为回报换取所需之物的过程。人们通过交换满足各种需要或欲望。企业只有通过交换，在满足顾客需求的同时实现产品或服务的价值并获得利润，才能求得生存和发展。交换是企业市场营销活动的核心。

交换不仅是一种现象，更是一个过程。买卖双方一旦达成交换协议，交易就会产生。交易是达成意向的交换，交换可以看作是一个过程，而交易更侧重于结果。

# 任务 1.2　更新市场营销理念

情境思辨

**业主私家车堵停车场出口，商场经营受影响**

2012年4月，家住某高层住宅的业主们，在之前业主免费使用的商用和民用相混合的该住宅地下停车场，看到一张由开发商委托的、在该住宅一楼经营的大型超市张贴的告示。该告示称自5月1日起，该地下停车场开始收费，住宅业主的停车收费与来超市购物的顾客一视同仁，白天按小时计费，夜间自晚8点后至次日早晨7点前收费3元。告示一出，即在业主中炸开了锅，群情激愤，业主们认为该超市侵犯了自己的正当权益。在业主代表向物业等有关部门提出异议无果的情况下，迫于无奈，业主们于5月初自发用私家车堵住了地下停车场的出入口。业主们甚至围堵了该超市入口，以示抗议。后经社区办事处、派出所、区政府等有关部门多方调停，地下停车场在被堵一周后，才恢复了正常秩序。

议一议

1. 在你看来，这场争执为什么发生？
2. 该大型超市为什么要接管地下停车场？对地下停车场开始收费的目的是什么？
3. 该大型超市应该如何妥善处理与所在住宅业主的关系？

**市场营销观念**是企业经营的基本指导思想和价值观念，其核心是如何正确处理企业、顾客和社会三者的利益关系。在近100余年的发展历程中，企业的营销观念经历了从以产定销的以生产为中心的传统营销观念，到以销定产的以顾客为中心的现代营销观念的转变，再到今天兼顾社会整体利益的全方位营销观念的演变过程，如表1.3所示。

表1.3　营销观念发展的阶段与特点

| 类别 | | 产生时间 | 出发点 | 主要假设 | 营销策略 |
|---|---|---|---|---|---|
| 传统营销观念 | 生产观念 | 19世纪70年代 | 以产定销，以企业生产为中心 | 顾客喜欢随处能买到且价格低廉的产品 | 提高生产效率和分销效率，扩大生产，降低成本 |
| | 产品观念 | 20世纪初 | 从企业产品出发 | 顾客喜欢质量好、功能全、有特色的产品 | 以质取胜，致力于提高产品质量 |
| | 推销观念 | 20世纪20年代 | 从企业产品出发，卖我们能生产出来的产品 | 企业只有大力推销，顾客才会购买其产品 | 重视广告与推销，想方设法把产品销售出去 |

续表

| 类别 | | 产生时间 | 出发点 | 主要假设 | 营销策略 |
|---|---|---|---|---|---|
| 现代营销观念 | 市场营销观念 | 20世纪50年代 | 从满足顾客需求出发 | 顾客是上帝，顾客永远都是正确的 | 不断发现顾客需求并满足 |
| | 社会营销观念 | 20世纪70年代 | 从企业利益、顾客利益和社会长远利益出发 | 企业在满足顾客需求的同时不能忽视社会长远利益 | 兼顾顾客、企业和社会长远利益 |
| 全方位营销观念 | 关系营销、体验营销、网络营销、整合营销等 | 21世纪 | 在考虑社会整体利益的同时，更多地关注顾客体验与口碑 | 顾客崇尚“我的地盘我做主”，不喜欢被强制营销 | 注重使用网络技术手段，实施整合营销，注重一对一营销与传播，注重长远顾客关系维护 |

### *1.2.1* 传统营销观念

笔记

在卖方市场条件下，以企业生产为中心，以产定销，企业擅长生产什么就生产什么、销售什么，这是20世纪初至20世纪50年代以前主导以美国为代表的西方企业的经营思想。

#### 1. 生产观念

在生产观念下，重生产、轻市场，故也称作生产导向，认为顾客喜欢那些随处可以买得到且价格低廉的产品，主张“我会做什么，就生产什么”，企业的营销中心在于大量生产，致力于提高生产效率和分销效率、降低成本、扩展市场。20世纪初，亨利·福特的“我只生产黑色的T型车”就是这种观念的经典写照。该观念一般产生于明显供不应求的市场环境。

#### 2. 产品观念

在产品观念下，认为顾客喜欢那些高质量、多功能、有特色的产品，主张“我们会做什么，就努力做好什么”，企业应致力于生产高值产品并不断加以改进，相信只要产品有特色，自然会顾客盈门。“酒好不怕巷子深”“一招鲜，吃遍天”都是产品观念的生动写照。该观念一般产生于供不应求的卖方市场环境。如果企业过分迷恋自己的产品，就可能导致“营销近视症”。

#### 3. 推销观念

在推销观念下，主张“我们卖什么，顾客就买什么”，企业致力于强力销售和广告，刺激并诱导消费者产生购买行为。该观念一般产生于买方市场逐渐形成的市场环境。在现代市场经济条件下，推销观念被大量用于推销保险等非渴求品，或者用于产品过剩时。

**议一议**

**“既赢得老顾客，又能吸引新顾客”的方法**

乔·吉拉德有一句名言：“我相信推销活动真正的开始在成交之后，而不是之前。”推销是个连续的过程，成交既是本次活动的结束，又是下次活动的开始。推销员在成交之后继续关心顾客，将会既赢得老顾客，又能吸引新顾客。

请分析：

① 如何理解“我相信推销活动真正的开始在成交之后，而不是之前”？

② 一个不满意的顾客，通常会如何去对待让他不满意的企业的产品、品牌与形象？

③ 结合自身实际消费体验，分析企业应该如何对待不满意的顾客。

**同步聚焦**

**销售不是搞定顾客，而是做好自己**

有一次，一位顾客来跟美国推销大王乔·吉拉德商谈买车，吉拉德向他推荐了一种新型车。一切进行顺利，眼看就要成交，但对方突然决定不买了。吉拉德百思不得其解，夜深了还忍不住给那位顾客打电话探明原因，谁知顾客回答说：“今天下午你为什么不用心听我说话？就在签字之前，我提到我的儿子即将进入密歇根大学就读，我还跟你说他的运动成绩和他将来的抱负，我以他为荣，可你根本没有听我说这些话！你宁愿听另一位推销员说笑话，根本不在乎我说什么！我不愿意从一个不尊重我的人手里买东西!”

从这件事，吉拉德得到了两条教训：第一，倾听顾客的话太重要了；第二，推销商品之前，先把自己推销出去。

**你知道吗？**

① 日本寿险业有一位声名显赫、连续15年业绩全国第一的“推销之神”**原一平**。

② 美国有一位从1963年至1978年共推销出13 001辆雪佛兰汽车、连续12年平均每天销售6辆车、连续12年荣登吉尼斯世界纪录大全世界销售第一、被《吉尼斯世界纪录大全》誉为世界最伟大的销售员的乔·吉拉德，如图1.5所示。

③《羊皮卷》（见图1.6）的内容是什么？你读过吗？

图1.5　乔·吉拉德

图1.6　《羊皮卷》封面

### 1.2.2　现代营销观念

20世纪50年代以后，买方市场逐渐形成，以顾客为中心的营销观念开始主导以美国为代表的西方企业的经营思想。20世纪70年代以后，伴随着西方企业的国际化步伐，竞争加剧，环境污染、非法使用劳工等社会问题日益突出。20世纪90年代企业责任运动在西方兴起，社会营销观念开始主导企业经营。

### 1. 市场营销观念

市场营销观念（marketing concept）是以顾客为中心的观念，主张“顾客需要什么，就生产和销售什么”，奉行“顾客至上”原则，将管理重心放在善于发现和了解目标顾客的需要上，能够比竞争者更有效地满足目标市场需要。

按照市场营销观念，市场不是处于生产过程的终点，而是起点；不是供给决定需求，而是需求引起供给；哪里有需求，哪里才有生产和供给。目标市场（target market）、顾客满意（customer needs）、整合营销（integrated marketing）和盈利能力（profitability）为其四大支柱。

拓展

思维：不要让消费者说再见

**知识拓展**

① 顾客是本公司最重要的人，不论是亲临还是邮购。

② 不是顾客依靠我们，而是我们依靠顾客。

③ 顾客不是我们工作的障碍，而是我们工作的目标。我们不是通过为他们服务而给他们恩惠，而是顾客因提供了我们为其服务的机会而给了我们恩惠。

④ 顾客不是我们要争辩和斗智的人，从未有人会取得与顾客争辩的胜利。

⑤ 顾客是把他们的欲望带给我们的人。我们的工作是为其服务，使他们和我们都得益。

### 2. 社会营销观念

社会营销观念（social marketing concept）是以企业社会责任为中心的观念，强调企业在生产和提供产品或服务时，要兼顾顾客、企业和社会整体利益，谋求人和社会的共同可持续发展。如今，承担企业社会责任已成为企业有效参与国际市场竞争的必需通行证。

企业社会责任（Corporate Social Responsibility，CSR）是指企业在创造利润、对股东承担责任的同时，还要承担对员工、顾客、社区和环境的责任，强调企业在生产经营过程中对人的价值的关注，强调对顾客、环境、社会等其他利益相关者的责任和利益的兼顾与平衡。企业对利益关注的演变如图 1.7 所示。自 20 世纪 90 年代起，企业社会责任运动在西方方兴未艾，履行企业社会责任和营销道德伦理逐渐成为国际竞争的普世价值，企业进入全面责任竞争时代。

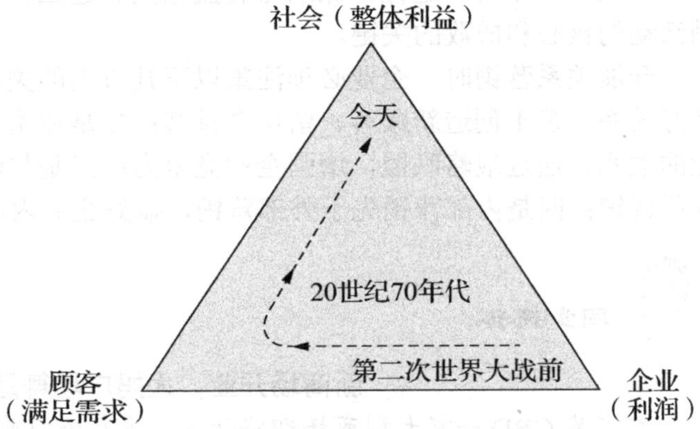


**图 1.7 企业对利益关注的演变**

微课

视频：履行企业社会责任，做合格企业公民

不同市场竞争阶段中企业经营的特点如表 1.4 所示。

表 1.4　不同市场竞争阶段中企业经营的特点

| 竞争阶段 | 单纯市场竞争阶段 | 环境导向竞争阶段 | 全面责任竞争阶段 |
|---|---|---|---|
| 经营目的 | 对股东负责 | 对股东和环境负责 | 对包括股东在内的利益相关方负责 |
| 竞争法则 | 对顾客负责的优质产品与服务 | 对环境负责的优质产品与服务 | 对利益相关方负责的优质产品与服务 |
| 鼓励对象 | 产品 | 产品+环境 | 产品+环境+人 |
| 管理目标 | 质量改进 | 产品改进+环境改善 | 产品改进+环境改善+人文关怀 |
| 管理体系 | ISO9000（1987 年发布） | ISO9000+ISO14000（1997 年发布） | ISO9000+ISO14000+ISO26000 全面质量管理体系（2010 年发布） |
| 经营理念 | 股东公司 | 股东环境公司 | 利益相关方公司 |

### 1.2.3　全方位营销观念

21 世纪，技术、市场、竞争格局、消费生活方式日新月异，企业主动适应各种新市场要素的市场化，借助科技进步不断创新产品、创新需求、创新顾客，营销实践与营销理念不断推陈出新，出现了关系营销、文化营销、口碑营销、饥饿营销、体验营销、病毒营销、网络营销等全方位新市场营销观念和经营模式。

#### 1. 大市场营销

大市场营销是指企业为了成功地进入特定市场，需要综合运用企业可以施加影响的经济的、政治的、心理的和公共关系（以下简称公关）等手段，以获得各方面合作的活动过程。

#### 2. 关系营销

关系营销认为营销是企业与顾客、竞争者、供应商、分销商、政府机构等多方利益相关者发生互动作用的过程，谋求与利益相关者建立、发展、保持长期互利的关系是企业营销活动的核心和成败的关键。

开展关系营销时，企业必须注重以下几方面的关系：一是建立、保持并加强同顾客的良好关系，善于创造新顾客、留住老顾客；二是注重与供应商、分销商、竞争者等关联企业的关系，通过战略联盟，增强企业竞争力；三是与政府及公众团体协调一致，善于做好社区营销；四是内部营销先于外部营销，搞好企业内部员工的关系。

**同步模拟**

**新商场开业，大妈广场舞是赶还是留**

W 市某 CBD 一家大型商场即将开业。该商场门前，有一块开阔的小广场，社区物业专门划定该广场为非停车区，不允许各种车辆驶入。每天晚上，社区的大妈们都会自发前来做广场操、跳广场舞，已经持续 2 年了。商场开业在即，大妈们开始嘀咕，不晓得开业后她们的广场舞场地还能否继续予以保留。

对于门前的大妈广场舞，如果继续保留场地、不允许外来车辆进入，则势必影响客流；

如果开放停车，则又会影响大妈们持续2年的家门口广场舞场地，势必惹恼社区的大妈们。如果你是该商场市场部门的有关负责人，会如何处理？

### 3. 文化营销

文化营销是指把产品作为文化的载体，制定出不同文化特色的市场营销组合，通过市场交换进入顾客的意识，在一定程度上满足顾客在物质和精神层面的各种文化要素需求。文化营销既包括附加在产品上的构思、设计、造型、装潢、包装、商标、广告、款式等内容，又包含对营销活动的价值评判、审美评价和道德评价。

**拓展**

**案例**：“种下青莲紫，凝聚公能魂”：南开录取通知书，送两粒莲花种子

**同步观察**

**房地产下一站：文化地产**

随着人们知识层次的提高与消费观念的转变，追求“知识性休闲，文化性消费”已成消费时尚。如今，文化因素在顾客购房决策中越来越受到重视，顾客对产品的要求已经不只是停留在一般功能和结实耐用上，而是更讲究档次和品位，要求产品能给人以美感和遐想，要有浓烈的“文化味”，能集实用、装饰、艺术、欣赏、情感于一体。这就决定了地产项目应具有文化内涵。

文化地产是以文化软实力为核心竞争力的房地产开发模式，是用文化引领规划、建筑设计、园林景观、营销体系、物业服务的系统工程。文化地产以文化和生活方式、居住理想为核心，聚焦现代时尚人文，以满足人们文化、创意、休闲、环保的消费特征为出发点进行项目打造，用文化提升固化建筑价值。文化地产成为我国房地产业发展的必由之路。

### 4. 饥饿营销

饥饿营销通过实施欲擒故纵的策略，以及调控产品的供求，引发供不应求的假象。顾客都有一种好奇和逆反心理，越是得不到的东西越想得到，于是企业采取策略对顾客的欲望进行了强化，而这种强化会加剧供不应求的抢购气氛，使饥饿营销呈现出更强烈的戏剧性和影响力。

### 5. 口碑营销

口碑营销是指在朋友、亲戚、同事、同学等关系较为密切的群体用户之间关于产品与服务看法的非正式传播。对于不惜巨资投入的纯粹商业广告、促销、公关而言，让用户告诉用户的口碑传播简单有效，可信度更高。其常用于进行网站推广、品牌推广等，可以造成用户之间自发进行、无处不在、像病毒一样迅速蔓延的高效信息传播，常常产生病毒式传播的效果。

**知识拓展**

**利用SNS社区做口碑营销，营造病毒式传播**

在网络社区，将重点放在优良的产品或诱饵上，引导人们愿意义无反顾地分享他们的意见、体验或对某个产品的热情，就可能创造病毒式口碑效应。

① 在自己同学、朋友的QQ群里，如果发了一个链接，大部分人都会去打开。如果这个网站确实很好，那么朋友就可能会自发传播。如果操作得当，就会在很短的时间内让网站的转换率成倍增长。或者，在各类SNS社区创建某一领域的小组。例如，在淘宝客网站做数码产品，可以创建一个数码交换的小组，吸引别人加入这个小组，从而在适当时机推广网站。

② 寻找相关目标客户QQ群加入，先成为意见领袖，而不要急于推广网站。例如，做服饰产品，先要做到半个服饰专家，在群里为别人提出一些好的建议，再在适当的时候推广网站。

③ 建立自有博客网站，开放接口，接收别人的投稿。例如，做减肥产品的网站，不仅可以让大家分享对某一产品的使用体验等，还可以做定向关键字优化，利用"羊群效应"产生购买行为。

④ 在知道类平台做口碑推广。例如，提问某产品怎么样，然后做合理的回答，引导目标顾客来到网站。或者，利用专业生活类口碑平台，如大众点评网等做好口碑推广。

### 6. 体验营销

体验营销是营销者站在顾客的感官、情感、行动等角度，让顾客通过看、听、用、参与的手段，充分刺激和调动顾客的感官、情感、思考、行动、联想等感性因素与理性因素，去体验购买理念、购买程序、购买心理和购买原动力，重新定义、设计营销方式，强调顾客的参与性和接触性，强调引起顾客的情感共振。

**同步观察**

**定制家具"影院式感官"的愉悦体验**

越来越多的聪明商家正在努力将消费者的购物变成一种兴趣盎然的活动。在一些定制家具卖场，有悦耳的音乐、免费的饮料和点心、独特的视觉效果、专业的家居顾问服务、直观的现场电脑3D设计、服务人员温馨的微笑等，使顾客能够得到享受型购物的体验。

店铺门面装修要有特点，广告内容和画面要简洁、有美感，霓虹灯晚上要保证亮起来；店铺里面的装修基调要符合中国人的审美观，富有品牌特色；店内要建立设计服务区，配置高清等离子电视、电脑等物品并设立在入口处，既造成店铺生意繁忙的景象，又让顾客能感受到舒适和专业的服务。还可设立一个投影体验区，配置投影仪、投影幕、沙发、茶几，再配上音响，播放比较舒缓的音乐，让顾客在休息、等候之余既能够欣赏到各种成功的案例，也可看到自家空间的设计方案，还可以现场指挥快速修改。这种闲适和愉悦是非常有震撼性的。

店铺如果能够在视觉、听觉、味觉等方面同时打动顾客的心，提供给顾客愉悦的综合感官体验，延长顾客驻店时间，销售也就变成比较轻松的事情了。

### 7. 网络营销

帮助个体和群体保持互联互动的科技的出现，标志着参与化时代的到来。在参与化时代中，人们在消费新闻、观点和娱乐的同时，也主动创造着它们。新科技使得人们从被动的消费者变成了产销者，即生产型消费者。

网络营销是以互联网为载体，以符合网络传播的方式、方法和理念，实现对目标顾客的精准营销。搜索引擎营销、社会化媒体营销、社区营销、博客营销、病毒式营销、数据库营销、微信营销、直播视频营销等模式统称网络营销或互动营销，“两微（微博、微信）一抖（抖音）”成为当今网络营销的代名词。

**同步观察**

### 直播带货，遍地开花

直播带货视频化的直播展现形式，主播不间断重复信息，不时给消费者下达行为指令，再配合直播间购买提示、评论区留言和秒杀，以及互动、领券、抽奖等促销刺激，不断刺激着消费者的购买神经，勾起消费者冲动消费的欲望。

2016年被称为网络直播元年，经过几年的发展，直播带货终于成为风口。2020年新冠疫情暴发以来，“宅经济”崛起，进一步推动了直播带货、社群营销等线上新型消费，“直播带货”在各行各业遍地开花，从购物中心品牌店柜姐、网红、明星，到知名品牌CEO、县长、局长，甚至老家的村委会主任、村支书，从草根百姓到央视一众主播、董明珠等商业大佬，都纷纷走进直播间对着镜头卖力吆喝：“宝宝们，买它！”电商直播火出了圈。

(1) 一“网”情深的体验营销

互联网创造了可以让商家直接与顾客对接的体验接触点，给了顾客充分的想象空间，最大限度地提升了顾客参与和分享的兴趣，提高了顾客对品牌的认同。其主要体现在以下几个方面。

① **浏览体验**。浏览体验主要表现在网站内容设计的方便性、排版的美观、网站与顾客沟通的互动程度等方面。它让顾客通过对网站的情感体验，对品牌产生感性认识。

② **感官体验**。感官体验是充分利用视频等互联网手段传递多媒体信息的特点，让顾客通过视觉、听觉等来实现对品牌的感性认识，达到激发兴趣和增加品牌价值的目的。

③ **交互体验**。交互体验是指通过论坛、留言板等网上互动方式促进顾客和品牌之间的双向传播，顾客将自身对网络品牌体验的感受以网络这个媒介反馈给品牌。

④ **信任体验**。信任体验即借助网站的权威性、信息内容的准确性及在搜索引擎中的排名等，构成顾客对于网络品牌信任的体验程度。

**同步延伸**

### 搜索引擎营销

搜索引擎营销（Search Engine Marketing，SEM）是企业利用被用户检索的机会，尽可能将营销信息传递给目标顾客。搜索引擎营销的基本思想是让用户发现信息，并通过（搜索引擎）搜索点击进入网站、网页，以进一步了解所需要的信息。

搜索引擎优化设计主要目标有两个层次：被搜索引擎收录，在搜索结果中排名靠前。

搜索引擎营销的**主要实现方法**包括竞价排名、分类目录登录、搜索引擎登录、付费搜索引擎广告、关键词广告、TMTW来电付费广告、搜索引擎优化（搜索引擎自然排名）、地址栏搜索、网站链接策略等。

（2）网聚同质的社区营销

互联网以社区为基层活动场所。网友大都参加不同社区，参与程度高、互动性强、主题特定、具有心理归属感的网络社区便于企业向用户传达品牌信息，尤其是用户间口碑传播的力量更使品牌传播效果已不仅仅是单个的累加，而是几何级数的增长。

网络社区的主要表现形式为关系型社区，如商人论坛、高校论坛、车友论坛、住宅小区论坛等。在关系型社区中，由于人和人之间具有相对稳定的同学、邻里关系和爱好等，因此能够使品牌顺利地在同质人群中广泛传播。

（3）思想交流的博客营销

博客是名人写、草根写，官员也写，个体写、社团写，企业也写，因而博客便成为企业的营销手段之一。博主通过与博友思想、情感的互动交流，表达明确的诉求，以达到品牌推广、产品营销的目的，这就是博客营销。博客营销的关键在于具有良好的说服力，也就是要有强烈的公关意识。具体而言，形象意识、传播意识、服务意识、共存意识和竞争意识5种意识必须贯穿博客营销的始终。

笔记

（4）从点到面的病毒式营销

病毒式营销就是企业通过制作一个有趣的图解、话题、范式，以网络短片、网络活动等方式在网络社群上发起营销传播，引发人们研究的兴趣，让用户彼此间主动谈论品牌，谈论与品牌之间有趣、不可预测的体验，从而使得信息像病毒一样传播和扩散——利用快速复制的方式传向数以千计甚至数以百万计的受众。

病毒式营销成功的条件包括有吸引力的病原体、几何级数的传播速度、高效率的接收，因此在运作时必须把握以下几点：首先是提供有价值、有创意、公共性话题的品牌信息；其次是寻找方便的品牌传播渠道；最后则是瞄准易感人群，选择有效的品牌信息传播平台。

（5）全面撒网的数据库营销

专业网络数据库挖掘技术为数据库营销插上了一双“网络的翅膀”。数据库营销的效果有：一是信息搜集方便，数据动态更新；二是网络互动性强，顾客主动参与；三是改善顾客关系，增加品牌魅力。

**知识拓展**

### 数据驱动精准营销

“顾客的需求就像天上的云，难以把握”，在顾客行为缺乏记录的时代，企业常常在屏蔽顾客需求的黑箱中挣扎，推出的产品往往饱受市场冷遇，致使出现服装企业高库存积压、家电企业过时型号疯狂降价等现象。这是无数企业面临过的尴尬。在今天信息化技术、移动互联网为顾客越来越广泛使用的情况下，顾客的购买行为轨迹越来越多地被记录和映射到了网络、手机上。顾客正在成为“数据人”，企业可以对其消费行为定向追踪。这必然带来新的商业革命。

1．精准营销：精确到个人

顾客被定向后，企业很容易就能获知以下信息。

①顾客的个人识别信息，如账号、邮箱、地址、网络ID和手机号等。

② 顾客在网络上的行为信息，如浏览的网页、点击的内容、在线的时间与地点等。

据此，企业可以判断出其在不同时间、地点、情景下的购买需求，精准地进行相应的商业信息推送。例如，广告交易平台可以通过对顾客点击和浏览的网站的历史追踪，来判断出这个顾客的兴趣及上网的时间，据此将自己的品牌广告展示给目标消费人群。这种精准营销势必将逐渐淘汰那些轰炸式的广告营销。

2．新商业模式

通过手机，企业可以获得顾客的位置。据此，企业开辟了基于位置的服务，基于该位置，可以发送促销信息、提供就近的打车服务，或者提供交友服务等。例如，从微信的“附近的人”功能就可以看到这个典型的应用。

# 任务 *1.3* 明确市场营销管理任务

情境思辨

**营销副总裁的尴尬**

一个欧洲大航空公司的营销副总裁期望增加该公司的航运份额。他的战略是通过供应较好的食物、清洁的座舱和受过较好训练的机舱乘务员来增加乘客满意度。但是他无权处理这些事情。备餐部门选购食物要保持低的成本，维修部门使用清洁服务要保持低的清洁费用，而人事部门雇用人员也不会过多地考虑其能否友善地为他人服务。因此，这些部门通常采取一种成本观点或生产观点，从而使营销副总裁在创造和整合营销组合中处于窘境。

如果你是这位营销副总裁，会如何面对这种窘境？

市场营销的首要任务是确认市场、发现需求、满足需求、促进交易和维持关系。市场营销实际是一门了解需求、创造需求、满足需求的艺术，目的在于激发交易双方的兴趣，以达成互惠互利的市场交易。

企业产生市场营销活动至少需要 4 个条件：一是有未被满足的需求；二是有满足这种需求的愿望；三是有满足需求的资源；四是供求之间有沟通传播的途径。

## *1.3.1* 市场营销管理的过程

**市场营销管理**是指企业为实现其目标，创造、建立并保持与目标市场之间的互利交换关系而进行的分析、计划、执行和控制营销活动的过程。概括地讲，一个完整的市场营销管理过程包括分析市场机会、选择目标市场、设计市场营销组合、管理与控制营销活动 4 个步骤，如图 1.8 所示。

拓展

思维：认识营销的逻辑

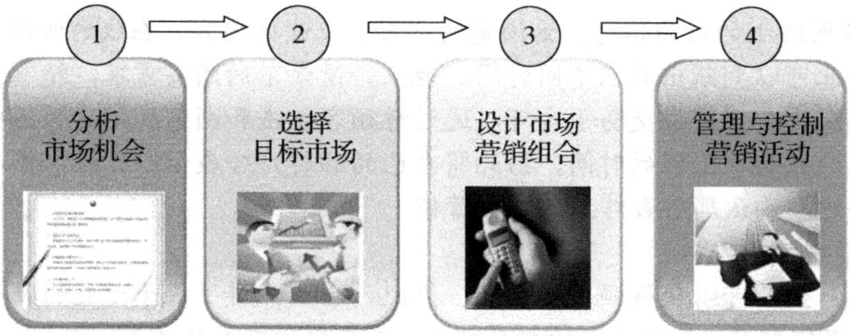


**图 1.8　市场营销管理过程**

### *1.3.2*　市场营销管理的任务

市场营销管理的基本任务是：为了达到企业目标，通过营销调研、计划、执行与控制，来管理目标市场的需求水平、时机和构成。市场营销管理的本质是需求管理，即针对不同的需求状况明确任务，并采取相应的营销策略。其包括以下几项。

① **需求刺激**。需求刺激是指依靠引人注目的产品设计、独特的促销手段、合理的价格及其他战略来激发顾客购买企业产品的愿望。

② **需求促进**。需求促进是指企业想方设法地让顾客很容易购买到产品的过程。

③ **需求调节**。需求调节是指均衡全年的需求或者减少某一产品或服务的营销（降低总需求）。

根据需求水平、时间和性质的不同，可以归纳出 8 种不同的需求状态，其市场营销管理的任务也有所不同，如表 1.5 所示。

**表 1.5　不同需求状态下市场营销管理的任务**

| 需求状态 | 需求状态分析 | 市场营销管理的任务 |
|---|---|---|
| 无需求 | 目标市场对产品毫无兴趣或漠不关心 | 开发性营销<br>刺激消费欲望 |
| 潜在需求 | 现有产品或服务尚不能满足的、隐而不现的需求状况 | 开发性营销<br>将潜在需求变为现实需求 |
| 否定需求 | 绝大多数人不喜欢，甚至愿意花一定代价来回避某种产品的需求状况 | 扭转性营销<br>将负需求转变为正需求 |
| 下降需求 | 市场对一个或几个产品的需求呈下降趋势的需求状况 | 恢复性营销<br>扭转需求下降 |
| 不规则需求 | 市场对某些产品（服务）的需求在不同季节、不同日期，甚至一天的不同时点呈现出很大波动的需求状况 | 协调性营销<br>平衡需求水平 |
| 充分需求 | 某种产品或服务的需求水平和时间与预期相一致的需求状况 | 维持性营销<br>确保现有需求和顾客满意 |
| 过量需求 | 某产品（服务）的市场需求超过企业所能供给或愿意供给的水平的需求状况 | 降低性营销<br>降低需求水平 |
| 有害需求 | 市场对某些有害物品或服务，如烟、酒、毒品、色情电影和书刊等的需求 | 抵制性营销<br>减少需求水平 |

在营销实践中，企业不仅要善于适应需求，还要善于创造需求，即善于改变人们的价值观念和生活方式。在当今市场经济条件下，企业创造需求的途径可以从多方面入手。

（1）把握潜在需求

现有产品难以满足的消费需求就是潜在需求。在激烈的市场竞争中，企业如果能开发新的产品，就可能形成新的需求。例如，智能手机进入市场前，消费者并未意识到有这种产品，更谈不上有现实需求，直到被生产并投入市场后才流行，这就是生产需求。

（2）设计生活方式

企业不但可以改变原有的生活方式，还可以主动参与新生活方式的设计。例如，原本“光棍儿”意义上的“双十一”，在淘宝的运作下，硬是人为演变成了全民购物狂欢节，甚至有网民呼吁要求专门为“双十一”购物放假一天。

（3）营造市场空间

企业推广产品，有时可以人为地营造市场形成供不应求的局面。例如，小米手机的“饥饿营销”就是典范。

拓展

**思维：**萧条期，如何发动全员营销？

## 任务 1.4 创新市场营销组合

**案例导入**

**国潮不止，国货向前**

近年来一波波“中国潮”席卷全球，不少中国品牌借此脱颖而出。百雀羚凭借强大的硬实力，再联合故宫 IP 让中国美妆红遍世界；李宁跨界时装领域并一鸣惊人，借此提升了李宁品牌在国际上的影响力。国潮掀起，中国品牌借此登上了国际舞台，中国品牌优异的表现着实让全世界为之一振。这些都离不开各种营销方式的不断创新、尝试。

**议一议**

搜索浏览或进行线下实体专卖店考察，小组讨论：

① 你知道今天的李宁运动品牌，其目标消费群体发生了哪些变化吗？

② 当下李宁运动品牌是如何通过营销组合创新实现品牌成功转型的？

拓展

**案例：**疫情下消费重启，数字消费券堪当重任

企业组织有效的市场营销活动的关键在于：以合适的产品，在合适的地点，用合适的价格，以合适的分销，传递合适的信息，送达合适的消费者。

### 1.4.1 4P 营销组合

**市场营销组合**是指企业为了满足目标市场需求而对自身可控的产品、价格、地点和促销等营销变量实施的最佳组合。一般而言，常用的市场营销组合因素主要有以下 4 个变量，常被简称为 4Ps 或 4P 组合，如图 1.9 所示。

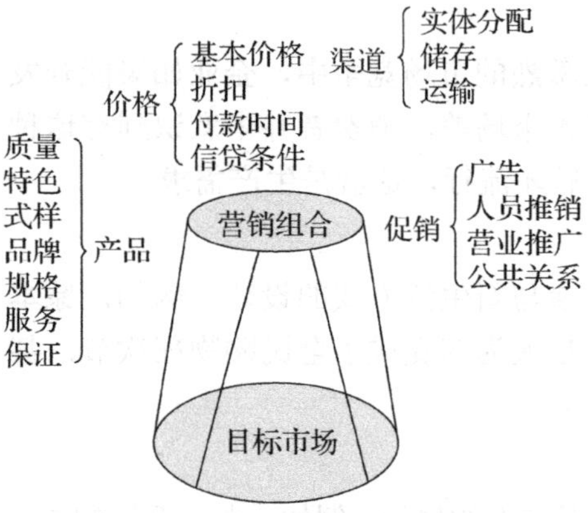


**图 1.9　4P 市场营销组合构成**

### 1. 产品

产品（Product）泛指一切能满足目标市场需求的有形产品、无形服务或消费利益的统一体，包括实体产品、服务、保证、创意、地点、组织、人物等。

### 2. 价格

价格（Price）是产品价值的反映形式，往往是顾客对产品价值是否满意的重要衡量标准，通常包括价目表所列的价格、折扣、折让、支付期限、信用条件等。

### 3. 渠道

渠道（Place）是指生产、分销、消费某一产品和服务的所有企业与个人，包括供应商、生产者、商人中间商、代理中间商、辅助商及最终消费者。渠道策略谋求以最低的成本，通过最合适的途径，将产品和服务及时送达消费者手中。

### 4. 促销

促销（Promotion）关注企业如何将产品和服务信息有效地传播给目标消费者，从而激起购买欲望。促销的主要手段包括广告、人员推销、营业推广、公关等。

对企业而言，市场营销组合因素具有**可控性**、**动态性**、**复合性**、**整体性**的特点。企业可以根据目标市场需求、自身拥有资源状况、战略目标及各种环境因素，自主选择和调整产品、价格、渠道与促销。

## *1.4.2*　整合营销创新

**整合营销**是指企业通过设计营销活动并整合营销组合策略，来最大化地为顾客创造、传播和传递价值。整合营销有两个关键：一是大量采用不同的营销活动来宣传和传递价值；二是协调所有的营销活动以实现其总体效果的最大化。

传统营销组合中的 4P 代表企业用来影响购买者的营销沟通工具。但从购买者的角度来看，每个营销策略都应该是用来为顾客提供利益、创造价值的。因此，将多种企业可控变量进行整合的营销组合创新不断推出。截至目前，除了 4P 营销组合，还有 4C、4I 等不同角度的营销组合创新模式，如表 1.6 所示。

**表 1.6　营销组合创新模式对比**

| 名　称 | 提　出 | 简　述 | 作　用 |
|---|---|---|---|
| 4P 营销组合 | 1960 年麦卡锡（美国） | 产品（Product）　价格（Price）<br>渠道（Place）　促销（Promotion） | 以满足市场需求为目标，重视产品导向，以企业为中心，以追求利润最大化为原则，代表企业的立场 |
| 4C 营销组合 | 1990 年劳特朋（美国） | 消费者（Consumer）　成本（Cost）<br>便利（Convenience）<br>沟通（Communication） | 以追求顾客满意为目标，是一种由外而内的拉动型营销模式，始终围绕“顾客需要什么”“如何才能更好地满足顾客”两大主题 |

续表

| 名　称 | 提　出 | 简　述 | 作　用 |
|---|---|---|---|
| 4I 网络整合营销 | 当今全球最大的传播集团之一奥美集团提出 | 趣味原则（Interesting）<br>利益原则（Interests）<br>互动原则（Interaction）<br>个性原则（Individuality） | 网络媒体时代，信息传播是“集市式”的，信息多向、互动式流动，声音多元、嘈杂、互不相同。网络媒体带来了多种“自媒体”的爆炸性增长，如博客、论坛、IM、SNS 等。借助于此，每个草根消费者都有了自己的“嘴巴”和“耳朵”。<br>通过个性化的营销，让消费者产生“焦点关注”的满足感，投消费者所好，从而可以轻易引发互动与购买行为 |

# 任务 1.5　履行企业社会责任

**道德观察**

**道德革命，提升责任竞争软实力**

2010年11月1日，国际标准化组织（ISO）正式发布了主题为“启动梦想——共担责任，实现可持续发展”的ISO26000《社会责任指南》。这是继ISO9000和ISO14000之后、ISO发布的第三个国际标准，也是首个国际社会责任标准。ISO26000的颁布，意味着国际社会对责任探讨的焦点已经从“是否应该”实施国际社会责任标准转移到“如何实施”国际社会责任标准。ISO26000特别强调各种形式或性质的组织——不仅是企业或经济组织，其他组织，如学校、医院、学术团体、中介机构或一般意义上的政府机构等，都要关心员工、爱护环境、公平竞争、保护消费者、为社会及社区的可持续发展做贡献。

中国社会各界逐步认识到积极承担相应的社会责任与实现经济效益最大化具有高度的一致性。遵循社会责任国际标准，是企业提高持续竞争力的内在要求，也是作为“世界工厂”的中国企业无法规避的选择。中国企业必须认清这场席卷全球的“道德革命”的实质，从战略高度转换竞争战略战术，提升责任竞争软实力，谋求在有限的资源和激烈的竞争中实现可持续发展。

**议一议**

① 请搜索“App 上‘种草’涉烟软文，互联网成烟草营销重灾区”，谈谈你对“责任竞争软实力”的理解。

② 如何理解ISO26000框架下的社会责任主体规定及关心员工、爱护环境等责任内容？

**拓展**

观察：推动绿色发展，促进人与自然和谐共生

履行企业的社会责任和营销道德伦理是国际竞争的普世价值，已经成为国际社会普遍接受的企业行为准则，由此企业进入了**全面责任竞争时代**。

## 1.5.1 企业社会责任

同步

聚焦：弘扬企业家精神——习近平在企业家座谈会上的讲话

**企业社会责任**是指企业在创造利润、对股东承担责任的同时，还要承担对员工、顾客、社区和环境的责任。它强调企业在生产经营过程中对人的价值的关注，强调对顾客、环境、社会等其他利益相关者的责任和利益的兼顾与平衡。企业社会责任的发展到现在共经历了3个阶段，如表1.7所示。

**表1.7 企业社会责任的发展阶段**

| 项　目 | 第一阶段<br>慈善活动，博得公众好感 | 第二阶段<br>将企业社会责任整合到商业策略中，自愿用企业社会责任寻找商业机会 | 第三阶段<br>积极追逐公共利益，视为企业固有目标的一部分 |
|---|---|---|---|
| 负责的对象 | 法律上的和传统利益相关者 | 直接的利益相关者。短期影响 | 广义的利益相关者。长期影响 |
| 商业因素 | 止疼剂——减缓痛苦 | 符合成本-收益原理 | 战略整合 |
| 参与程度 | 遵守法律责任 | 损害最小化 | 创造社会价值 |
| 影响的程度 | 市场行为 | 市场重塑 | 政策影响 |

### 1. 公民社会与责任消费

拓展

观察：疫情下“线上养老”迟早走进每个人的生活

进入21世纪，全球经济一体化加速推进，网络沟通交流工具日益普及，全球加速进入公民社会时代，越来越多的消费者意识到自己的购买行为是一种力量，每个人手中的钱其实都是自己对生活方式的一种选择，也是对企业的一张选票，一种全新的消费态度与理念正在全球得到广泛推广，这就是**责任消费**。公民消费方式的改变、消费理念的革新，正在深刻影响和改变整个社会的生产经营理念与模式。目前，国内外企业已普遍将责任竞争上升到内在化营造品牌内涵与个性的企业发展新阶段，责任竞争力日益演变成为企业的核心竞争力。

### 2. 企业社会责任的内容

企业社会责任的实质是企业权益在各种利益相关者之间的合理配置。在国际通用的定义里，企业社会责任是指一个企业对自己的股东和股东以外的企业利益相关者的责任。它意味着“一个企业必须为自己影响人们、社会和环境的任何行为承担责任”，要求企业在追求自身盈利的同时，关注生态环境、劳动者权益、商业伦理和自然资源。因此，企业经营履行社会责任可主要概括为：**保护消费者权益、保护社会利益、保护自然环境**。

**同步案例**

**抗“疫”期间，口罩到底该不该涨价**

2020年春节前一场突如其来的新冠肺炎疫情，使得一夜之间“一罩难求”，口罩成了紧缺防护用品。一方面，人们看到杭州市政府自2月1日起开始免费向居民发放口罩，舆论纷纷为不少药店挂出“免费向环卫工人、出租车司机、快递小哥、公交车司机免费送口罩”的牌子点赞；另一方面，人们也看到，自1月23日武汉“封城”以来，口罩消耗持续增加，部分消费者感到口罩不但难买，价格也明显上涨，市场上甚至出现10只850元的“天价口罩”、63.9元一棵的郑州“天价白菜”。这迅速引起了关于紧缺防护用品、生活必需品是否应该涨价的争论。

有观点认为，高价卖口罩就是“发国难财”；也有网友表示，在需求急速上涨等因素影响下，口罩、白菜等紧缺防护用品、生活必需品适当涨价是合理的。与此同时，国家市场监督管理总局于1月25日发布公告：从重查处口罩涨价行为。各地也纷纷对口罩涨价行为重拳出击。

抗“疫”期间，口罩等紧缺防护用品，大白菜、鸡蛋等百姓生活必需品，到底该不该涨价？

### *1.5.2* 市场营销的道德伦理

21世纪，企业经营的价值取向由为利润服务逐渐转变为为人服务，经济利益与道德要求日益统一。企业遵守营销道德和履行社会责任，同时成为核心竞争力的重要构成。如何在营销过程中遵守商业伦理是时代的重要命题。

**守信、负责、公平是现代市场营销中最主要的也是最基本的道德要求。**

**拓展**

**观察：**中共中央、国务院印发《新时代公民道德建设实施纲要》

**你知道吗？**

**道德消费，方兴未艾**

道德消费又称良知消费，是指消费者购买由“行为端正”的企业通过“道德”的方式所生产的产品。这里的“道德”既可以针对企业，也可以针对消费者。它最本质的含义在于：对人类、动物和环境不造成伤害或剥削。

随着消费者道德意识的逐渐提高，道德消费的内涵也越来越广泛。其主要包括：选择利用可再生能源的产品，至少在同类产品中选择低能耗的；购买在环保方面有杰出表现，并且积极为员工营造良好工作环境的公司所生产的产品；购买低碳产品，为缓解气候变化做贡献；食用有机健康食品；拒绝皮草服饰，反对虐杀动物；认准产品包装上的AAT（Anti Animal Testing）标志，选择不经过动物试验的化妆品、药品；购买环保节能型家庭用品，如无磷洗衣粉和无氟冰箱；重视回收和重复利用，等等。

**道德消费的形式体现为：**正面购买，即选择符合道德的商品，或者支持注重整体利益而非自身利益的营运模式；道德抵制，即拒绝购买不符合道德标准的商品；抵制违反道德标准的公司。

**道德消费的社会成因**有以下几点。

① 20世纪90年代消费者意识变化。20世纪90年代的消费者不仅关注产品价格、质量、分销、环境等问题，而且越来越多地要求对所购买产品的生产、加工、原材料采购过程进行监督。

② 媒体的关注。有关公平贸易、可持续发展、公平工资、良好工作条件、发展中国家生产者的稳定收入等问题已经成为媒体报道的常规主题。正如20世纪七八十年代媒体对环

境问题的曝光促进了绿色消费主义的发展，20世纪90年代道德消费主义在媒体报道中占据了同样重要的位置。

③ 压力群体的支持。各种压力组织对公平贸易的支持增强了公众、零售商及媒体对道德消费主义的关注。

④ 企业社会责任的发展。企业社会责任在20世纪80年代取得了明显发展，生态认证的框架促进了对某一组织的社会、经济与道德行为及其过程进行全面评估。

⑤ 替代性产品的日益丰富。尽管消费者直接面对的是经营超市并控制着市场的零售商而非制造商，消费者还是有可能说服零售商经营符合公平贸易原则的产品。

## 拓展训练

### 客户到底是不是上帝

**现象1：是否做手术，是听医生的，还是听患者自己的**

一位亿万富翁去医院看病，外科医生建议他马上做心脏搭桥手术。亿万富翁咆哮起来："我的病不需要开刀，你们给我打针用药吧。"医生是应该被亿万富翁的气势"震住"，满足他的要求呢？还是应该严肃地告诉他："根据我多年的经验，如果你不马上做这个手术，你活不过这个周末！所以，为了你自己，你必须立即接受手术治疗！"

**现象2：销售过程由客户主导，还是由销售员主导**

某著名IT软件企业在销售工作中常凸显的一个问题是：销售员和销售经理不敢跟客户打交道，几乎每个客户（各地财政局信息中心主任、主管国库的处长、银行支行主管）从前期开始，就要求老总亲自出马。是销售员和销售经理的素质太低吗？销售员全部是顶尖高校的优秀毕业生。是老总授权不够，管理不好吗？总经理和几个副总经理全部有10年以上的销售管理经验，并且是北京大学EMBA毕业。原来是销售员和销售经理的潜意识里存在着自卑心理："对方是有显赫社会地位的政府官员，经手的资金动辄上亿元，我一个普通的销售员，怎么配得上跟他谈？"

这种现象有普遍性。销售员在潜意识里自卑，觉得客户是"上帝"，自己是找"上帝"要钱的"子民"，见到客户就在内心里打鼓，外在表现就是怯生生的或过分热情，甚至是谄媚。客户的潜意识反应则会是："销售员怎么是个生手？""是个没有实力的公司！""来骗钱的吧！""产品和方案可能不成熟。""他们对自己没信心。""他们有求于我，可以好好宰一刀了。"接下来，销售员就会被客户控制局面并主导销售过程——客户说安排演示就安排、说试用就试用、说改期就改期。

分析　一直以来，"客户是上帝"是通用的商业准则，实践中到底该把客户当什么？

辩论双方

**正方：**客户是上帝

①____________________

②____________________

③____________________

反方：客户不是上帝

①______

②______

③______

## 任务实施评价

完成本任务的“工作任务卡”“应知应会”“拓展训练”等学习任务后，按照如表 1.8 所示的测评项目，给出本任务的自主学习个人最终成绩与评价。

表 1.8 任务 1——实施评价与职业能力测评

完成时间：　　年　　月　　日

| 学 生 | | 学 号 | | 班 级 | |
|---|---|---|---|---|---|
| 小 组 | | 小组长 | | 个人成绩 | |
| 多元评价 | 信息能力（15%） | 表达与沟通能力（25%） | 专业能力（35%） | 职业操守（15%） | 团队协作能力（10%） |
| 自我评价（10%） | | | | | |
| 小组评价（25%） | | | | | |
| 组间评价（25%） | | | | | |
| 教师评价（40%） | | | | | |
| 总 评 | | | | | |

说明：该实施评价与职业能力测评表是根据原劳动和社会保障部职业技能鉴定中心《职业核心能力培训测评标准》所列文献相关内容提炼，并结合营销职业能力构成及营销课程过程性实施特点编制而成的。

# 模块2　洞察市场，把握商机

## 模块导引

请小组研讨：企业机会在哪里？新市场进入或新产品开发，需要做哪些把脉？

通过消费体验、营销洞察、在线研讨、课堂分享、角色扮演、实战演练等方式，理解并掌握：市场机会等同于企业机会吗？企业能够改变法律环境对营销活动的影响吗？文化环境主要通过影响消费者的欲望来对企业营销活动产生作用吗？你就是你所消费的吗？除了锚定效应、近因效应，你还知道哪些消费心理效应？组织者市场与消费者市场的参与角色、购买决策过程、购买特点有哪些不一样？

本模块引领你感知市场分析的框架、内容与方法，助推你树立市场信息意识，建构、形成恪守职业道德、营销伦理和企业社会责任的市场分析理念、大数据分析思维，为有效分析市场信息、捕捉企业市场机会提供营销思维与市场洞察技能和素养。

你需要面对和思考的主要问题，包括但不限于：

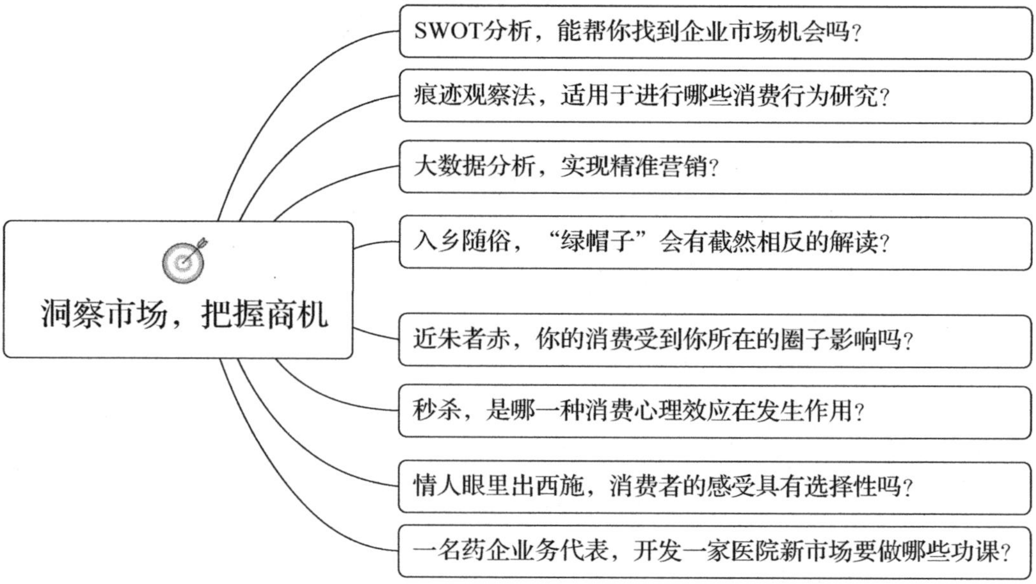

# 任务 2

# 监测市场营销信息



调查就像“十月怀胎”，解决问题就像“一朝分娩”。调查就是解决问题。

——毛泽东

## 学习目标

**职业操守**

◆ 树立持续监测、采集、分析、应用市场营销信息的意识。

◆ 依法采集和使用信息，不提供虚假数据，尊重被调查对象的隐私和商业秘密。

**应知应会**

◆ 认识市场营销信息、市场调研。

◆ 明确市场调研的重要性。

◆ 掌握市场营销信息获取的方法与步骤。

◆ 熟悉市场营销信息数据的分析方法。

◆ 掌握市场营销信息报告的制作和使用要求。

**走进职场**

能敏锐洞悉和有效评估企业市场营销信息需求，有效选择、运用市场调研方法获取市场信息，并能予以有效分析、制作市场营销信息调查报告，以服务企业决策，解决企业市场营销问题。

## 任务导入

### 谁来实施调研

并非只有充足预算和设立营销部门的大企业才能进行市场调研，在一些小型企业里，每个人都可以实施市场调研，甚至包括对企业的顾客进行调研。小型企业通常既可以雇用企业外部的专业调研公司实施调研，也可以有创意地使用花费不多的其他方式来进行调研。例如：

① 委托学生或教师实施市场调研。

② 利用互联网。

③ 观察竞争对手。

④ 专业合作伙伴（调研公司、广告公司、分销商、供应商等）分享。

大多数企业使用多种资源实施市场调研来研究所从事的行业、竞争对手、顾客和渠道决策。一般来说，企业的市场调研预算会占企业销售额的 1%至 2%，其中大部分支付给企业所委托的专业调研公司。它们可以分为以下 3种类型。

（1）综合服务调研公司

搜集消费者信息和商业信息，并以收费的方式出售这些信息，如尼尔森公司等。

（2）定制化服务调研公司

接受客户委托，执行关于特定研究内容的项目，提供项目设计和报告服务。

（3）专业化服务调研公司

例如，现场执行调研公司，专门为其他公司提供实地访问服务。

**议一议**

① 通常企业在哪些情况下需要进行市场调研？

② 当需要对市场营销信息进行调研时，企业是自己做调研，还是外包给调研公司做好？

③ 你知道目前国内有哪些知名的专业化调研公司？其服务特色和专长领域是什么？

④ 一个合格的调研员需要具备哪些职业能力与素养？

⑤ 为什么有的调研公司提供的资料是假的？怎样才能确保调研活动真实有效？

## 任务实施

1. 打开百度，搜索“养老地产”“养老产业”“康养产业”等关键词，整理出有用信息，了解国内外养老地产行业发展现状及本埠现有养老地产项目。

2. 走进本埠 A 房地产公司养老地产项目现场，考察当地主要养老地产项目品类、品牌及具体产品行情。

3. 学习本任务“应知应会”部分，领会市场调研的目标、内容、方法、步骤及调研实施、数据采集与处理、调研报告撰写的流程与要求，领会依法采集和使用信息、不提供虚假数据、尊重数据的真实性、尊重被调查对象隐私和商业秘密等市场调研职业操守，完成工作任务卡 2，如表 2.1 所示。

笔记

**表 2.1 工作任务卡 2——实施本埠 A 房地产公司养老地产项目需求调研**

完成时间： 年 月 日

| 内容名称 | | 内容描述 | 你应解决的问题 | 你解决的结果 |
|---|---|---|---|---|
| 确定调研目标 | 调研目的 | | | |
| | 定义调研问题 | | | |
| | 确定调研内容 | | | |
| | 定义目标被访者 | | | |
| 制订调研计划 | 调研方法 | | | |
| | 调研工具 | | | |
| | 调研步骤 | | | |
| 搜集信息 | 调研实施 | | | |
| | 质量控制 | | | |
| 数据分析 | | | | |
| 提出结论 | | | | |

## 应知应会

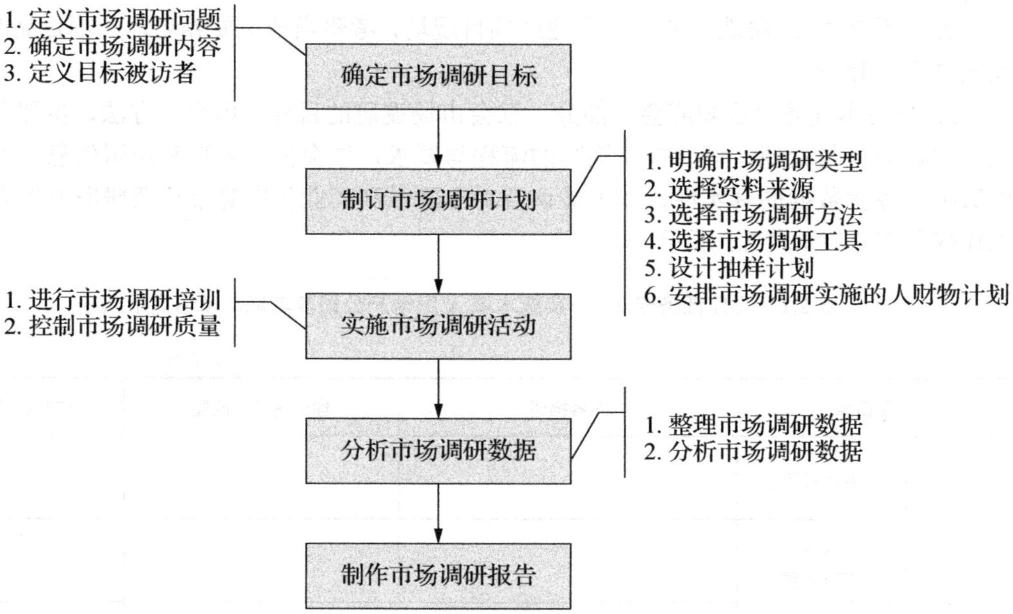


今天，面对高度不确定性的市场营销环境可能会带来的机遇与威胁，只有那些致力于及时、全面、有效搜集、使用相关市场营销信息的企业，才可能比竞争者更快捷有效地满足目标市场需求。因此，持续地跟踪和监测市场营销信息发生、发展与变化的信号，是当今企业快速响应市场营销环境的变化、建立与持续保持竞争优势的根本，在数字化大数据时代尤其如此。

# 任务 2.1　确定市场调研目标

### 情境观察

**无数次揣摩人心，无数次打磨产品**

一句“送礼就送……”被他说了 15 年，但背后是他观察了整整 4 个月的平民生活；一款网游被他用京剧韵白的腔调送上了行业顶峰，但少有人知道他打了 20 多年的电子游戏；一次对银行的投资让他赚进几十亿元，但没有人看到他晚上还跑到人家银行大楼下面去考察这家金融企业的“勤奋度”。史玉柱有一种疯劲儿，但你要将这股疯劲儿与他的“大胆”和“忽悠”联系在一起就真错了，熟悉的人说他实际“胆子很小”，并且“不善论述”。史玉柱每做一个产品之前，都恐惧顾客的反应，因此他的成功基因很简单，就是：对人心的无数次揣摩和对产品的无数次打磨，其深度和精度堪称达到了疯狂的程度。

**市场调研活动**是企业为解决特定市场营销问题的需要，系统地设计、搜集、记录、整理、分析及研究相关市场营销信息的情报、数据、资料，报告调研结果，为制定市场营销决策提供依据的信息管理活动。完整的市场调研活动一般包含 5 个主要步骤，如图 2.1 所示。

**图 2.1 市场调研活动的步骤**

对调研目标的定义指导着整个调研活动，通常是调研过程中最难的一步。往往管理层可能知道销售额急剧下滑了，但却不知道问题发生的真正原因。调研目标的定义一般包括以下几点。

**拓展**

**案例：**国务院关于开展第四次全国经济普查的通知

## *2.1.1* 定义市场调研问题

定义市场调研问题就是明确要解决哪些特定问题，从而决定了调研题目和内容。

调研人员应从实际出发进行全面分析，首先要对调研项目所处的行业宏观环境进行总体分析，明确行业总体发展趋势及其机会与威胁；接下来分析企业微观环境现状及自身优劣势，根据轻重缓急、问题层次，找出当前企业所面临的主要问题，将其中迫切需要解决的问题作为市场调研要解决的问题。

## *2.1.2* 确定市场调研内容

确定市场调研内容就是明确为解决特定市场营销问题需要调研获取哪些市场信息。

**市场营销信息**是市场调研活动的内容，泛指有关市场经济活动的各种消息、情报、数据和资料的总称，包括影响和制约企业市场营销活动的所有宏观及微观市场营销环境的相关因素的信息，如图 2.2 和图 2.3 所示。

## *2.1.3* 定义目标被访者

定义目标被访者时要严格界定调研对象的含义，并明确与其他有关现象的区别，筛选出无效的或有可能影响调研有效性的非目标调查人员，有效甄别目标被访者。诸如本人、身边亲属家人近 3 年是否有过相关行业、企业从业经历，以及年龄、性别等因素，都可以帮助有效定义目标被访者。

**图 2.2　市场调研可能涉及的内容**

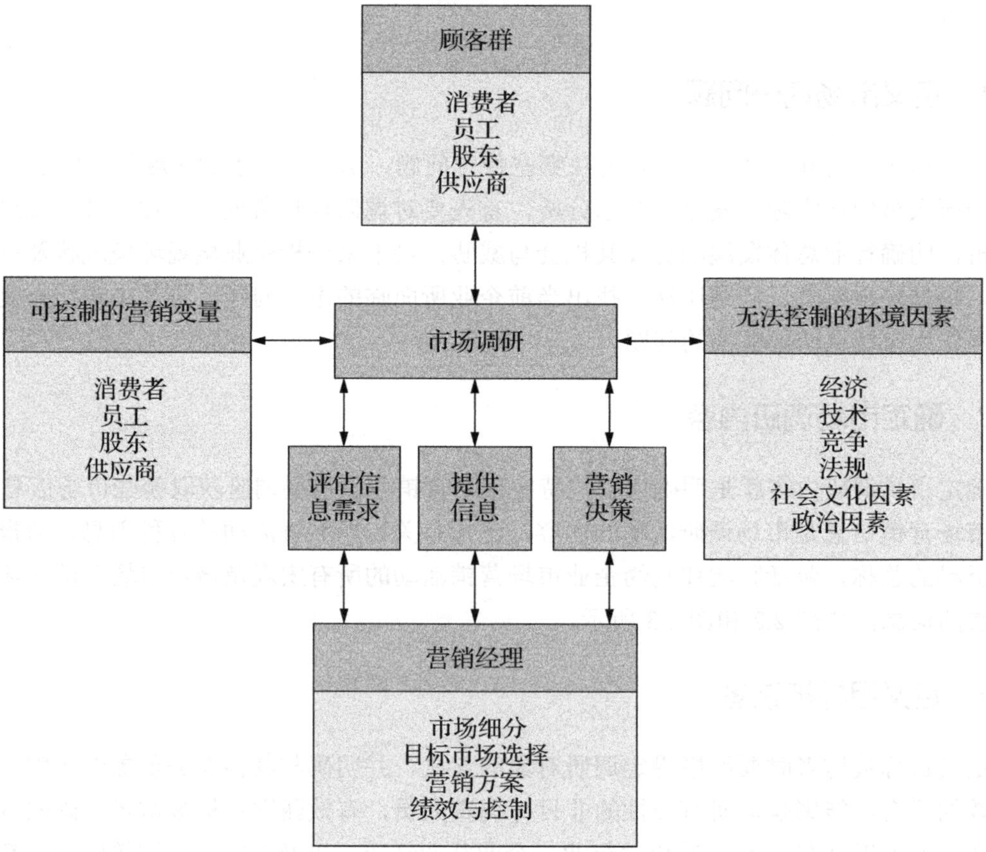


**图 2.3　市场调研的内容**

**拓展**

**观察**：安心、爱心与信心：疫情下的消费者行为与心态调研

# 任务 2.2 制订市场调研计划

**情境观察**

河南省第四次全国经济普查阶段安排如图 2.4 所示。

图 2.4 河南省第四次全国经济普查阶段安排

**拓展**

**案例：**第四次全国经济普查方案（摘要）

**议一议**

扫一扫，浏览“第四次全国经济普查方案（摘要）”，小组就如下问题进行共议。

① 第四次全国经济普查的目的是什么？

② 第四次全国经济普查都普查哪些内容？

③ 第四次全国经济普查的对象有哪些？

④ 第四次全国经济普查的数据是如何搜集的？

⑤ 如何确保第四次全国经济普查的数据是真实有效的？

制订具有可行性的市场调研计划，给出解决特定问题、实现与市场调研目标匹配的计划与安排，是确保市场调研有效实施的前提与保障——通常以市场调研计划书或市场调研方案的形式体现。一项有效的市场调研计划具体包括以下几方面的内容。

## 2.2.1 明确市场调研类型

市场调研目标不同、调研问题和调研内容不同，与之匹配的市场调研类型也会不同。

按照市场调研的功能，市场调研通常分为探索性调研、描述性调研、因果调研 3 种，如图 2.5 所示。一般来说，应先进行探索性调研，然后再进行描述性调研或因果调研。

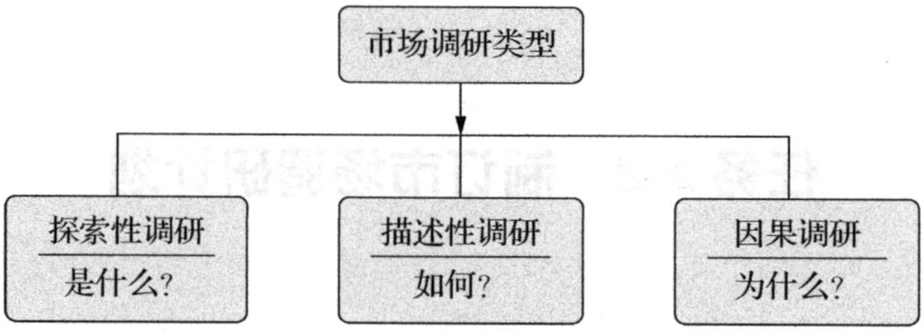


图 2.5　市场调研类型

### 1. 探索性调研

探索性调研是为了界定调研者所要进行的某项调查的定性及其调查对象各种变量的关系而进行的调查。它解决调查什么的问题，用于定义问题和提出假设，通常调查范围较窄、调查程序简易。

### 2. 描述性调研

描述性调研侧重于市场状况的客观反映，目标是更好地描述市场营销问题，回答“如何”的问题。

### 3. 因果调研

因果调研的目的是识别与发现变量之间因果关系的调查，回答“为什么”的问题。

## *2.2.2*　选择资料来源

**市场销售信息的获取**既可以从企业内部数据库中取得，也可以从企业外部采集竞争情报，当然还可以通过政府、行业组织、中介等相关组织机构获取。在实践中，企业通常先采用案头调研方式搜集二手资料，当案头调研所得资料不准确、不完整、不可信或过时时，就需要进行实地调研，搜集一手资料，如表 2.2 所示。

表 2.2　市场调研资料来源

| 调研方法 | 资料类型 | 来源渠道类别 | 来源渠道细目 | 取得方式 |
|---|---|---|---|---|
| 案头调研 | 二手资料（已有的资料、数据、信息等） | 资料库 | 调研员存储资料 | 查询、交换、购买、索取、委托等 |
| | | 经营活动记录 | 企业技术、生产、营销、财会等实时经营活动数据 | |
| | | 企业档案 | 会计记录、销售报告、其他数据资料 | |
| | | 企业内部专家 | 技术、营销、财会、法律等专家 | |
| | | 企业管理者 | 各层级管理人员 | |
| 实地调研 | 一手资料（需要实地调研采集的资料、数据、信息等） | 利益相关企业 | 竞争者、供应商、中间商等 | |
| | | 组织机构 | 图书馆、政府机构、商会等行业组织、消费者组织、外国使团、国际组织等 | |
| | | 各类中介 | 新闻媒介、新媒体、出版社、研究所、银行保险等金融机构 | |
| | | 文献资料 | 文献目录、工商名录、贸易统计资料、报纸和期刊、综合性工具书等 | |
| | | 数据资料供应者 | 专业数据库与网络等 | |
| | | 企业外部专家 | 行业专家 | |
| | | 调研公司 | 各类第三方企业 | |

### 2.2.3 选择市场调研方法

市场调研目的、市场调研内容、市场调研类型等相关因素不同，选择的市场调研方法也会不同。一般的调研项目会选择一种主要的市场调研方法；复杂的调研项目一般会综合采用多种市场调研方法。为了准确、及时、全面地取得市场营销信息，通常情况下先进行案头调研，再进行实地调研。市场调研方法如图 2.6 所示。

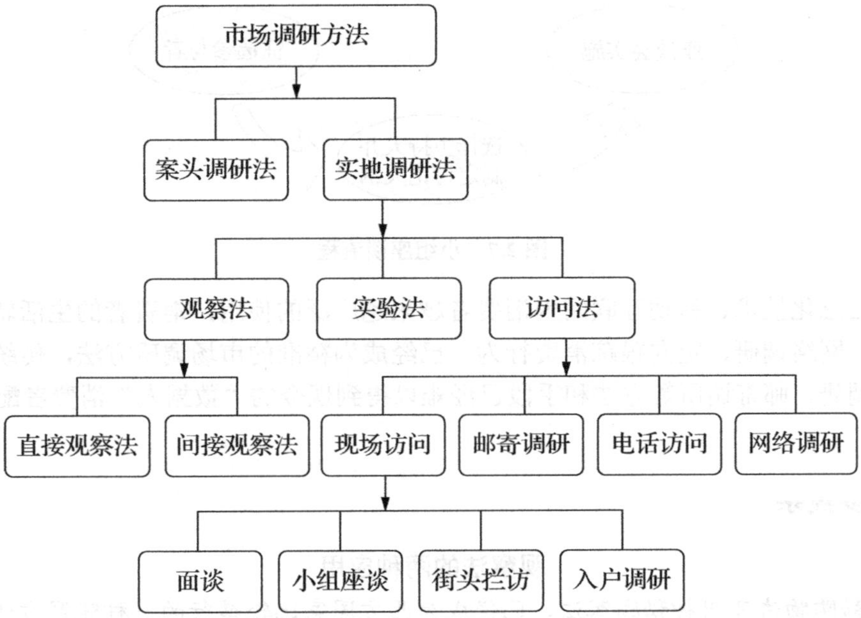


**图 2.6 市场调研方法**

#### 1. 案头调研法

案头调研法又叫文案调研法或二手资料分析法，是市场研究人员通过搜集已有的资料、数据、报告、文章等有关二手信息，并加以整理、分析、研究和利用的一种市场调研方法。案头调研法获取信息速度较快，信息搜集费用较省，具有较强的机动性、灵活性，有助于短时间内对市场情况有初步认识，从而为进一步深入实地调查奠定基础。几乎所有市场调研活动都要先经过案头调研过程。

#### 2. 实地调研法

实地调研法是市场研究人员通过访谈、观察、实验等方法，实地搜集所需的市场营销信息，并加以整理、分析、研究和利用的一种市场调研方法。相比采用案头调研法，采用实地调研法获取信息花费的时间多、费用高，但搜集到的信息往往针对性较强，有助于进一步深入反映所调研问题的实际情况。在案头调研不能满足解决调研问题的需要时，一般就需要进一步进行实地调研。实地调研法主要有观察法、实验法、访问法 3 种。小组座谈流程如图 2.7 所示。

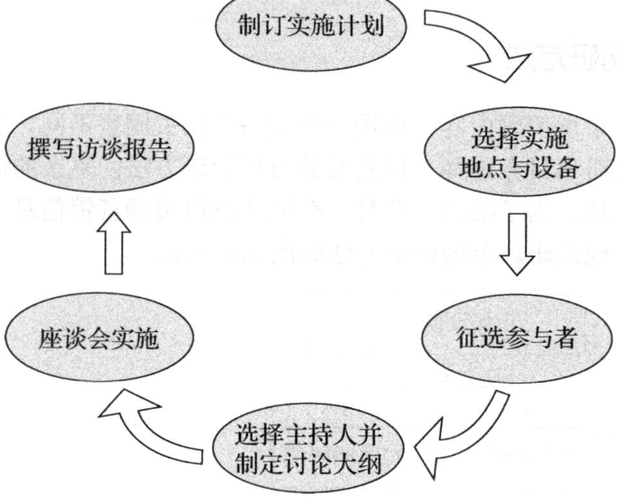


**图 2.7　小组座谈流程**

随着信息化技术、移动互联网为消费者越来越广泛的使用，消费者的生活轨迹正在变得数据化，网络调研、定向跟踪消费行为，已经成为精准的市场调研方法，传统的问卷调研、留置调研、邮寄调研等方法和手段已经难以得到现今的“数据人”消费者配合。

**同步提示**

### 观察法的两种应用

① **神秘购物法**又叫神秘顾客法，已经成为西方国家比较盛行的一种观察方法。它是由经过专门训练的商业密探伪装成购物者，追踪观察记录购物者的购物行为，或者观察记录商家销售或提供服务时的情况，以发现商家在经营管理中存在的种种缺陷的一种调研方法。神秘购物法多用于餐饮、娱乐、零售行业中。

② **垃圾分解法**通过对被调查对象所遗留垃圾进行分解、研究来获取必要信息。

拓展

阅读：“精准营销”触碰隐私

**同步观察**

### 数据驱动，定向跟踪消费者痕迹

在“数据人”时代，企业不仅能够追踪到消费者的痕迹，还能够锁定消费者个人。当一些电商网站发送与消费者密切关联的邮件，在消费者用手机上网后，显示几乎与消费者相匹配的浏览内容时不必惊讶，消费者已被锁定了。对于商家而言，在目前的技术条件下，可以将消费者曾经的网络行为和手机操作行为，与消费者的个人信息，如网络 ID、账号、邮箱、手机号等关联，从而发现消费者的特定行为。它们是怎么做的呢？电商可以通过消费者的注册邮箱与之后的购买行为，分析出消费者的购买模式；广告商可以通过消费者唯一的手机号和携带手机后所到的场所，以及在手机上的浏览行为来找到消费者的特殊之处，形成特点的拼图。之后就是大数据分析的事情了。阿里巴巴、京东正在做这样的事情，它们先追踪平台上消费者在各个商家的浏览和购买等行为，在此过程中将消费者归类，分析出每个消费者是哪种需求类型、购买周期多长等。而百度则通过全面追踪受众的兴趣点、搜索关键词、浏览主题词、到访页、到访网站等，将受众特征全方位立体地呈现，从而找到特定消费者的需求特点，为商家的广告投放服务。

### 2.2.4 选择市场调研工具

采用实地调研法搜集一手资料时通常可供选择的市场调研工具主要有调研问卷、测量仪器。

#### 1. 调研问卷

调研问卷由被调查者所需要回答的一组问题构成，是迄今为止搜集一手资料最常用的调研工具。在进行调研之前，必须认真设计调研问卷，并对问卷问题进行测试和调整。在诸如全国经济普查之类大规模的实地调研开始之前，尤其应该如此。调研问卷中问题的格式、词序、顺序都能影响到问卷的填答效果：封闭性问题提供了所有可能的答案，提供的答案易于理解，常用于描述性调研；开放性问题允许被调查对象根据自己的理解来回答问题，常用于探索性调研。

**同步提示**

**调研问卷设计要注意的问题**

① 调研问卷的说明要简单明了、打动人心。

② 问题描述要具体明确，避免使用“经常”“一些”等不确切、容易引起歧义的词。

③ 避免提断定性问题，如“您一天玩几次游戏？”，而应先添加一条过滤性问题，如“您玩游戏吗？”。如果回答“是”，则可继续提问，否则就终止提问。

④ 避免引导、暗示被调查者的可能性提问，如“被动吸烟会导致肺癌。您同意吗？”

⑤ 避免令被调查者难堪和禁忌的敏感问题，包括风俗习惯、个人利害关系、个人隐私等，如“您是否有婚外性关系？有过多少次？”等。

⑥ 避免提笼统、抽象或不确切的问题，因而像年龄、收入、家庭人口等问题应明确限定。

⑦ 避免一问多答的问题，以免使被调查者无从回答，而且给统计处理也带来困难。

⑧ 表中每一问题均有明确的目的，必须明确为什么要提出、将用来做什么分析、如何编码和分析。

⑨ 问题的表达和顺序有利于启发被调查者（应答者），因而问题应使人感兴趣并易于回忆。要避免那些难以回答、浪费时间、使人感到窘迫的问题。

⑩ 要做到文字简洁、问题顺畅。

#### 2. 测量仪器

近年来，各种新科技测量仪器越来越多地被用于监测消费者的行为，如电流计、眼动仪及皮肤感应器、脑波扫描器、全身扫描器等都能用于消费者行为的监测。有些研究者测试消费者上网时眼球的运动和大脑的活动，以判断是哪一个广告能引起消费者的注意。

### 2.2.5 设计抽样计划

决定使用何种市场调研方法与市场调研工具后，接下来就需要根据调研项目的特点，设计适合调研项目的抽样计划，确保调研样本具有代表性，能充分反映调研对象群体的情况。该计划通常包括以下几点。

笔记

#### 1. 明确抽样对象

抽样总体由调研对象群体构成，其具体范围由调研目的和调研特性所确定。抽样原则是确保调研对象群体中每个人都有一个相同的被抽取机会。

#### 2. 选择样本大小

样本大小对调研结果的准确性有一定的影响，样本越大调研结果越可靠，但是样本越大调查费用就越高。因此，样本量要根据调研费用、调研时间、允许的抽样误差等因素来确定。

#### 3. 确定抽样方法

采用概率抽样时，每个调研对象群体内的成员被抽取的概率是相同的。但由于成本太高或花费时间过长，因此通常采用非概率抽样，即使很难预测这种方法的误差。不同的抽样方法在成本、时间限制、精确度和统计性质方面存在着很大的差异，如何选择最终取决于研究项目的需要。

### 2.2.6 安排市场调研实施的人财物计划

#### 1. 访员安排

访员安排主要是指市场调研的组织管理、调研项目组的设置、调研人员的选择与培训等。

#### 2. 地点安排

要根据市场调研范围和难易程度全面统筹安排调研地点。

#### 3. 时间安排

对各阶段的工作任务和起止时间进行规划，其目的是使市场调研工作能及时开展、按时完成。

#### 4. 费用安排

要根据市场调研范围和难易程度全面考虑各阶段的费用预算，避免预算不足影响调研实施。

# 任务 2.3　实施市场调研活动

**情境观察**

**第四次全国经济普查**

根据《国务院关于开展第四次全国经济普查的通知》(国发〔2017〕53 号）和《全国经济普查条例》，国务院决定于 2018 年开展第四次全国经济普查。普查的主要内容包括普查对象的基本情况、组织结构、人员工资、生产能力、财务状况、生产经营和服务活动、能源消费、研发活动、信息化建设和电子商务交易情况等。调查对象是我国境内从事第二产业和第三产业活动的全部法人单位、产业活动单位和个体经营户。普查的标准时点为 2018 年 12 月 31 日，普查时期资料为 2018 年年度资料。普查登记工作已于 2019 年 1 月 1 日正式启动。

按照党中央、国务院统一部署，在各地区、各部门和各级普查机构的共同努力下，经过广大普查人员两年来的艰辛努力以及全国范围内普查对象的积极参与，第四次全国经济普查全面完成方案设计、单位清查、现场登记、事后质量抽查、汇总评估等各项任务。2019 年 11 月 20 日，国家统计局发布第四次全国经济普查报告。

如果你是本次普查的本地区负责人，请问你将如何组织任务的实施？怎样保证调查的质量？

**你知道吗？**

你知道 2019 年开展第四次全国经济普查活动的目的、内容是什么吗？

你知道 2019 年开展第四次全国经济普查活动的调查对象包括哪些吗？

你知道 2019 年开展第四次全国经济普查活动有哪些调查原则与要求吗？

进行市场调研信息的搜集，通常会受到许多不确定性因素的干扰，同时也是花费最多、最容易出错的阶段。进行市场调研过程中常常遇到的问题主要包括：一是受访者拒访；二是受访者持有偏见；三是调研员不遵守职业道德、不诚实提供调研信息或提供虚假调研信息。组织者需要密切关注调研过程的每一个环节，从以下两方面入手确保调研有效进行。

## 2.3.1　进行市场调研培训

市场调研培训对于提高信息搜集的质量非常重要，能确保所有的调研员以同样的态度对待调研问卷，从而保证搜集的数据具有一致性。市场调研培训一般包括常规培训和项目培训。

### 1. 常规培训

(1) 市场调研职业操守培训

该培训是让调研员明白自身在整个调研过程中的重要性。在调研过程中，每个调研员都应该保持得体的礼仪与沟通素养，恪守诚实、客观、认真、负责的工作态度和作风，严守时间和调研纪律，服从主管的统一领导和部署，认真、保质地进行调研工作，以确保调研的真实性、有效性。

（2）市场调研职业道德培训

不弄虚作假，尊重被访者，严守访问机密，不通过任何可能的方式泄露市场调研信息，保证资料不丢失，不得在访问过程中从事推销、经营、拉赞助及其他与本次调研无关的活动，是每个调研员都必须遵守的市场调研职业道德。

（3）市场调研技巧培训

市场调研技巧培训包括如何自我介绍、如何询问、如何追问、如何有效面对拒访等基本的访问原则和技巧。

笔记

**2. 项目培训**

首先要向调研员介绍项目背景，说明调研的目标、问题、方法、工具、技术及时间、地点等的安排与要求，然后进行质量标准及其他与本次调研相关事宜的说明。

**同步案例**

**某保险公司市场调研培训手册**

请注意：勿在调研问卷及卡片上涂写，注意事项记在自备笔记本上。

1. 基本情况与要求

（1）调研对象：购买过中国人寿保险的客户。

（2）调研内容：中国人寿保险公司营销员的服务行为、服务态度、服务质量。

2. 保险公司介绍保险业务情况及注意事项

3. 调查过程及要求

（1）提前一天打电话，预约访问时间及地点，每天暂定为5个，实际发放调研问卷6份。

要求：

① 每个样本联系3次以上不在，可放弃。

② 语言诚恳热情，表述清楚，减少拒访（开场白见问卷）。

③ 说明自己的身份、姓名，说明来意，进行甄别，说明调研结束后将赠送小礼品，约定时间，问清地址及联系方式（做好记录）。

④ 如果不能按时访问，应及时电话告知，另约时间。

⑤ 带好证件和物品：调研问卷、文件夹、调查卡片、地图、市场调研所简介、调研证、学生证、校徽、签字笔、礼品。

（2）调研要认真，严格按调研问卷进行，一问一答出示卡片，不要问东问西；记住市场调研所电话，可以留一份调研问卷给被访者；调研结束赠送礼品，如果遇到障碍或不符合礼品赠送要求的，就不要赠送；检查一遍调研问卷，看是否有漏答的题。

① 每早8:00出发，晚7:00在448号房间回收调研问卷、座谈，领取调研问卷、礼品。

② 礼品务必送到。如果被访者确实不收，则交回礼品并说明原因。

③ 调研问卷填写方式：调研员提问、填写，不允许被访者填写，部分问题向被访者出

示调研卡片；画O，封闭独立、不连笔；字迹清楚端正。

④ 访问注意：衣着整洁、彬彬有礼、自信微笑、谈吐大方、不卑不亢。

⑤ 注意交通安全和人身安全。

⑥ 调研过程中如有问题要及时打电话联系，被访者如有疑问可以让其电话询问。

### 2.3.2　控制市场调研质量

进行市场调研培训之后，就进入到市场调研信息搜集阶段。为实现调研目标，需要全程控制市场调研质量。通常由专设的质量审核员或调研项目督导，负责调查复核、质量检查与监管工作，对市场调研的问卷设计、信息采集、数据分析等市场调研活动的每个环节与步骤实施严格的质量控制措施。

## 任务 2.4　分析市场调研数据

**情境观察**

**大数据运用中的问题**

传统的市场研究包括定性研究及定量研究。以座谈会为主的定性研究受制于主持人的访谈技巧；以街头拦截访问为主的定量研究虽然以严谨的抽样理论为基础，但同样不能完全代表被调研对象群体的客观情况。而大数据时代革命性的市场调研方法为市场研究人员提供了以“隐形人”身份观察消费者的可能性，超大样本量的统计分析使得研究成果更接近市场的真实状态。

与此同时，大数据时代的新方法、新手段也带来新的问题：一是如何智能化检索及分析文本、图形、视频等非量化数据；二是如何防止过度采集信息，充分保护消费者的隐私。虽然目前仍然有一定的技术障碍，但不可否认的是大数据市场研究有着广阔的应用前景。

**你知道吗？**

**在线问卷调研的平台**

当一个调研项目实施完毕后，面对收回来的层叠的调研问卷，请问：

① 如何保证全部的问卷都真实有效？

② 如何鉴别哪些是不合格的问卷？

③ 对于不合格的问卷应当如何处理？

④ 怎样从大量的有效问卷中统计分析出所需要的市场营销信息？

⑤ 扫一扫右侧在线考察，了解并学会使用问卷星进行在线数据输入和处理。

**在线**

**考察：**问卷星——在线数据输入与数据分析平台

市场调研搜集到的分散的、零碎的、不系统的数据资料必须进行再加工整理分析，才能为管理者进行有效决策提供依据。市场调研数据整理分析通常包括以下两个步骤。

### 2.4.1 整理市场调研数据

整理市场调研数据是根据市场分析研究的需要，对市场调研获得的大量原始数据进行审核、分组、汇总，或者对二手数据进行再加工的工作过程。其任务就是对搜集的零散数据进行加工整理，借助各种综合指标，对调研对象的内部规律、相互联系、结构关系做出概括性的说明。整理市场调研数据应遵循准确性、目标性、及时性、全面性、核查性、系统性原则。一般来说，数据采集提供了信息原材料，数据整理提供的则是信息初级产品。

**1. 审核调研数据**

对大量问卷（或调查表）等原始资料，按照齐备性、完整性、正确性、时效性进行审核，检查调研数据的完整性和数据质量，剔除填写不完整、超过时限等问题、差错问卷。通常对不合格问卷的处理方式包括返回给现场工作人员以获得更好的数据、填补缺失值和丢弃不合格问卷。

**2. 编辑调研数据**

编辑调研数据是为了提高问卷数据的准确性和精确性而进行的再检查，目的是筛选出问卷中不清楚、不完整、不一致或模棱两可的答案。

**3. 分组调研数据**

分组调研数据是根据事物内在的特点和调研任务的要求，按照某种标准，将所研究的调研对象总体划分为若干组别，使组和组之间有差别性，而同一组内的各个单位之间保持同质性的一种整理分析方法。分组的目的在于可以划分数据的类型，分门别类可使数据资料条理化，以揭示现象内部结构、分析现象之间的依存关系。分组包括选择恰当的分组标准，确定简单分组还是复合分组形式，确定组数、组距、组限等步骤与内容。

**拓展**

**案例：**河南省第四次全国经济普查公报（第四号）

**4. 编码调研数据**

编码调研数据是为每个问题的每种可能的答案分配一个代码，通常是一个数字。如果问卷中全部都是结构性问题，或者非结构性问题很少，那么实际上问卷本身已经预先编码了，只要按照问卷上的编码编辑即可。如果是访谈提纲式的非结构性问卷，那么为非结构性或开放式问题编码就要困难得多。

**5. 汇总调研数据**

如果采用调研问卷等形式采集数据，则需要把编码数据转录到计算机中。如果数据是通过网络等电子手段采集的，则转录就省略了；如果采用计算机键盘转录，则可能产生输入错误，因此有必要检查、复核数据库的全部或部分内容。

### 2.4.2 分析市场调研数据

分析市场调研数据是指运用所选择的数据分析方法和软件，对输入的数据进行统计处理和分析，得出符合调研要求的分析结果。数据分析结果生成之后，既可以其自带的数据格式进行存储，也可输出为常见的数据格式，以供其他系统或写调研报告使用。实践中，常用 Excel、SPSS 等软件进行数据分析。

# 任务2.5 制作市场调研报告

情境思辨

**提升市场调研数据的可信度**

娃哈哈老总宗庆后曾发出“现在那些调研都是假的，你给他们那么多钱，最后都不知道花到哪里去了，还不如我自己的感觉来得比较敏锐和准确一些”的言论。

产生数据恐慌，对市场调研结果的准确性表示质疑的原因何在？

第一，国内市场调研行业尚处于成长期，高素质的市场调研人才还比较欠缺，服务分析水平尚待提高。第二，不少调研公司提供的分析水准不高，甚至少数调研公司为了小利而做出违背市场调研行业职业道德的事情，由此造成企业家的不信任。第三，相对于街头调研、电话调研、网络调研，入户调研难度最大。统计显示，即便是被调研者会得到价值50至100元的调研礼品，每敲100位住户的门依然仅有不到40位住户接受调研，其中大多还不符合样本条件。第四，由于调研公司提供的调研产品种类繁多，如消费者调研、广告监测、满意度调研等，所以调研服务的价格也从几万元到上百万元不等，如此巨大的收费差异，也使众多客户对该行业心存疑惑。

尽管如此，随着市场调研行业全球化的加深，调研技术飞速发展，被誉为未来最有朝气、最具潜力、发展最快的市场调研行业，正走在调研机构的集中化、服务的多样化、专业化、国际化的路上。随着潜在调研客户的日益觉醒，如今一些国内中小企业或热门行业，如IT、汽车、酒类、化妆品、快消品等每年也花费几十万元、几百万元进行市场调研。尽管调研行业面临调研结果失真、调研屡屡碰壁、小公司生存难等诸多挑战，依然阻止不了其前行的步伐。

市场调研报告是整个市场调研成果的表现形式，可以为营销决策提供所需信息和依据支持。制作市场调研报告（以下简称报告）通常包括如下步骤与环节。

### 1. 制作报告封面

制作报告封面时首先要注意排版设计的美观度，其次在内容上应把调研题目、调研项目委托单位、调研机构名称、汇报日期写在封面上。此外，最好把与调研项目相关的一张图片放在封面上，以增加封面的美观度。

### 2. 制作报告目录

目录是为了便于读者快速了解调研报告的内容。目录在定义时应包含以下 4 个部分的标题和页码：章节目录，表格目录，图形目录，附录。

### 3. 描述调研背景

简单描述调研项目所在行业的宏观背景、企业微观背景，说明所做调研项目的来源与目标。

### 4. 描述调研实施情况

在进行调研项目实施情况描述时，要包含两部分内容：一部分是调研项目的具体实施情况，如实施方法、实施时间和地点、人员安排、问卷回收情况等；另一部分是有关本次调研被访者基本情况的描述，如性别、年龄、职业、收入等。

### 5. 撰写调研基本结论

这是报告中篇幅最大的部分，在这一部分中，要对调研中发现的基本数据资料进行有组织、有重点、层次分明的陈述。为了便于客户理解有关文字说明，可选择重要且简单明了的数据分析图表插入相应的叙述内容中，过分复杂冗长的图表则列入附录部分。

**拓展**

**案例**：第四次全国经济普查公报（第一号）

### 6. 给出小结与建议

小结是对调研基本结论的总结和提炼；建议是在每个小结的基础上给出的，是关于调研项目下一步的改进和实施过程中将要运用的一些营销策略及方法。建议的提炼和写作一定要体现可操作性，要与项目的可执行性相吻合，切勿空洞。从调研性质方面看，报告是不提供建议和对策的，所以是否撰写这部分内容，完全由调研人员自己决定。但随着市场调研业务竞争越来越激烈，调研人员主动提出建议以提高用户满意度的情况越来越普遍，这一部分正在逐步成为市场调研报告的构成内容之一。

### 7. 制作附录

附录是对报告正文的补充或更为详细的专题性说明。这部分通常包括报告中引用的数据资料、统计报表、资料的分类统计数据、研究方法的详细说明及获取二手资料的参考文献等。

## 拓展训练

1．训练内容

本校大学毕业生王旭打算毕业后自己创业，开一家淘宝店。他想经营地方特色的海鲜产品，或者是本地颇受欢迎的无花果，或者是凭借地域优势经营韩国服装和化妆品。但对于究竟选择哪类商品，他始终拿不定主意，因为对于这几种商品的需求状况他心里没有谱。如果你是他，你应该怎么办？

2．训练目的

认识市场营销信息对企业的重要性，掌握常用的市场调研方法，掌握市场调研方案、市场调研问卷的设计技巧，培养学生独立策划和组织实施市场调研活动的能力；掌握调研数据的处理和分析技巧，学会撰写市场调研报告。

3．训练要求

① 根据市场调研的目的，界定需要调研的问题，确定所需市场营销信息的内容，合理定义调研对象，有效设计调研项目。

② 根据项目实际选择适宜的市场调研方法和市场调研工具。

③ 做好市场调研的组织和控制，确保调研数据信息全面、客观、真实，保证调研质量。

④ 按照规范格式撰写市场调研报告。

⑤ 团队汇报答辩礼仪等细节。

笔记

4．训练步骤

① 组建 3 至 5 人项目小组，进行项目研讨与分工。

② 到图书馆或通过网络进行案头调研，搜集二手资料。

③ 采访相关人员，完成调研计划制订。

④ 到校内及校园周边市场、相关社区等场所进行实地调研。

⑤ 进行在线调研。

⑥ 小组分工整理调研数据，使用问卷星输入、分析调研数据，撰写市场调研报告。

⑦ 小组汇报、展示市场调研报告并答辩。

5．训练考核

（1）知识与技能

所做市场调研方案、市场调查报告具有可行性，能为校园市场开发提供决策参考。

（2）职业操守

① 具备持续监测、采集、分析、应用市场营销信息的意识。

② 具备依法采集和使用信息、尊重信息真实性、尊重调研对象隐私和商业秘密的市场调研职业道德与操守。

（3）逻辑与规范性

逻辑合理，格式规范，礼仪得体。

**任务实施评价**

完成本任务的“工作任务卡”“应知应会”“拓展训练”等学习任务后，按照表 2.3 所示的测评项目，给出本任务的自主学习个人最终成绩与评价。

**表2.3 任务2——实施评价与职业能力测评**

完成时间： 年 月 日

| | | | | | |
|---|---|---|---|---|---|
| 学 生 | | 学 号 | | 班 级 | |
| 小 组 | | 小组长 | | 个人成绩 | |
| 多元评价 | 信息能力（15%） | 表达与沟通能力（25%） | 专业能力（35%） | 职业操守（15%） | 团队协作能力（10%） |
| 自我评价（10%） | | | | | |
| 小组评价（25%） | | | | | |
| 组间评价（25%） | | | | | |
| 教师评价（40%） | | | | | |
| 总 评 | | | | | |

**说明：**该实施评价与职业能力测评表是根据原劳动和社会保障部职业技能鉴定中心《职业核心能力培训测评标准》所列文献相关内容提炼，并结合营销职业能力构成及营销课程过程性实施特点编制而成的。

# 任务3

# 扫描市场营销环境

| | |
|---|---|
| ◆ | 学习目标 |
| ◆ | 任务导入 |
| ◆ | 任务实施 |
| ◆ | 应知应会 |
| 任务 3.1 | 认知市场营销环境 |
| 任务 3.2 | 扫描宏观市场营销环境 |
| 任务 3.3 | 监测微观市场营销环境 |
| ◆ | 拓展训练 |

企业能够而且应当影响自己所在的市场营销环境，而不应单纯地顺从和适应环境。

——[美]菲利普·科特勒

## 学习目标

**职业操守**

◆ 树立在高度不确定的市场环境下求变求新的市场营销思维。

◆ 树立个人终身学习，以不断提升自我思维、格局和技能的意识。

**应知应会**

◆ 了解市场营销环境的构成和特点。

◆ 理解市场营销环境对企业市场营销活动的影响和作用。

◆ 掌握 SWOT 市场营销环境分析方法。

◆ 领会互联网营销新思维。

◆ 掌握企业捕捉商机与躲避环境威胁的应对策略。

**走进职场**

养成即时跟踪监测市场营销环境信息的习惯，练就敏锐洞察市场营销环境信息与捕捉商机的能力；能够敏锐观察市场营销环境新现象，根据主要变化趋势，结合企业自身的资源和能力，寻找企业机会，躲避威胁，适应动态的市场营销环境变化。

MARKETING 任务导入

**市场环境如雾里看花，企业何去何从**

**拓展**

观察：共享经济 PK“隔离经济”，诞生了怎样的新生长点?

随着自然环境和汽车使用环境的变化，新能源汽车成为汽车产业转变的重要方向。2020 年 1 月的报告显示，国内的新能源汽车经历了战略规划、导入期之后，现在正处于成长期，保有量的渗透率还不到 2%（1.46%），市场的发展空间可谓是空前巨大。尽管如此，处于成长期的新能源汽车市场仍然存在许多不确定性，市场销售数据及表现持续动荡。比亚迪（BYD）公司在新能源汽车制造领域取得了较大的发展，其推出的纯电动、油电混合动力汽车已快速成为最具创新的新锐民族自主汽车品牌。中国新能源汽车近几年来蓬勃发展，销量超过其他国家的总和。而比亚迪品牌的新能源汽车的市场表现非常亮眼，在我国新能源汽车市场上占据了相当重要的份额。

与此相反，不知道大家是否还记得曾经如日中天的诺基亚。2007 年之前，它几乎占据了中国手机市场的半壁江山，谁能想到这个庞大的商业帝国，会有倾覆的一天呢？如今，很多年轻一代甚至从未见过诺基亚手机。诺基亚的 CEO 说：“我们并没有做错什么，但不知道为什么我们输了。”市场变化太快，不能紧随潮流就意味着落后。当智能手机的风口来临时，诺基亚依然陶醉于过往的辉煌，未能随之而动，等到觉察过来时，已经大势已去，无力回天。

**议一议**

① 在互联网背景下，企业的市场营销环境有哪些变化？

② 企业应如何看待市场环境的变化？

③ 要适应不断变化的营销环境，作为一个优秀的市场营销人员，你认为需要具备哪些素质和认知？

## 任务实施

1. 打开比亚迪官网 http://www.bydauto.com.cn，找到“全部车型”选项卡，认真记录所有车型的价格及产品特征，了解参数配置并进行对比，点击产品找到产品详情页面。

2. 利用互联网搜索新能源汽车所面临的宏观营销环境，了解新能源汽车行业发展现状，逐项整理人口环境、经济环境、社会文化环境、科技环境、自然环境及政治法律环境方面的相关信息，针对 BYD 秦 Pro EV 超能版分析市场机会与威胁。

3. 学习本任务“应知应会”部分，领会市场营销环境、环境威胁、市场机会等核心概念，以及企业如何识别环境威胁和市场机会，了解当前背景下影响企业宏观和微观市场营销环境的主要因素和趋势有哪些，明确不同市场环境趋势下营销者的不同营销策略，完成工作任务卡 3，如表 3.1 所示。

**表 3.1 工作任务卡 3——新能源汽车市场营销环境分析**

完成时间：　　年　　月　　日

| 产品名称 | BYD 秦 Pro EV 超能版 | 竞争品 1 | 竞争品 2 | 竞争品 3 |
|---|---|---|---|---|
| 销售价格 | | | | |
| 产品卖点 | | | | |
| 发售时间 | | | | |
| 销售情况 | | | | |
| 新能源类型 | | | | |
| 市场定位 | | | | |
| 目标消费者群 | | | | |
| 宏观<br>市场营销环境分析 | | | | |
| 微观<br>市场营销环境分析 | | | | |
| 市场营销建议 | | | | |

应知应会

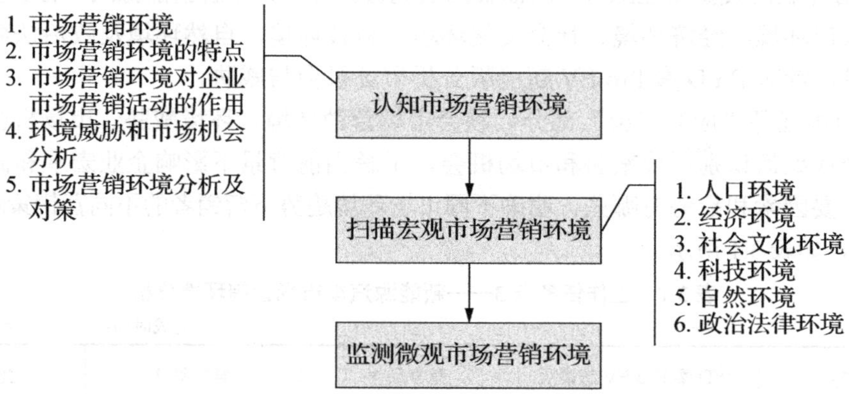


达尔文在《物种起源》中说过，在自然演化过程中，能够活下来的不是那些最强壮的物种，也不是那些最聪明的物种，而是那些最能适应变化的物种。

古往今来，人类从未停止过对自然界的探索，为的是能够在这个复杂多变的自然环境中更好地生存下来。从最初使用简单的石器工具到驯服牛马，再到建造房屋、马车、木船等，再到后来的工业时代，而今的互联网时代，技术变革是快速且全方位的，渗透的速度跟广度更是惊人。每一次变革都给人类带来了前所未有的发展机会。

市场营销环境也在随着科技的发展发生着翻天覆地的变化，既有地域、空间、工具的变化，也有消费者思维和习惯的变化。

“物竞天择，适者生存”。在今天移动互联新经济时代，企业比以往任何时候都更需要持续跟踪、监测、把握高度不确定的经营环境各种影响因素与力量的变化趋势，立足创新，适时先“变”，快速响应市场营销环境变化，趋利避害地开展市场营销活动。

# 任务 3.1　认知市场营销环境

营销思辨

**新冠肺炎疫情防控下的中小企业，如何渡过生存困境**

2020年春节期间，新冠肺炎疫情肆虐，在全国上下勠力同心打赢这场战“疫”的同时，春节假期延长、复工时间延后，很多企业无法开展业务，生存压力陡增。如何熬过这场疫情，成为摆在企业面前的最大挑战。餐饮、旅游、住宿等服务行业大受疫情影响，制造业方面也受到疫情较大波及，其中风险抵御能力较弱的中小企业首当其冲，活下来成为压倒一切的任务。

在疫情防控形势下，餐饮、旅游、住宿等中小企业面临哪些生存困境？如何自救？

### 3.1.1　市场营销环境

要正确把握市场营销环境，首先要正确理解相关的核心概念。

凡是直接或间接影响和制约企业市场营销活动及其目标实现的各种相关因素与力量，统称为**市场营销环境**，如图 3.1 所示。

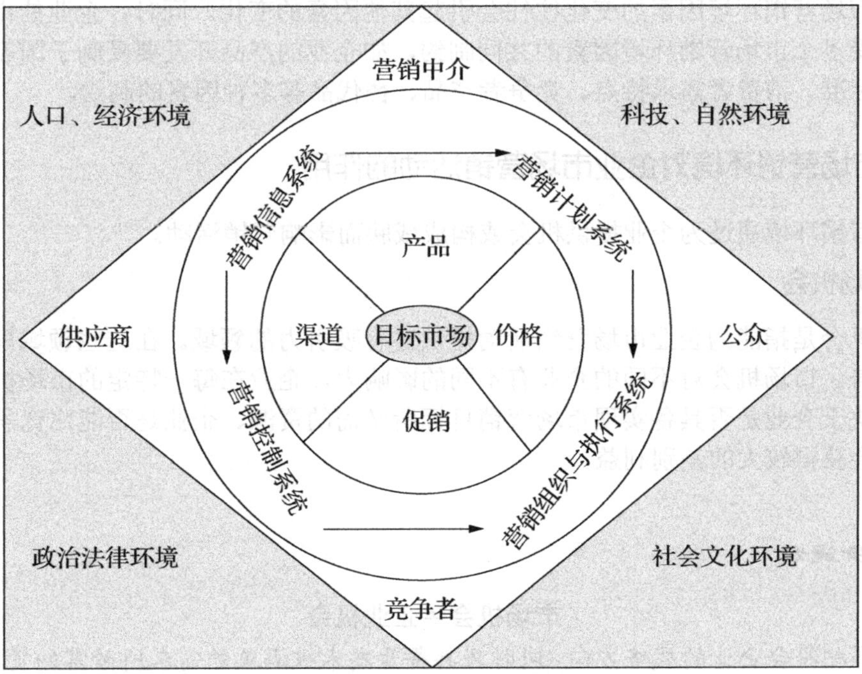


**图 3.1　市场营销环境因素**

其中，与企业紧密相连、能较为直接地影响企业服务目标市场能力的因素和力量，包括企业自身、企业的供应商、营销中间商、顾客、竞争者及社会公众等企业利益相关者，被称为**微观市场营销环境**。

作用于各项微观环境，影响企业市场营销活动的不可控制的社会性的力量和因素，被称为**宏观市场营销环境**，通常包括人口、经济、自然、科技、社会文化、政治法律等因素。

### 3.1.2 市场营销环境的特点

不同的市场营销环境因素对企业市场营销活动的影响和制约不尽相同，同样的市场营销环境因素对不同的企业所产生的影响也会大小不一。但总体而言，市场营销环境普遍具有下列特点。

**1. 不可控性**

市场营销环境不以营销者的意志为转移，对企业市场营销活动的影响具有动态性、强制性和不可控的特点。企业既无法摆脱市场营销环境的制约，也无法控制市场营销环境，只能在特定的市场营销环境中谋生存与发展。

**2. 差异性**

不同企业所处的不同国家或地区之间，政治法律、人口、经济、社会文化等宏观市场营销环境存在很大差异，不同企业的竞争态势等微观市场营销环境也千差万别。同时，同一环境因素的变化对不同企业的影响也会不同。

**3. 相关性**

某一市场营销环境因素的变化往往会引起其他因素的变化。同时，企业的市场营销活动往往要受多个市场营销环境因素的共同制约，如企业的产品开发要受制于国家的环保政策、技术标准、消费者需求特点、竞争者产品、替代品等多种因素的制约。

### 3.1.3 市场营销环境对企业市场营销活动的作用

市场营销环境通过为企业提供机会或构成威胁而影响营销活动。

**1. 市场机会**

市场机会是指能为企业市场营销活动提供富有吸引力的领域。在这些领域里，企业拥有竞争优势。市场机会对不同的企业有不同的影响力，企业在每一特定的市场机会中的成功概率取决于企业是否具备实现市场营销目标所必需的资源、企业是否能比竞争者利用同一市场机会获得较大的差别利益。

**同步提示**

**市场机会≠企业机会**

只有那些符合企业的战略方向，同时又具备开发未被满足的需求所必需的资源和能力，并且能比竞争者利用同一市场机会获得更大的差别利益和竞争优势的市场机会，才可能是企业机会。

### 2. 环境威胁

环境威胁是指市场营销环境中不利于企业市场营销活动的因素的发展趋势，它对企业形成挑战，对企业的市场地位构成威胁。例如，随着国内外对环境保护需求的提高，某些国家实施了“绿色壁垒”，使某些生产不完全符合环保要求的产品的企业受到了严峻的挑战。

面对市场营销环境对企业营销活动可能的影响和作用，企业必须建立市场营销环境预警系统，持续地跟踪和监测环境，以便适时、能动地调整自身的市场营销组合策略，快速适应市场营销环境的变化，使得自身获得生存和发展。

拓展

**案例：**后浪 B 站，增长区间是否还有“巨浪”？

## *3.1.4* 环境威胁和市场机会分析

市场环境分析常用 **SWOT 分析法**（见表 3.2），SWOT 是优势（Strength）、劣势（Weakness）、机会（Opportunity）、威胁（Threat）4 个英文单词首字母的缩写。它可分为两部分：一是 SW，主要用来分析内部条件；二是 OT，主要用来分析外部条件。利用这种方法可以从中找出对企业有利的、值得发扬的因素及对自己不利的、要避开的因素，以发现存在的问题，找出解决问题的办法，明确以后的发展方向。

**表 3.2　某公司进行 SWOT 分析后的战略选择**

| 外部因素 | 内部因素 | |
|---|---|---|
| | 优势（Strengths） | 劣势（Weaknesses） |
| | ① 对互联网的理解<br>② 对技术上的把握<br>③ 有好的核心团队 | ① 缺乏行业积累<br>② 缺乏实际操作经验<br>③ 没有线下实体支撑<br>④ 没有强大的资金支持<br>⑤ 人员配置不完善 |
| 机会（Opportunities） | SO 利用这些 | WO 改进这些 |
| ① 市场前景巨大<br>② 没有领头羊<br>③ 模式上的创新 | 抓住互联网的发展趋势，利用自身技术优势实现模式上的创新，通过提供良好的用户体验以建立口碑并积累人气，逐步扩大市场份额 | 通过平台的搭建和发展，不断加强与品牌供应商的沟通并加深对最终消费者的理解，积累相关行业经验。同时，在实际操作过程中，逐步完善人员体系，以弥补能力上的缺陷 |
| 威胁（Threats） | ST 监视这些 | WT 消除这些 |
| ① 低价为王<br>② 物流配送体系不完整<br>③ 行业不规范<br>④ 巨头们蠢蠢欲动 | 密切关注行业的发展和巨头们的动向。业务上，找准自身优势和价值所在，寻求多方合作；技术上，完善平台底层架构，增强扩展性以满足未来多方平台接入的需要 | 在初期阶段避开直接开展电子商务所需要的投入与风险，先集中力量做好技术上的引导和推荐，以“傍大款”的方式与一些更为成熟和专业的电商平台做好产品对接，也就是实现间接电子商务，将最终的销售环节转接过去，并从中获益 |

拓展

**观察：**企业风险管理的几点建议

### 3.1.5 企业市场营销环境分析与对策

分析企业的市场营销环境，目的是制定对策。

#### 1. 环境威胁的对策

① 促变策略。例如，因木材资源减少，威胁到木器加工企业的生产，所以企业可主动与林业部门联营，实现林业生产、木材供应、木器生产一条龙。木器加工企业扶植林业生产，增加木材资源供应，就是一种促变策略。

② 减轻策略。减轻策略就是企业主动调整市场营销计划，改变经营战略，去适应市场环境变化，减轻环境威胁的严重程度。例如，面临木材资源短缺的企业，可以改进木材加工工艺，增用辅料或代用材料，从而减少木材消耗；也可以开展综合利用，提高木材利用率，以减轻资源短缺带来的困难。

拓展

**观察**：面对颠覆性突发事的企业应对

③ 转移策略。采用转移策略时，一是转移产品，即将受到威胁的产品转移到其他市场；二是转移市场，即将企业的市场营销活动转移到新的细分市场上去；三是转移行业，即将企业的资源转移到更有利的新行业中去。例如，木器加工企业可以抽出部分资金转移到其他部门，实行多元化经营；也可以全部转产，或者全部采用新材料代替木材作原材料。

#### 2. 把握市场机会的对策

① 及时利用策略。当市场机会与企业的市场营销目标一致，企业又具备利用市场机会的资源条件并享有竞争中的差别利益时，企业就应当机立断，及时调整自己的市场营销策略，以充分利用市场机会，求得更大的发展。

**同步提示**

拓展

**观察**：入局直播带货？请三思而后行

**谨慎把握市场机会**

美国著名市场学学者西奥多·李维特曾告诫企业家们，要小心地评判市场营销机会。他说“这里可能是一种需要，但是没有市场；或者这里可能是一个市场，但是没有顾客；或者这里可能有一位顾客，但没有推销员。”他的告诫说明，机会决策必须准确地预测市场需要和估计企业的能力，不然从表象出发就难免导致决策失误。

② 待机利用策略。有些市场机会相对稳定，在短时间内不会发生变化，而企业暂时又不具备利用市场机会的必要条件，这时可以积极准备、创造条件，待时机成熟时，再加以利用。

③ 果断放弃策略。市场机会十分具有吸引力，但企业缺乏必要的条件，无法加以利用，此时企业应做出决策果断放弃。

企业推广产品，有时可以人为地营造市场，形成供不应求的局面，小米手机的饥饿营销就是典范。

# 任务 3.2　扫描宏观市场营销环境

**情境思辨**

**VR/AR 互动营销，争夺顾客注意力**

有一家人生活在地球上 3 个不同的大陆，一年只能团聚一次。有一群人在对抗相同的罕见疾病，而他们正在全球不同的社区中奋斗着。有一位来自巴西的女孩希望向法国的一家商店购买唇膏，但网上的样品无法帮助她确定最合适的颜色。今天，他们之间彼此连接的最佳方式是在线小组和视频通话。但随着 VR（虚拟现实）和 AR（增强现实）新技术逐渐开始走向现实生活，即便是相隔万里，彼此都能像亲临在相同的房间之中。有了 VR 和 AR 技术，不管是旅游、零售、电子商务、服装行业，还是房地产和汽车等行业，都可以思考如何令营销推广更加视觉化，以增加消费者的信息留存度，更好地将品牌信息传播，实现双方实时互动，进而提升整体消费体验。

**拓展**

**观察：**国务院十大举措支持“出口转内销”，但外贸企业“回流”还有这些挑战

**宏观市场营销环境**（见图 3.2）通常会给微观市场营销环境中的各种力量带来市场机会或环境威胁。

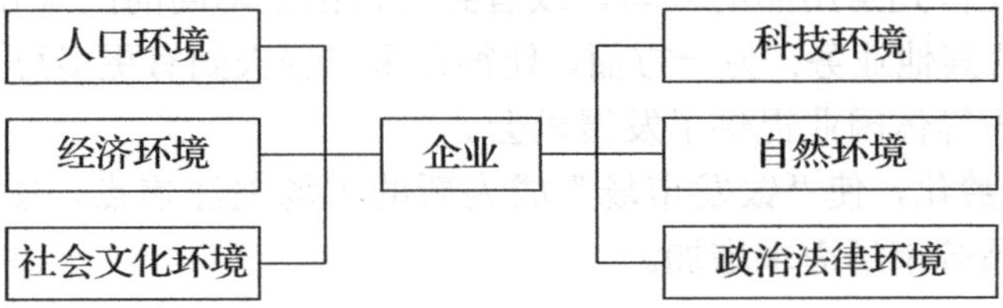


**图 3.2　宏观市场营销环境因素**

## 3.2.1　人口环境

人口环境主要通过人口数量和结构来影响市场的规模与内涵。

### 1. 人口数量

人口数量决定市场的规模和潜量。企业如果要在某一个国家、某一个地区开展市场营销活动，首先要关注所在国家或地区的人口数量及其变化。目前，世界人口总数已超过 70 亿人，预计 21 世纪中期将达到 90 亿人。2010 年第六次全国人口普查显示我国总人口达到 13.7 亿人。全球人口持续增长，意味着市场需求的增长，但只有在保证购买力的前提下，人口增长才意味着市场的扩大。

你知道吗？

拓展

思维："他经济"的金矿，你会挖吗？

### 全球人口数量

截至2019年10月8日，全球230个国家人口的总数为7 579 238 198人。其中，中国以1 395 380 000人位居第一，是世界上人口最多的国家；印度以1 354 051 854人位居第二；第三至第十名分别是：美国、印度尼西亚、巴西、巴基斯坦、尼日利亚、孟加拉国、俄罗斯、墨西哥。

## 2. 人口结构

人口结构主要通过人口的性别结构、年龄结构、家庭结构、教育与职业结构，以及地理结构等来影响市场的需求内涵和需求结构。

### （1）人口性别结构

性别不同，往往消费需求就存在差异，购买习惯和行为方式也会有所不同，因此就会有男性用品市场和女性用品市场。一般来说，女性偏向于购买服装、化妆品、家庭生活用品及孩子用品等商品，耐用品、大件商品则习惯于由男性决策购买。

### （2）人口年龄结构

儿童对玩具感兴趣，老人则对保健品及医药用品感兴趣，不同年龄结构的人由此形成了年龄特色鲜明的婴儿市场、儿童市场、青少年市场、成人市场、老年市场等。

目前，人口年龄结构总体上凸显以下两种趋势。

① 发达国家人口出生率下降，一方面对儿童食品、服装、玩具、用具等行业是一种威胁，发达国家某些经营儿童用品的公司，或者到人口出生率高的国家寻找市场，或者采取转移策略，转向经营其他业务；另一方面，使得许多年轻夫妇有更多可支配的时间和收入，给旅游、餐饮、娱乐等休闲业提供了发展机会。

② 人口趋于**老龄化**，使"银发市场"成为新的市场关注焦点，使得老年医疗保健用品、旅游、健身用品等市场需求增加。

同步观察

### 保险公司投资，养老社区迎契机

国联证券研究报告预计，2020年我国老龄化水平将达17.17%；到2025年，我国60岁以上人口将达3亿人。"伴随老龄化进程的加速和生活水平的提高，社会将越来越需要高质量的养老服务供给。"报告指出。前瞻产业研究院研究估算，2020年中国养老产业的市场空间将达到7.7万亿人，到2030年有望实现22.3万亿人。根据人均消费支出估算，预计2020年中国老龄人口将达到2 446万人，老龄市场将达到6 027亿元。

由于养老观念更新，养老需求也在升级，社区养老、医养机构逐渐被市场看好。其中，社区养老模式受到了机构的青睐。特别是保险行业，更是把打造养老社区作为公司的主要战略规划并积极实施。目前来看，已初步形成气候。

### （3）人口家庭结构

随着职业妇女的增多，单亲家庭和独身者的涌现，除了典型的传统家庭结构，单身成年人住户、两人合租住户及集体住户等非家庭住户增加是我国目前家庭结构变化的一个特点，这使得与之相关的商品或服务需求应运而生。

**同步聚焦**

**非家庭住户呼唤与之适宜的商品或服务**

非家庭住户主要有3种。

① 单身成年人住户，包括未婚、分居、丧偶和离婚独居者。这种住户需要较小的公寓住宅、较小的食品包装和较小而适用的家具、日用品与陈设品。

② 两人合租住户。这种住户是暂时同居，需要较为便宜租赁的家具和陈设品。

③ 集体住户，即由大学生、外来打工者等多人集中居住在一起共同生活。企业应注意这种住户的特殊需要和购买习惯。

(4) 人口教育与职业结构

一般来说，教育程度较高的职业消费者购买商品追求高雅、美观、时尚，对名牌商品、电脑、报刊、图书、高级娱乐、旅游等方面的购买需求较多，并且对相关商品的包装、附加功能也有一定的要求；而教育程度相对较低的职业消费者购买商品时偏重于追求价廉、实用。

(5) 人口地理结构

一是人口地理分布格局不同，所处地理环境、气候条件、自然资源、风俗习惯等差别明显，市场需求差异显著。我国城乡之间，东部沿海地区与中部、西部地区之间，在众多产品及服务的需求内容及消费结构上都有明显的差异。

二是人口地理迁移现象突出。

**拓展**

阅读：该让父母住养老院吗？

### *3.2.2* 经济环境

经济环境泛指企业生存、发展所依托的经济发展水平、经济形势、购买力水平等经济因素。

#### 1. 经济发展水平

经济发展水平高的国家和地区着重投资精密、自动化程度高、性能好的生产设备。在重视产品基本功能的同时，比较强调款式、性能及特色；大量进行广告宣传及营业推广活动，非价格竞争较占优势；分销途径复杂且广泛，制造商、批发商与零售商的职能逐渐独立，连锁商店的网点增加；分销路线的控制权逐渐转移至中间商，大零售商崛起并最终控制分销路线。

#### 2. 经济形势

经济繁荣时，需求旺盛、企业投资增加、雇用增多、产品供应充足；经济萧条时，需求低迷、企业投资压缩、失业增多、产量削减。

#### 3. 购买力水平

购买力是构成市场和影响市场规模大小的重要因素。购买力大小由消费者收入、支出，以及储蓄和信贷等因素所决定。

（1）消费者收入

消费者收入直接影响市场容量和消费者支出模式，从而决定购买力水平。研究消费者收入常用以下指标。

① 人均国内生产总值。人均国内生产总值（GDP）是一个国家或地区所有常住单位在一定时期内（如一年），按人口平均所生产的全部货物和服务的价值，超过同期投入的全部非固定资产货物和服务价值的差额。国家的国内生产总值反映了全国市场的总容量、总规模，人均国内生产总值则从总体影响和决定了消费结构与消费水平。

**拓展**

**观察**：从“世界工厂”到“内循环”：中国经济发展新思路展望

② 个人收入。个人收入是指城乡居民从各种收入来源所得到的收入。各地区居民收入总额可用以衡量当地消费市场的容量，人均收入反映了购买力水平。我国各级统计部门每年采用抽样调查的方法，取得城镇和农村居民家庭平均每人全部年收入等数据。

③ 个人可支配收入。从个人收入中，扣除缴纳的税费和其他经常性转移支出后，所余下的实际收入就是能够用以作为个人消费或储蓄的数额。

④ 个人可任意支配收入。在个人可支配收入中，有相当一部分要用来维持个人或家庭的生活及支付必不可少的费用。只有在可支配收入中减去这部分维持生活的必需支出，才是个人可任意支配收入。这是影响消费需求变化的最活跃的因素。

**同步观察**

### “中国大妈”7年解套之路

2013年4月，国际黄金价格暴跌，国内大量中年女性涌进金店抢购黄金一战成名，她们以平均每盎司1 300美元左右的价格买走了约300吨黄金，新兴名词“中国大妈”因此诞生。《华尔街日报》专创英文单词dama来形容“中国大妈”。然而，到2015年年底，国际金价甚至跌到了1 060.24美元/盎司，国际金价大跌且不见上涨，中国大妈们被长久地套牢在金市中。从那之后的很长一段时间，不少人都以“中国大妈”调侃盲目投资黄金的人。直到2019年，全球经济出现衰退，越来越多人倾向于储备黄金避险。2020年，黄金价格一路飙升，逼近2 000美元/盎司，7年前被高位套牢的中国大妈们，终于打了翻身仗。

2013年，中国大妈之所以会抢购黄金，是由于手中有钱却没有更好的投资渠道。而今黄金价格虽然上涨了，但是后期价格走势却难以预料，“中国大妈”已经不再对黄金“情有独钟”了，除了房子之外，还有股市、理财等，都能够看到“中国大妈”的身影。“中国大妈”这一群体的出现，说明当老百姓手头资金富余时，选择投资项目也需要合理且谨慎。

（2）消费者支出

国际上通常用恩格尔系数来衡量一个国家或地区人民生活水平的状况。

$$\text{恩格尔系数}(\%) = \text{食品支出总额} \div \text{家庭或个人消费支出总额} \times 100\%$$

恩格尔定律表明，随着一个国家或地区收入水平的提高，其居民平均收入中（或平均支出中）用于购买食物的支出所占比例，即恩格尔系数会下降。换言之，一个国家或地区居民生活越贫困，恩格尔系数就越大；生活越富裕，恩格尔系数就越小。恩格尔定律还表明，除食物支出会下降外，衣着、住房、日用必需品等的支出也同样会在不断增长的家庭收入或总支出中，所占比重上升一段时期后呈现出递减趋势；与此同时，旅游、继续教育等的支出比例则会增加。

**同步延伸**

**衡量国民生活水平的一般经济指标**

1．人均国内生产总值

人均国内生产总值是衡量一个国家人民生活水平的一个经济指标。人均国内生产总值=总产出（即国内生产总值，社会产品和服务的产出总额）÷总人口。

2．恩格尔系数

根据联合国粮农组织提出的标准，恩格尔系数在59%以上为贫困、50%～59%为温饱、40%～50%为小康、30%～40%为富裕、低于30%为最富裕。

3．基尼系数

基尼系数是指在全部居民收入中，用于进行不平均分配的那部分收入占总收入的百分比。这是国际上用来综合考察居民内部收入分配差异状况的一个重要分析指标。基尼系数为0，表示收入分配完全平等；如果系数为1，则收入分配绝对不平等。收入分配越是趋向平等，基尼系数也越小，反之就越大。联合国有关组织规定：低于0.2表示收入绝对平均；0.2～0.3表示比较平均；0.3～0.4表示相对合理；0.4～0.5表示收入差距较大；0.6以上表示收入差距悬殊。通常把0.4作为收入分配差距的警戒线。一般发达国家的基尼指数在0.24～0.36；美国偏高，为0.4。

**拓展**

**观察：**中华人民共和国2019年国民经济和社会发展统计公报

（3）消费者储蓄和信贷

储蓄和信贷水平会影响一定时期的需求总量，从而改变市场需求构成。

储蓄的形式既可以是银行存款，也可以是债券，还可以是现金。较高的储蓄率会推迟现实的消费支出，加大潜在的购买力。

信贷的主要形式有短期赊销、分期付款、消费贷款等。消费贷款使消费者可用贷款先期取得商品使用权。消费贷款的规模和期限在一定程度上影响着某一时限内现实购买力的大小。

**拓展**

**观察：**疫情对国人消费习惯造成的3个深远影响

### 3.2.3 社会文化环境

社会文化主要是指一个国家或地区的宗教信仰、价值观念、生活方式、风俗习惯、伦理道德、教育水平、语言文字等的总和。文化主要通过影响消费欲望对企业的市场营销活动产生影响。社会文化因素主要包括价值观念、风俗习惯、宗教信仰、亚文化群、社会阶层等。

#### 1．价值观念

价值观念是指生活在某一特定环境下的多数人对客观事物的普遍态度或看法。东方人强调和谐、协作、共识，西方人则注重个体、独立自主、创造精神。不同社会环境下的人们，价值观念差异明显，企业的市场营销策略也应有所不同。

### 2. 风俗习惯

西方国家的人们以超前性、享受性消费为主流，而我国人民长期以来形成了储蓄习惯，注重商品的适用性。美国人讲究准时；匈牙利人忌讳数字13；日本人忌讳数字14，忌带有荷花、梅花的图案，也忌用绿色；我国壮族忌食牛肉。不同的国家、不同的民族，有着不同的社会习俗和道德观念，从而会影响和制约人们的消费方式与购买偏好，进而影响企业的经营方式。营销者应善于问俗知禁，有针对性地开展市场营销活动。

**同步案例**

**阿拉伯国家欢迎巴西冻鸡的原因**

欧洲一冻鸡出口商曾向阿拉伯国家出口冻鸡。它把大批优质鸡用机器屠宰好，收拾得干净利落，只是包装时鸡的个别部位稍带点血，就装船运出。不料这批货竟然被退了回来。退货原因不是质量有问题，而是加工方法冒犯了阿拉伯国家的风俗禁忌。原来，阿拉伯国家信奉伊斯兰教，规定杀鸡只能用人工，不许用机器；只许男人杀鸡，不许女人伸手；杀鸡要把鸡血全部洗干净，不许留一点血渍，否则便被认为不吉祥。

巴西冻鸡出口商吸取了欧洲商人的经验教训，特别注意充分尊重对方的风俗习惯和特殊要求。巴西冻鸡出口商对阿拉伯国家出口冻鸡，在屠宰现场内严格按照阿拉伯国家的要求，不用机器、不用女人、杀鸡后把血渍全部清除干净并精密包装。巴西冻鸡出口商还邀请阿拉伯国家进口商来参观，从而获得了信任，使巴西冻鸡迅速打入了阿拉伯国家的市场。

### 3. 宗教信仰

世界各国各地区信仰宗教的人很多。宗教是影响人们消费行为的重要因素之一，不同的宗教在思想观念、生活方式、宗教活动、禁忌等方面各有其特殊的传统。这将直接影响着人们的消费习惯和消费需求，企业营销者应尊重宗教信仰，不可触犯宗教禁忌，以适应不同宗教信众的需求。

**拓展**

**观察**：文化消费走向如何？

### 4. 亚文化群

亚文化群是指职业、年龄相近，消费偏好相同的人群，如青少年、知识分子等。他们之间有着各自相似或相同的消费欲望与购买行为，企业应注意调查研究亚文化群的消费需求特点，有针对性地制定适宜的市场营销策略。

### 5. 社会阶层

社会阶层是指全体社会成员按照一定等级标准划分为彼此地位相互区别的社会群体。同一社会阶层成员之间的态度及行为和模式与价值观等方面具有相似性，不同阶层成员之间存在差异性。

## *3.2.4* 科技环境

对人类生活最有影响力的就是科技。作为市场营销环境的一部分，科技环境因素不仅直接影响企业的生产与经营，同时还与其他环境相互依赖、相互影响。科技环境因素的影响主要体现在以下4个方面。

（1）科技是一种“创造性的毁灭力量”

每种新科技都会给某些企业创造新的市场机会，因而会产生新的行业。同时，还会给旧行业造成威胁，使旧行业受到冲击甚至被淘汰。例如，塑料业的发展在一定程度上对钢铁业造成了威胁；激光唱盘技术的出现，夺走了磁带的市场，等等。

拓展

观察：坚持创新是第一动力

（2）新科技有利于企业改善经营管理

近年来科技发展速度更快，以人工智能、大数据为中心的科技革命正在兴起，这对企业改善经营管理、提高经济效益起了很大作用。

**道德聚焦**

**“中式卷烟”提名科学技术进步奖备受争议**

给香烟增加香味，到底是科技进步？还是诱人的毒药？

2012年，可以提高卷烟香味和口感的“中式卷烟特征理论体系构建及应用”项目，由国家烟草专卖局提名2012年度国家科学技术进步奖候选名单。候选名单在科技部网站公示后，卫生部、中科院院士、控烟组织、民间协会等都公开反对，尤以30名院士联名发表公开信反响最为热烈。舆论认为，中式卷烟及我国中草药卷烟危害性不比普通卷烟少，同样具有致癌性和成瘾性。国家科学技术进步奖主要奖励先进科技成果，烟草项目能评国家科学技术进步奖，匪夷所思。而在此之前，关于烟草类的研究项目，10年间已7次获国家科学技术进步奖。

公示显示，该技术已经用于红云红河、湖南中烟等近10家烟草企业，提升了产品质量和市场适应性，此前近3年累计实现新增销售收入1 700多亿元。

很多国家都禁止在烟草制品中添加各种添加剂。专家表示该项中式卷烟技术添加中草药，引诱香烟消费，直接违反我国已经参与的《烟草控制框架公约》；如果入围国家科学技术进步奖，直接违背了《中华人民共和国科学技术进步法》第二十九条“国家禁止危害国家安全、损害社会公共利益、危害人体健康、违反伦理道德的科学技术研究开发活动”。如果科技项目缺乏科学伦理，就不应该有这样的项目。烟草项目参选国家科学技术进步奖涉嫌违法。

拓展

观察：《腾讯人工智能白皮书：泛在智能》

数据显示，我国是全球最大的烟草生产国、消费国和受害国，全国有3亿名以上的吸烟者，还有7.4亿人受到二手烟危害，每年有120万人死于与烟草相关的疾病。烟草创造的价值远远不及引发疾病的医疗费用。近10年，中国的烟草消费不但没降，反而增加了41%。

最终，备受争议的“中式卷烟特征理论体系构建及应用”项目推荐部门国家烟草专卖局提出不继续参加评审该年度国家科学技术进步奖。

（3）新科技影响零售商业结构和消费习惯

新科技会影响零售商业结构和购物人的消费习惯。例如，出现了电视购物这种在家购物方式。此外，人们还可以在家中通过电脑电话系统订购车票、飞机票、船票和影剧票等。企业也可以利用这种系统来进行广告宣传、市场调研和推销商品。

（4）产品生命周期缩短

新科技的不断出现，更多新科技的更替加快，使许多行业的多数产品生命周期有明显缩短的趋势。企业的市场营销布局应有适当的调整，并做出长远发展的对策。

### 3.2.5 自然环境

自然环境的变化会给企业造成环境威胁和带来市场机会。目前自然环境方面的主要动向表现在以下3个方面。

（1）某些自然资源短缺

从总体上看，我国资源丰富，但人均占有量较少，基本属于资源短缺的国家。近年来现代化城市用水量增加较快，对工农业企业是一种威胁。面对此类问题，企业必须寻找替代品，降低原材料消耗，避免威胁加剧。

（2）环境污染日益严重

人口、资源、环境三大问题是世界上众多国家都面临的大问题。特别是发达国家，随着工业化和城市化的发展，环境污染程度日益加重。这对那些造成污染的行业和企业是一种威胁，它们在社会舆论的压力和政府的干预下，不得不采取措施或引进新技术控制污染。同时，这种情况也给控制环境污染的包装等行业和企业制造了新的市场机会。

（3）政府干预不断加强

许多国家的政府先后对自然资源的管理加强干预。但是，政府对自然资源的管理加强干预，往往与企业的经营效益相矛盾。例如，为了控制污染，政府要求企业购置昂贵的控制污染的设备，而企业认为花钱会影响企业的经营效益。如果政府按照法律和合理污染标准严格控制的话，则许多企业就要关、停、转，这势必影响工业的发展。但是，无论是政府还是企业，都要重视生态环境保护，通过产业结构调整等方式发展绿色产业、绿色消费、绿色营销。

### 3.2.6 政治法律环境

拓展

思维：品牌出海的政治风险应对

政治法律环境包括国家和企业所在地区的政局稳定状况、经济体制与政策、经济法规法令、社会群众团体等。

#### 1. 政局稳定状况

政府换届、主要领导人的更替，战争、自然灾害对政局的影响等都直接或间接地对企业的市场经营活动产生重大影响。

同步案例

**战争带来的商业机会**

第二次世界大战前，世界经济危机爆发，在人们相信世界末日为期不远的一片混乱之中，奥纳西斯用他全部的财产购买了在当时人们认为最不景气，并注定要遭难的海上运输工具——轮船。因为他深信：一旦世界经济复苏，就离不开运输，他投下的本钱就会像热带植物一样狂长，利润就会源源而来。奥纳西斯盼望的好日子终于来了，第二次世界大战爆发了。战争，给那些拥有水上运输工具的人带来了神奇的机会，奥纳西斯的轮船一夜之间变成了浮动金矿。到战争结束时，他这个“机缘船东”已置身于希腊拥有“制海权”的巨头行列。

### 2. 经济体制与政策

经济体制是一个国家政策制定和调整的依据。随着经济体制的变革而变化的是国家基本政策，这些基本政策包括人口政策、产业政策等。就产业政策来说，国家确定的重点行业总是处于优先发展的地位，重点行业中的企业发展机会自然就多。

**同步案例**

**高端白酒等行业，受到政策新规而“降温”**

随着中央关于改进工作作风、密切联系群众的“八项规定”“六项禁令”及地方跟进措施逐步出台，高端消费市场受到政策新规的影响而降温，部分酒店生意锐减，高端白酒滞销。岁末年初原本是各类会展、团拜、答谢活动的高潮，但这次部分企业感受到了寒意。除了酒店、餐饮和白酒，花卉、旅游等行业也不同程度地受到了影响。

**拓展**

观察：以中国式现代化全面推进中华民族伟大复兴

### 3. 经济法规法令

为了保证国内经济的良好运行，各国政府都颁布了相应的经济法律来制约、维护、调整企业的经营活动。相对于政策而言，法规法令具有相对的稳定性，企业知法、守法是为了更好地发展。同时，企业可利用法律维护企业的正当权益。

**同步观察**

**中国消费者权益保护法 20 年“首修”，适度向消费者倾斜**

中国最高立法机关——全国人大常委会于 2013年 2月 5日通过了修改后的《消费者权益保护法》(以下简称新消保法)，于 2014 年“3·15”国际消费者权益保护日施行。这是该法自 1993年颁布后的首次修改。

消保法修改最重要的理念是进一步体现了公平与效率并举，更加注重公平；体现了规范与发展并举，更加注重规范；体现了契约自由和契约正义同等关注，更加注重契约正义；体现了平等善待消费者与经营者，同时旗帜鲜明地向消费者适度倾斜的立法理念。

新消保法针对消费领域出现的新情况、新问题，明确了网络购物“无理由退货制度”，赋予网购消费者“后悔权”；强化了经营者的义务；进一步发挥消费者协会的作用；加重对违法经营的惩罚，等等。

新消保法规定，经营者采用网络、电视、电话、邮购等方式销售商品，消费者有权自收到商品之日起 7日内退货，且无须说明理由。法律同时明确，退货运费由消费者承担。有了“后悔权”，既可以让消费者买到自己真正需要的商品或服务，也有助于督促商家在开展活动时“有一说一”，自觉杜绝虚假广告和虚假宣传，还可以督促商家把精力集中到提高自己的产品或服务的质量上来，成为真正受消费者欢迎的商家。

新消保法对经营者“知假售假”行为的处罚做出规定：一是对经营者提供商品或服务有欺诈行为的，处罚从现行规定的“退一赔一”提高到新修改的“退一赔三”；二是对明知商品或服务存在缺陷，造成消费者或者其他受害人死亡或健康受到严重损害的，规定除追究刑事责任外，还明确受害人有权要求经营者赔偿损失，并有权要求所受损失 2 倍以下的惩罚性赔偿。所谓损失，不仅包括人身伤害损失、财产损失，还包括精神损害。

新消保法针对个人信息保护规定，经营者搜集、使用消费者个人信息，应当遵循合法、正当、必要的原则，明示搜集、使用信息的目的、方式和范围，并经消费者同意。

同步观察

**《民法典·侵权责任编》网络侵权处理机制**

2020年5月28日第十三届全国人民代表大会第三次会议通过的《中华人民共和国民法典》，于2021年1月1日起施行。单就侵权责任编而言，其在《侵权责任法》的基础上对网络侵权处理机制进行了整体修改和完善，呈现七大亮点：

一是明确了网络服务提供者对于权利人通知的转通知义务，增加反通知的规定,优化了《侵权责任法》中的通知删除制度（第1195条第1款及第2款）；

二是明确平台可以根据服务类型的不同采取必要措施，给云计算及小程序等新类型的网络侵权处理留有空间和余地（第1195条第2款）；

三是明确了权利人错误通知造成损害承担侵权责任的规定，有利于打击恶意投诉行为（第1195条第3款）；

四是增加了要求权利人和网络用户在通知和声明中提供初步证据及真实身份信息的规定,有利于降低提交虚假证据材料的风险（第1195条第1款和第1196条第1款）；

五是增加了网络用户反通知的声明权利，以对抗权利人的通知权利，为被投诉人提供了有效的救济渠道（第1196条）；

六是优化了《电子商务法》15天等待期的规定，改为"合理期限内"，有利于法院结合个案不同情形进行综合裁量认定（第1196条第2款）；

七是将网络服务提供者承担间接侵权责任的主观要件"知道"明确为"知道或者应当知道"，明确了网络服务提供者应承担的注意义务（第1197条）。

同步

**聚焦：**《民法典侵权责任编》网络侵权处理机制

#### 4. 社会群众团体

社会群众团体（以下简称社团）是指为了维护某一部分社会成员而组织起来的，旨在影响立法、政策和舆论的各种社会团体。例如，1985年经国务院批准成立的中国消费者协会，在维护消费者权益方面发挥了很大作用，得到了广大消费者的信任。社团组织的活动，会对企业的经营活动产生一定的压力和影响。企业经营者既要善于应对消费者保护运动的挑战，又要善于捕捉消费者保护运动所提供的机会。

知识拓展

**绿色营销**

广义上的绿色营销是指企业在市场营销活动中体现的社会价值观、伦理道德观充分考虑了社会效益，既自觉维护自然生态平衡，又自觉抵制各种有害市场营销。企业在市场营销活动中，要谋求消费者利益、企业利益与环境利益的协调，既要充分满足消费者的需求，实现企业利润目标，又要充分注意自然生态平衡。实施绿色营销的企业，对产品的创意、设计和生产及定价与促销的策划和实施都要以保护生态环境为前提，力求减少和避免环境污染，以维护人类社会的长远利益，实现经济与市场的可持续发展。

狭义上的绿色营销是指社会和企业在充分意识到消费者日益提高的环保意识及由此产生的对清洁型无公害产品需要的基础上，发现、创造并选择市场机会，通过一系列理性化的市场营销手段来满足消费者和社会生态环境发展的需要，实现可持续发展的过程。

# 任务 3.3　监测微观市场营销环境

**情境思辨**

家门口有一条汽车线路，从小港口开往火车站。要么因为线路短，要么因为人少，客运公司仅安排 101、102 两辆中巴来回对开。开车的是两对夫妇，坐车的人大多是长期在水上生活的船民，一进城往往是一家老少。

101 号中巴车的女主人很少让船民给孩子买票，即使是一对夫妇带几个孩子，她也只要求船民买 2 张成人票。有的船民过意不去，执意要给大点的孩子买票。她就笑着对船民的孩子说："下次给带个小河蚌来，好吗？这次就让你免费坐车。"

102 号中巴车的女主人恰恰相反。只要有带孩子的，大一点的要全票，小一点的也得买半票。她总是说，车是承包的，每月要向客运公司交多少多少钱，哪个月不交足，马上就干不下去了。船民们也理解，几个人就掏几张票的钱。因此，每次也都相安无事。

请分析 101 号车与 102 号车在 3 个月后不同的经营结果。如果你是 102 号车的车主，针对 101 号车的策略，在这样的经营环境下会采取怎样的策略？

笔记

企业的微观市场营销环境主要由企业的供应商、营销中间商、顾客、竞争者、社会公众及企业自身等组成，如图 3.3 所示。企业通过与这些利益相关者的相互协作、竞争、服务和监督开展市场营销活动。

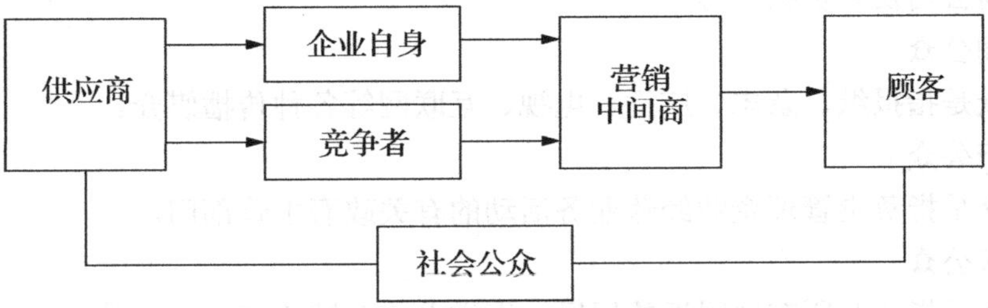


**图 3.3　微观市场营销环境因素**

### 1. 供应商

供应商是指向企业及其竞争者提供生产经营所需原材料、零部件、能源、劳动力、资金、信息等资源的公司或个人。通常意义上的供应商是指原材料、零部件、商品提供商，它们的价格、品种及交货期直接制约着企业产品的成本、利润、销量和生产进度安排。供应商的威胁手段一是提高供应价格，二是降低供应产品或服务的质量，从而使购买商企业利润下降。如果供应领域集中由几家公司控制，又无替代品竞争，供应商讨价还价的能力就要强些。企业应着眼长远，谋求与供应商长期合作共赢。

### 2. 企业自身

企业在制定决策时，首先要考虑的是企业各主要职能部门之间的分工与协作，如营销部门要与生产制造部门、供应采购部门、人事部门、财务部门、研究与开发部门等密切协作，共同研究制订年度和长期计划；其次要考虑企业最高管理层的意图，接受最高管理层的指导，以高层决策为依据，制订市场营销计划，并报最高管理层批准后执行。

### 3. 营销中间商

营销中间商是协助公司推广、销售和分配产品给最终买主的那些企业。它们包括中间商、实体分配公司、营销服务机构及银行、保险公司、信托投资公司等金融机构。

### 4. 顾客

顾客是企业产品或服务的购买者，是企业服务的对象。无论顾客是个人、家庭，还是组织机构（包括其他企业和转售商）和政府部门，也无论是否与企业在同一个国家或地区，企业开展市场营销活动始终都要以顾客的消费需求为核心，去发现需求，满足需求。

### 5. 竞争者

在市场经济和经济全球化的背景下，竞争对手不仅来自本国市场，也可能来自其他国家和地区；竞争不仅发生在行业内，行业外的一些企业也可能通过替代品的生产而参与竞争。从产品的替代性分析，竞争者可划分为品牌竞争者、属类竞争者、形式竞争者、愿望竞争者4个层次。

### 6. 社会公众

社会公众是指对企业实现其市场营销目标构成实际或潜在影响的任何团体或个人。其一般包括以下几类。

（1）金融公众

金融公众是指影响企业取得资金能力的金融机构，如各种专业银行、投资公司、证券交易所、保险公司及外资银行等。

（2）新闻公众

新闻公众是指报纸、杂志、广播、电视、互联网等各种传播媒介。

**拓展**

**案例：** 2 100封“未被录取通知书”

（3）政府公众

政府公众是指负责管理企业经营业务活动的有关政府主管部门。

（4）社区公众

社区公众是指企业所在地附近的居民、街道办或乡镇政府工作人员。

（5）企业内部公众

企业内部公众包括企业内部职工，也包括董事会、监事会成员及经理人员。

（6）社团公众

社团公众是指消费者权益保护组织、环境保护组织等群众团体。

社会公众既可能有助于增强一个企业实现自己目标的能力，也可能削弱和妨碍这种能力。企业应着眼于长远，处理好相关利益公众。大多数企业都建立了公关部门，专门筹划与各类社会公众的建设性关系。公关部门负责搜集与企业有关的公众的意见和态度，发布消息、沟通交流，以建立信誉。

## 拓展训练

### 识别人口环境的市场机会与威胁

说明：**请搜索下列信息，将最终确定的信息搜索结果及其信息来源写明。**

（1）美国、日本、新加坡、阿富汗、中国，以及你本人所在省（自治区、直辖市）、市（地区）上一年度的**人口数量**最新数字及其信息来源。其反映的**主流消费市场**是：

（2）中国人口**性别结构**上一年度最新权威数据及其信息来源。其反映的**主流消费市场**是：

（3）中国人口**年龄结构**上一年度最新数字及其信息来源。其反映的**主流消费市场**是：

（4）中国人口**教育与职业结构**上一年度最新权威数据及其信息来源。其反映的**主流消费市场**是：

（5）目前中国人口**地理分布**现状及人口**迁移趋势**最新权威资讯及其信息来源。其反映的**主流消费市场**是：

笔记

（6）搜索、浏览“逃离北上广”与“民工潮”现象，分析其蕴藏的“商机与伤机”：

## 任务实施评价

完成本任务的“工作任务卡”“应知应会”“拓展训练”等学习任务后，按照如表 3.3 所示的测评项目，给出本任务的自主学习个人最终成绩与评价。

**表 3.3　任务 3——实施评价与职业能力测评**

完成时间：　　年　　月　　日

| 学　生 | | 学　号 | | 班　级 | |
|---|---|---|---|---|---|
| 小　组 | | 小组长 | | 个人成绩 | |
| 多元评价 | 信息能力（15%） | 表达与沟通能力（25%） | 专业能力（35%） | 职业操守（15%） | 团队协作能力（10%） |
| 自我评价（10%） | | | | | |
| 小组评价（25%） | | | | | |
| 组间评价（25%） | | | | | |
| 教师评价（40%） | | | | | |
| 总　评 | | | | | |

**说明：**该实施评价与职业能力测评表是根据原劳动和社会保障部职业技能鉴定中心《职业核心能力培训测评标准》所列文献相关内容提炼，并结合营销职业能力构成及营销课程过程性实施特点编制而成的。

# 任务 4

# 洞察消费者购买行为



营销是没有专家的，唯一的专家是消费者，就是你只要能打动消费者就行了。

——史玉柱（巨人网络董事长兼 CEO）

## 学习目标

**职业操守**

树立尊重消费者个人隐私的职业操守，恪守市场营销道德与伦理。

**应知应会**

- ◆ 理解消费者市场和影响消费者购买行为的主要因素。
- ◆ 了解消费者购买行为的类型。
- ◆ 识别消费者购买决策的过程。

**走进职场**

善于应用技术手段监测、跟踪消费者行为，根据消费者行为模式，有效考察影响消费者购买行为的各种因素，挖掘消费者的需要，并能根据消费购买过程不同阶段的消费者行为特点，制定有效的营销策略，促进消费者购买决策的产生。

## MARKETING 任务导入

### 消费者善变，营销者如何为其把脉

住在某市的李女士每天花 2小时看李佳琦直播，化妆台上堆放着久未拆封的美妆护肤产品，即便已经“囤了”可以用一年的面膜，却还在买买买。“进直播间 20分钟必下一单”成了她的魔咒。她的丈夫老周，变成了薇娅直播间相对少数的“男人们”。而他们已经不记得上次出去逛街购物是什么时候了。住在北京市海淀区的王先生，通过快手直播找到了儿时的味道，一罐从家乡寄来的辣椒酱，承载了全部乡愁……天南海北的人与货，通过一场直播找到了彼此归属。

网红直播带货，将传统商业中的货、场、人的关系重构成了以人为导向。现在市场上，像口红、零食、电动牙刷等商品，其背后的品牌已经极大泛滥，用户选择谁都可以。在消费决策中，货物本身的价值正在降低，用户对商品背后的心理满足越来越重视。

李佳琦和薇娅的成功不可复制，但是从罗振宇到咪蒙，再到今天的李佳琦和薇娅，他们的成功都是源于对消费者心理的精准分析和把控。

成功的市场营销离不开对消费者需求的洞察和迎合。要在中国的消费市场上取得成功，企业必须回归根本，以消费者为中心，更好地研究消费者的需求和购买行为。

没有消费者就没有商业，现代市场营销观念的核心是以消费者为中心。德鲁克曾经指出：“商业的唯一目的是产生消费者。”汤姆·彼得斯（Tom Peters）也指出：“消费者是重要的创新来源。”对消费者行为的分析和研究一直是企业及各种专业机构工作的重点，企业通过了解消费者的需求和决策过程来改变市场营销策略。

**拓展**

**思维：**从用户感知角度，深度理解社群运营

**议一议**

① 被新技术手段武装起来、“手眼通天”的消费者，其消费行为有哪些时代变革？

② 消费者在微博上与企业的各种“死扛”，反映出在当今互联网背景下，消费者与商家的关系发生着哪些变化？

③ 在移动互联背景下，企业如何才能有效监测、跟踪消费者行为？

## 任务实施

1. 打开 OPPO 官网 http://www.oppo.com/cn，点击产品找到产品卖点、官网售价及营销策略，完成工作任务卡 4 的相关内容，在了解产品的基础上，对 OPPO 的消费者市场有基本的认知。

2. 走进本埠手机卖场实体店（或本埠其他主导产业），观察消费者的购买行为。

3. 学习本任务“应知应会”部分，领会消费者行为、消费者需要、消费动机等核心概念，明确影响消费者购买行为的各种因素，挖掘消费者的需要，制定有针对性的市场营销策略，完成工作任务卡 4，如表 4.1 所示。

**表 4.1　工作任务卡 4——实施消费心理分析任务**

完成时间：　　　　年　　月　　日

| | | | | |
|---|---|---|---|---|
| 产品名称/型号 | | | | |
| 销售价格 | | | | |
| 产品卖点 | | | | |
| 消费者特征描述（年龄、收入、经济状况……） | | | | |
| 手机购买行为参与者 | | | | |
| 影响消费者购买行为的因素 | | | | |
| 消费者一般决策过程 | | | | |
| 有针对性的市场营销策略 | | | | |

说明：① 销售价格以官方首发价格为准。

② 搜集产品属性及卖点特征，并对比竞争品。

③ 请根据产品特点描述消费者特征，并分析影响因素。

④ 根据消费者特征与产品特性提出有针对性的市场营销策略。

笔记

应知应会

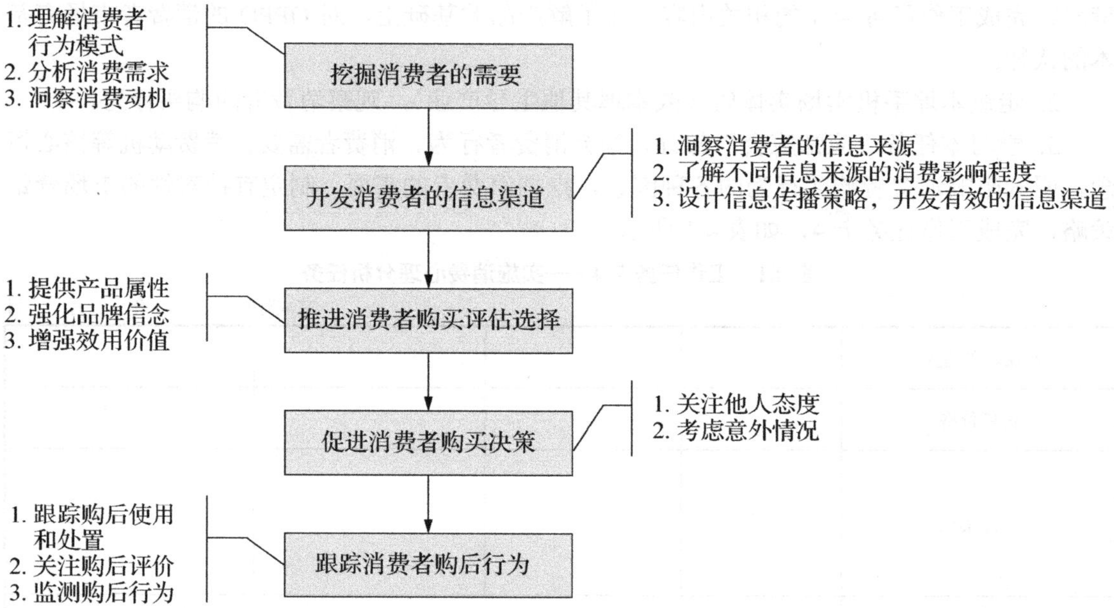


拓展

阅读：2019 年全球消费者洞察调研

**消费者行为**是指消费者在寻求、购买、使用、评估和处理预期能满足其需要的产品和服务时所表现出来的行为。**消费者购买行为过程**包括确认消费需求、寻求消费信息来源、评估选择、购买决策、购后行为 5 个阶段。

市场营销的目的是影响消费者对组织及其商品的看法和反应。为了影响消费者购买行为的内容、时间、方式，营销者首先要明白为什么会产生这样的购买行为。为此，营销者需要了解影响消费者行为的因素及其购买行为的过程，并考察消费者的购买行为，才能有效地根据消费者行为需求，有针对性地施加诱因，刺激和引导消费者的购买行为。

# 任务 *4.1*　挖掘消费者的需要

营销情境

**健身市场需求日趋个性化**

随着国民收入水平的提高，旨在提高身体健康水平、愉悦心情、提高生活品位的健身活动成为许多消费者保持生命活力和身体健康的生活方式。不同年龄、性别、职业、收入、教育程度、居住区域、社交范围等的健身群体，在健身需求、兴趣、理念、爱好等方面各有取向：女性多青睐健身操、瑜伽、舞蹈、形体训练等健身形式；男性多喜好器械训练、各种球类活动；青少年更愿意进行足球、篮球等团体运动训练；中老年健身则需要避免太剧烈的运动。健身行业专门针对青少年、老年、半职业运动爱好者、女性等不同消费者的健身项目指向性将更加明显，分众更加具体。目前已经出现的针对儿童开展的无菌沙儿童游乐园、针对婴儿开展的婴儿游泳练习班，都是指向性明显的新兴健身项目。随着消费者的健身娱乐需求的数量、质量、结构、层次不断呈现差异，个性化的健身方式必然成为未来健身行业的新潮流。

人的行为受动机支配，而动机是由需要引起的。当一个人的某种需要升华到足够的强度时，就会成为动机。人人都有潜在的需要和欲望，但唯有在他们受到激发时才会导致实际行为。企业要善于挖掘消费者的需要，了解消费者的需要，并有针对性地激发消费者的购买动机，推动购买行为的产生。

### *4.1.1*　理解消费者行为模式

消费者行为分析是企业制定营销策略的基础。研究消费者行为的模式很多，其中最具有代表性的是刺激-反应模式，如图 4.1 所示。

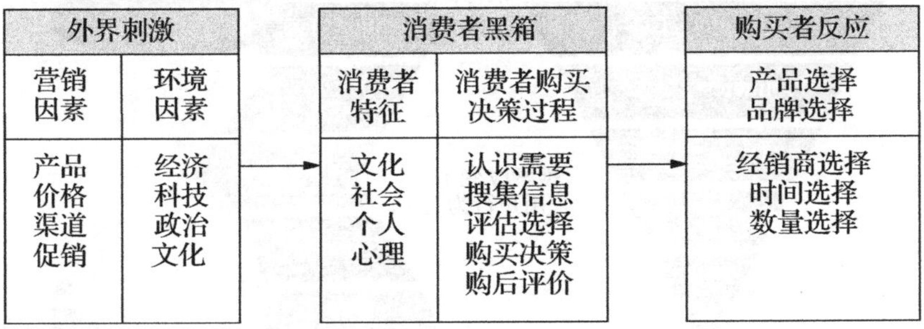


**图 4.1　消费者行为刺激-反应模式**

**同步延伸**

**7O 研究法，研究消费者购买行为**

消费者的购买行为具有较大程度的可诱导性。消费者在购买什么产品，何时、何地购买等方面有较大的选择性，企业要用心去体会和研究消费者的需求与欲望，从消费者的购买行为中辨别市场机会。消费者行为研究，可利用 7O 研究法，内容如下。

该市场由谁构成？（Who）购买者（Occupants）

该市场购买什么？（What）购买对象（Objects）

该市场为何购买？（Why）购买目的（Objectives）

谁参与购买行为？（Who）购买组织（Organizations）

该市场怎样购买？（How）购买行为（Operations）

该市场何时购买？（When）购买时间（Occasions）

该市场何地购买？（Where）购买地点（Outlets）

由于 7 个英文字母的开头都是 O，所以称为 7O 研究法。

### 4.1.2 分析消费需求

当消费者对以商品和劳务形式存在的产品产生了要求及欲望时，就产生了消费需求。消费需求具有以下基本特征。

1. 多样性

消费者的收入水平、文化程度、职业、性格、年龄、民族和生活习惯不同，爱好和兴趣多种多样，因此对商品和服务的需求也是千差万别、丰富多彩的。

2. 发展性

随着社会经济的发展，消费者的生活水平不断提高，消费者对商品和服务的需求从数量、质量及品种上都在不断发展。一种需求被满足了，又会产生新的需求。许多潜在的消费需求不断变成现实的购买行为，改变着消费者的生活方式。互联网影响下消费者行为模式的变化如图 4.2 所示。

图 4.2 互联网影响下消费者行为模式的变化

3. 层次性

消费者的消费需求是有层次的，一般来说总是由低层次向高层次逐渐延伸和发展。当低层次、最基本的生活需求被满足后，就会产生高层次的社会需求和精神需求。房地产市场需求层次分析如图 4.3 所示。

同步观察

**奢侈品走俏二、三线城市**

无锡一年一度的“金秋购物节”的重头戏莫过于奢侈品折扣展。2009 年夏以“高贵”著称的爱马仕江苏首家门店落户无锡大东方百货，标志着这个城市的奢侈品消费迈上一个新的台阶。据无锡市商务部门的消息，过去 3 年，先后有 60 多个国际知名时尚品牌扎堆入驻无锡。

尤其是近几年，无锡这个三线小城的购物节奢侈品种类愈加丰富，折扣也颇给力，爱马仕的丝巾、迪奥的香水、阿玛尼的西服、古驰的皮包、普拉达的鞋子、巴宝莉的风衣……几乎所有的国际一线大牌都能在这里找到，当季货一般是专柜的8折，过季品甚至低至4～6折。尽管事前没有做任何广告和宣传，奢侈品的特殊魅力还是吸引了不少高端买手乃至平民消费者的热切目光。

“经过几年培育，国内已经出现了一个稳定的奢侈品消费人群，他们已经不需要靠购买高端品牌的低端产品显示身价，转而追求更有价值的消费体验。”据无锡一家奢侈品护理店店主反映，这两年，她就亲眼看着自己的客人，把皮包从万元左右的LV换成了十几万元的爱马仕。另一个变化是，从专卖店到折扣场，一些原本只属于明星的“限量款”“纪念版”商品，咨询和购买的消费者明显多了起来。

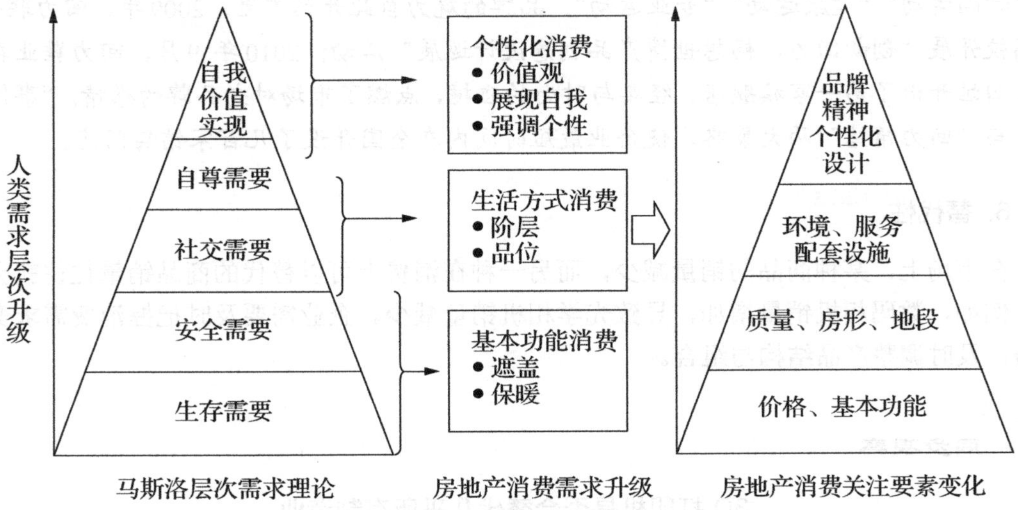


**图4.3　房地产市场需求层次分析**

拓展阅读：聚焦新消费

### 4. 周期性

消费是一个无止境的活动过程，一些消费需求在获得满足之后在一定时间内不再产生，但随着时间的推移还会重新出现，并具有周期性。

### 5. 流行性

消费需求受环境、时尚、价值观等外在因素的影响。时代不同，消费者的需求也会随之不同，因而消费者市场中的商品具有一定的流行性。

**同步案例**

**借中国式复古风潮时尚，回力鞋重生**

拥有85年历史的老品牌——上海回力鞋业，近几年又掀起了销售热潮。回力的销量早在2015年开始就以超过20%的速度递增，到了2018年销量更是达到了8 000万双。到了如今，许多“70后”“80后”对它家的鞋都有着满满的情怀，而“90后”“00后”早在许多明星的同框或电视剧中见过它的身影。85年来风风雨雨，经过新世纪初期的破产重组，新回力新世纪接力中国式复古风潮时尚，老品牌重现活力。

“海魂衫、回力鞋、梅花运动服”，是20世纪很长一段时间内中国时髦青年的标志，20世纪七八十年代回力的影响力达到了高峰。但20世纪90年代初，胶鞋厂作为劳动密集型产业逐步退出，国内消费者市场对回力球鞋的印象也逐渐变成了“劳防鞋”“民工鞋”。

自2008年始，欧美一些影星玩起了复古花样，不少人穿着回力、飞跃等帆布胶鞋在公众场合露面。一时间，欧美市场刮起了一股中国帆布胶鞋风潮。回力鞋的身价一路飙升，从2欧元一直卖到了50欧元的“天价”，权威时尚杂志ELLE为回力鞋追根溯源，使其正式进入欧美时尚圈。回力迅速调整了自身的定位，品牌总定位为“体育品牌”，细分产品定位为“时尚运动”“健康运动”“专业运动”。品牌的魅力自此开始彰显。2009年，回力联手4所高校开展“创新回力，畅想世博产品创意设计巡展”活动；2010年9月，回力鞋业在老企业旧址开出了第一家旗舰店。经典与时尚的碰撞，点燃了市场对老品牌的感情。“事件营销”与“回力情结”两大策略，使企业最短时间内在全国开设了几百家销售门店。

### 6. 替代性

在市场上，某种商品的销量减少，而另一种在消费上可以替代的商品销量往往就会增加。例如，数码相机销量增加，导致光学相机销量减少。企业需要及时把握消费需求变化趋势，及时调整产品结构与组合。

**同步观察**

### 3D打印机是否会替代几乎所有制造业

只需要一个想法、一些材料、一台3D打印机，就可以把你脑中的一切想法转化成实体。从原理上看，可以打印一辆车、一栋房子、一只胳膊，甚至一块猪肉。这项在欧美快速发展的技术已被美国《时代》周刊列为“美国十大增长最快的工业”，英国《经济学人》杂志则认为它将“与其他数字化生产模式一起推动实现第三次工业革命”。

“3D打印机将来不是要取代某一个制造业，而是要取代几乎所有的制造业。”世界首个公布3D打印机开源数据信息的科学家、英国工程学家阿德里安·鲍耶表示，“未来你想要什么，只需要下载图纸，按一下‘打印’键，就可以去喝咖啡听音乐了，剩下的所有事，请统统交给打印机。”“在不久的将来，也许我们可以拥有一个没有工厂、没有商店的世界，大家都是设计师，人人都是制造商，只要身边摆一台3D打印机，就可以得到想要的东西。”

与新能源、互联网等构成了第三次工业革命的3D打印机数字化的制造技术普及后，会使得直接从事生产的劳动力占整个生产总成本的比例越来越小。同时，这种新工艺可以满足个性化、定制化的各种要求。

## 4.1.3 洞察消费动机

**动机**是指引起和维持个体活动并使之朝一定目标及方向进行的内在心理动力，是人产生某种行为的原因。

拓展

阅读：美团滴滴跨界合作，玩转体验营销

### 1. 消费动机研究

在实践中，研究消费者的购买动机并非一件简单的事情：第一，消费者的动机往往是多种多样的，除了最主要的以外，有的深藏不露；第二，同一动机可能引起多种购买行为。

消费者购买某种商品的动机十分复杂，研究消费动机的理论主要有需求层次理论、双因素理论、精神分析论、内驱力理论、认知论等。

**同步延伸**

**马斯洛需求层次理论**

美国行为科学家马斯洛（A. H. Maslow）提出的需求层次理论认为，人活着总会有需求，需求是有层次的，由低到高可分为5个层次（见图4.4），即生理需求、安全需求、社交需求、尊重需求、自我需求。它们是动机产生的基础和源泉。只有低一级层次的需求得到满足后，人才会寻求高一级层次需求的满足。在某一个特定阶段，会有一种主导动机支配人的行为，一个人只有在占优势的生理需求得到满足后才会表现出更高层次的需求。

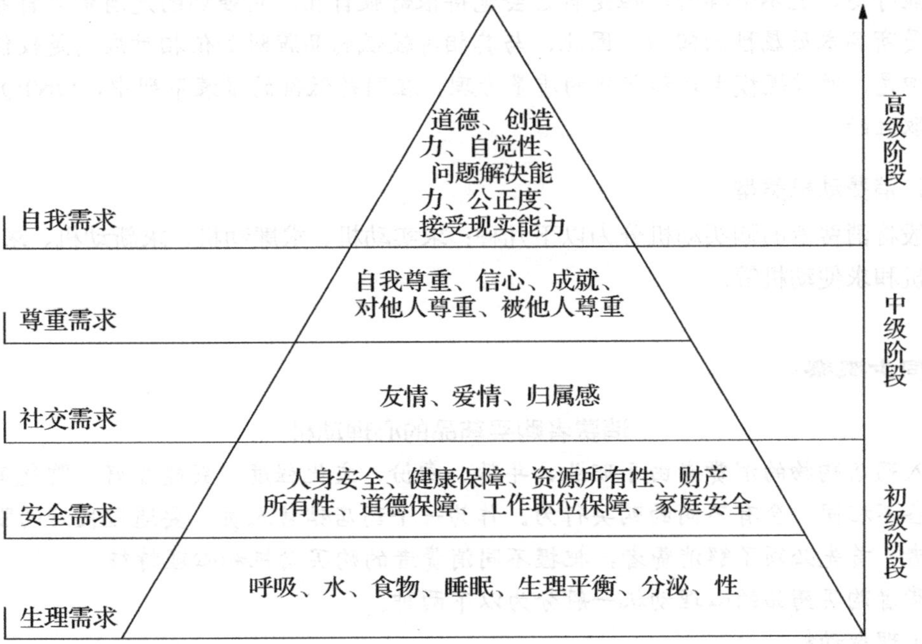


**图4.4 马斯洛需求层次理论分析层次**

**同步观察**

### 日本服装需求层次与消费行为

在“穿着”这个领域，高档的名牌服装和突出个性的休闲服装更多的是适应了人们“尊重的需求”与“归属和爱的需求”。同时，一些服装企业回归到满足消费者最简单的需求，也成功地抓住了消费者的感觉。

在日本服装消费市场，主要存在着两种消费趋势：世界顶级名牌服装塑造成功形象；特色休闲服装张扬个性。这两种消费方式分别满足了顾客消费心理坐标的两端。这个时候，他们身上的衣着不仅仅是保暖、美观的实用品，而是成了市民的“个人符号”，具有了意义非凡的象征意义和表现能力。

① 世界顶级名牌服装与日本消费者，特别是年轻一代崇尚欧美时尚的消费习惯有密切的联系。能够承受得起如此高的消费，代表经济实力不凡，也代表着可能是上流社会的精英，一位成功人士。

② 特色休闲服装与当今消费者追求个性特征的理念直接相关。市场上充斥着各式各样、价格档次相近的服装，消费者的选择余地极大。此时，通过差异化产品体现出自己的个性与品位，就成为人们凸显自身的一种方式。

另外，日本的其他一些服装企业，如 UNIQLO，打的则是生理需求牌。穿 UNIQLO 既不会显身份，也不会掉价，但是自己会觉得很舒服自在。它强调的是消费者自身的穿着感觉，是商品本质属性的回归。因此，与其相对较低的品牌附加值相对应的是较低的价格水平。但是，通过规模生产和严格的质量管理，在同是低价的服装系列中，UNIQLO 又是以优质取胜的。

（2）消费动机类型

一般将消费者的购买动机分为以下几种：求实动机、求廉动机、求新动机、求美动机、求名动机和求便动机等。

**同步观察**

### 消费者购买药品的心理动机

**拓展**

阅读：大家都在玩的“视觉营销”

进入药店购物的消费者由于职业、年龄、身份、文化程度、兴趣爱好、脾气秉性和经济条件各不相同，会有不同的购买行为。作为一个药店销售人员，要通过良好的服务来创造消费者，首先必须了解消费者，把握不同消费者的购买动机和心理特征。

消费者购买药品的心理动机一般分为以下两种。

（1）理智动机

理智动机也称合理的购买动机，是指对于消费者所能考虑到的某种药品的长期费用，消费者在比较了包括价格、药效、售后服务、可靠性、使用寿命等的花费和获益之后，才会决定是否购买。

一般来说，在大型消费品和耐用消费品的购买行为中理智动机所起的作用要远较在日用消费品购买行为中所起的作用大。同样，在价格昂贵的药品的购买行为中理智动机所起的作用也比在常用药品，如感冒药的购买行为中所起的作用大。

（2）感情动机

感情动机也称带有感情色彩的购买动机。比较常见的感情动机表现有：舒适、省力；健身；美的享受；自尊或自我满足；效仿或炫耀；占有欲；交际欲；恐惧或谨慎；好奇心或创造欲；责任感，等等。购买药品的消费者的感情动机相对较为单纯，但药店销售人员如果想把消费者的购买动机搞清楚，也需要仔细观察其行为举动，仔细揣摩其心理。

# 任务 4.2 开发消费者的信息渠道

情境思辨

当消费者的需求被唤起之后，可能会去寻求更多的信息，通过搜集信息来熟悉市场上的一些产品及其特征，并为下一步的评估做出准备。假设你是一名想购买平板电脑的消费者，请你站在消费者的角度分析：你会从哪些渠道搜集相关的产品信息？企业应该怎样开发这些信息渠道，使其更好地传递给消费者呢？

当消费者产生了购买动机之后，便会开始注意搜集与之相关的信息，以便进行决策。

消费者所需要的信息主要包括哪种产品或服务能满足需求、价格如何、从哪里买到、怎样购买等。营销者要善于监测跟踪消费者的信息需求，开发有针对性的信息与渠道。

## 4.2.1 洞察消费者信息来源

### 1. 经验来源

经验来源是指消费者从自己接触、使用该商品的过程中得到的信息。

同步提示

**信念与态度**

信念是人们对某种事物所持的看法。消费者的信念往往基于经验，有时候也基于知识或感情。信念形成对消费者的态度有很大影响。态度是人们对事物或观念长期持有的认识、评价和感受，会导致人们对某一事物产生或好或坏、或亲近或疏远的感情。例如，有的人对某种商品的态度是积极的、肯定的，有的则是反感的、抵触的。通常情况下，改变消费者的态度是很困难的，可能需要付出较高的代价。当然，企业可以通过广告宣传、人员促销、公关等市场营销活动去影响和改变消费者的态度。

消费者在购买和使用商品过程中形成的信念与态度，反过来会影响人们的购买行为。

2. 个人来源

个人来源是指家庭成员、朋友、邻居、同事或其他熟人提供的信息。这种来源主要是指相关群体中的基本群体提供的信息。

同步提示

相关群体

**相关群体**（reference groups）就是对某个消费者的态度或行为有着直接或者间接影响的个人或集体。消费者的相关群体是由具有某种共同特征的若干消费者组成的。

相关群体既包括直接的、有形的影响者，如朋友、同事、邻居等，称为基本群体或主要群体；也包括较为正式但日常接触较少的组织群体，如一些宗教组织，称为间接群体；还包括消费者虽然不属于该群体，但非常认同和赞赏该群体的价值观与行为方式，渴望归属于该群体，如仰慕影视明星、体育明星、领袖、伟人等，称为向往群体或崇拜性群体。

相关群体对消费者的行为有以下影响。

① 示范性，即相关群体的消费行为和生活方式为消费者提供了可供选择的模式。

② 仿效性，即相关群体的消费行为引起人们仿效的欲望，影响人们对商品的选择。

③ 一致性，即由仿效而消费的行为趋于一致，相关群体能产生某种令人遵从的压力，影响消费者对商品及品牌的选择。

相关群体对消费者购买不同商品的影响是不同的。一般来说，当消费者购买引人注目的产品，如汽车、服装等时，受相关群体的影响较大，而购买不太引人注意的产品，如洗衣粉、食盐、日用工业品等时，受相关群体的影响较小。

同步

**聚焦：**注意力经济重新分配，网红和明星界限日渐模糊

3. 商业来源

商业来源是指企业提供的信息。这是消费者获取信息的主要来源，包括广告、推销人员的介绍、商品包装、产品说明书等。

4. 公共来源

公共来源是指消费者从电视、电影、广播、报纸杂志等大众传播媒体获得的信息。

拓展

**阅读：**“双十一”如何用明星“割粉丝韭菜”

### 4.2.2 了解不同信息来源的消费影响程度

一般来说，消费者通过商业来源获得的信息最多，其次为公共来源和个人来源，最后才是经验来源。但是从消费者对信息的信任程度看，经验来源和个人来源最高，其次是公共来源，最后才是商业来源。研究表明，商业来源的信息在影响消费者购买决定中起告知作用，而个人来源的信息则起评价作用。营销者应通过市场调查了解消费者的信息来源及何种来源的信息最有决定作用，以便开发相关的信息渠道。

### 4.2.3 设计信息传播策略，开发有效的信息渠道

营销者除利用商业来源对消费者传播信息外，还要设法利用和刺激公共来源、个人来源及经验来源。当然也可以同时使用多种渠道，以增强信息的影响力或有效性。

**道德聚焦**

**行为定向惹出的争议**

行为定向（behavioral targeting）的兴起使得企业能够在网上追踪目标消费者行为，并发现广告和目标消费者之间的最佳匹配。追踪个人的互联网使用行为依赖Cookies，从中能够发现消费者访问了哪些网站、花费多少时间、浏览了哪些产品或网页、输入了哪些搜索词句等。

多数行为定向在谷歌、AOL这样的大型网络公司或类似的大型网络服务运营商的网站上进行。这些在线广告网络在与其相关的网站上使用Cookies来追踪消费者的活动。例如，在微软公司网站上注册Hotmail免费邮件时，会被要求输入公司或用户名、年龄、性别、邮政编码等。虽然微软公司必须认真保护顾客隐私——微软公司声称不会买卖个人的收入等信息，但还是可以给自己的广告客户提供行为定向信息。

行为定向的支持者认为这样消费者能看到更多的相关广告，但消费者能够明显感受到广告的网上追踪。政府监管者正在考虑行业监管是否足够、是否需要用法律来约束。

## 任务4.3 推进消费者购买评估选择

**情境思辨**

假如你是一位想要购买平板电脑的消费者，已经从各种渠道来源搜集了大量关于平板电脑的产品信息。接下来你会对这些信息进行评估，以便做出决策。你将从哪些方面进行评估呢？由此，企业应怎样推进消费者的评估选择？

消费者在获得认为够用的信息后，就会根据这些信息和一定的评估方法，对产品加以评估并决定选择。营销者要善于根据消费者的评估行为特点推进消费者购买评估决策。

### 4.3.1 提供产品属性

**产品属性**是指产品具有的能够满足消费者需要的特性。产品在消费者心中表现为一系列基本属性的集合。例如，下面是一些产品应具备的属性。

① 冰箱。制冷效率高，耗电少，噪音低，经久耐用。

② 计算机。信息存储量大，运行速度快，图像清晰，软件适用性强。

③ 药品。迅速消除病痛，安全可靠，无副作用，价格低。

④ 宾馆。洁净，舒适，用品齐全，服务周到，交通方便，收费合理。

在价格不变的条件下，一个产品有更多的属性将更能吸引消费者购买，但是会增加企业的成本。营销者应了解消费者主要对哪些属性感兴趣，以确定本企业产品应具备的属性。

### 4.3.2 强化品牌信念

**品牌信念**是指消费者对某品牌产品的属性和利益所形成的认识。每一品牌都有一些属性，消费者对每一属性实际达到了何种标准给予评价，然后将这些评价连接起来，就构成他对该品牌优劣程度的总的看法，即他对该品牌的信念。营销者应了解消费者对品牌的信念，提升本企业品牌形象。

### 4.3.3 增强效用价值

**效用价值**是指消费者对某品牌每一属性的效用功能应当达到何种标准的要求，或者说该品牌每一属性的效用功能必须达到何种标准才会被消费者接受。营销者应了解消费者的效用标准，增强本企业品牌的效用价值。

**知识拓展**

**消费心理效应**

消费心理效应是指消费者在消费过程中受环境或经验的影响，在实现消费行为时的一种心理感受状态。心理效应的形成主要受消费者的生存环境、生活方式、价值观念、接触传媒、行为习惯等因素的影响。经常影响消费者消费行为的心理效应主要有以下几种。

1．锚定效应

拓展

阅读：锚定效应的应用

锚定的“锚”就是泊船用的锚，把锚放在水底后，以锚为中心，船只行动的范围会受限，由此衍生出最初看到的数字会影响后来整体判断的心理现象。

例如，我们经常会在超市看到满 499 元减 50 元、满 999 元减 100 元的广告，其实算下来并没有便宜多少，但我们在购物时就会受到最初看到的这 499 元的影响，不知不觉间就会疯狂购物，购买价值超过 499 元的商品。其实这就是锚定效应在发挥作用。

2．首因效应

首因效应就是人们通常所说的第一印象。它是指人们第一次与某人或某物接触时留下的印象。几乎所有的心理学家都认为，人类对任何第一的人和事都具有无比的兴趣与极强的记忆力，对第二却不然。首因效应具有先入为主的作用，首次接触或交往时对对方形成的看法不管正确与否，总是最鲜明、最牢固的，并且持续影响着人的认识活动和行动方案。

首因效应提醒企业在市场竞争中要抢占商机，或者在某一领域先于竞争对手塑造某个形象，因为只有先于别人登场才会给消费者留下更深、更强烈的印象。例如，红牛在推向市场时强调其特有的功能性饮料属性；而王老吉则第一个主打“下火”功效，这种“抢第一”帮助企业实现了差别化营销，并有效地狙击了竞争对手。

3．破窗效应

心理学上还有个现象叫破窗效应。它的意思是，一个房子如果窗户破了，没有人去修补，不久其他的窗户也会莫名其妙地被人打破；一面墙如果出现了一些涂鸦没有清洗掉，很快墙上就会布满乱七八糟、不堪入目的内容；一个很干净的地方，人们会不好意思丢垃圾，但是一旦地上有垃圾出现之后，人们就会毫不犹豫地丢垃圾，丝毫不觉得羞耻。这些现象都是破窗效应在起作用。

企业要密切关注媒体对企业产品的不利报道，或者要及时了解消费者对产品的负面评价或投诉内容，并且及时改正纠偏。如果企业对媒体的首条负面报道或消费者抱怨置之不理，那就可能引来更大范围、更大规模的负面报道或投诉，最终会导致消费者抛弃企业或产品。就像一条河堤，一个小缺口没有及时修补，最终可能引起溃坝，造成千百万倍的损失。

# 任务4.4　促进消费者购买决策

**情境思辨**

某日，旅游公司的业务经理小王接待了一名想要外出旅游度过年假的女士李萍。李萍的个人背景是：今年32岁，已婚；广西人，毕业于中国某名牌大学；现在是一家跨国公司的市场发展经理（已在该公司任职5年）；已在广州市丽江花园拥有一套三居室；英文流利；月收入18 000元。她有20天的年假，准备去度假。李萍的丈夫也是一位职位较高的白领人士。

假设旅游公司可选择澳大利亚/新西兰、泰国（普吉）、韩国、欧洲、三亚、九寨沟、大理/丽江、西藏、新疆这些地方的旅游计划，请分别扮演小王和李萍进行对话。在对话过程中，小王引导李萍做出合适的旅游计划购买决策。

消费者经过产品评估后会形成购买意向，但不一定导致实际购买。营销者要善于适当地施加营销刺激，促使消费者产生购买行为。

**同步提示**

### 消费者购买行为的类型

消费者购买行为既有简单的，也有复杂的，它们之间的购买决策有很大的区别。一般越是复杂的购买决策，越会牵涉购买者更多的考虑和更多的购买参与。西方市场营销学专家以购买者的参与程度和品牌的差异程度为基础，将消费者购买行为划分为以下4类。

1．习惯性购买行为

对于价格低廉、经常购买、品牌差异较小的产品，消费者不需要花时间进行选择，也不需要经过搜集信息、评价产品特点等复杂的过程，因而其购买行为最简单——消费者只是被动地接受信息、出于熟悉而购买，不一定进行购后评价。对于这类产品，营销者可以用价格优惠、电视广告、独特的包装等方式鼓励消费者试用、购买和连续购买。

2．需求多样化购买行为

有些产品品牌差异明显，但消费者并不愿意花很多时间来选择和评估，而是不断变换所购产品的品牌。这样做并不是因为对产品不满意，而是为了寻求多样化。针对这种购买行为类型，营销者可采用销售促进和占据有利货架位置等办法保障供应，鼓励消费者购买。

3．化解不协调购买行为

有些产品的品牌差异不大，消费者不经常购买，而购买时又有一定的风险，所以消费者一般要比较、看货，只要价格公道、购买方便、机会合适，消费者就会购买。购买之后，消费者也许会感到有些不协调或不够满意，在使用过程中会了解更多的情况，并寻求种种理由来减轻、化解这种不协调，以证明自己的购买是正确的。经过由不协调到协调的过程，消费者会有一系列的心理变化。针对这种购买行为类型，营销者应注重运用价格策略和人员推销策略，选择最佳销售地点，并向消费者提供有关产品评价的信息，使其在购买后相信自己做出了正确的决策。

4．复杂购买行为

当消费者购买一件贵重的、不常买的、有风险的而且非常有意义的产品时，由于产品的品牌差异大，消费者对产品缺乏了解，因此需要有一个学习的过程，以广泛地了解产品性能、特点，从而对产品产生某种看法，最后决定购买。对于这种复杂的购买行为，营销者应采取有效的措施帮助消费者了解产品性能，并介绍产品的优势及其能给消费者带来的利益，从而影响消费者的最终选择。

**同步观察**

阿里妈妈营销研究中心首席洞察师御安认为：消费者现在从一种“游牧民”的状态，慢慢转变成一种“采猎者”的状态。“游牧民”即消费者如在游牧时代一样追潮流而做出消费选择的一种状态。传统的购买决策模型是一个线性的漏斗模型，即认知—熟悉—考虑—购买—忠诚，表达的是消费者会对自己已知的几个品牌做出层层筛选，一直到剩下一个品牌，然后做出购买的决策。在这个传统模型下，市场营销的重点是在头跟尾这两端，也就是“增加认知，鼓励复购”。

而“采猎者”是说消费者如同在采猎时代一样，审慎选择、精准决策、不盲从社群、有着独立的见解。“采猎者”呈现出以下几种特点。

① 不再依附于传统意义上的标签。例如，年龄、性别、地域身份的解绑，使少女可以抗衰老，男士可以买彩妆，小镇青年追求一、二线城市的生活方式。

② 他们更有主见，泛化的需求正在走向精细化，明确功能指向的新诉求在增长；通过多元化生活场景的营造填充生活、缓解焦虑；购物决策在对非常明确的潮流元素的高度敏感的情况下保持非常理性的状态。

③ 消费者的决策已经变得更加无序并且离散。

随着移动互联网的兴起，消费者可以随时随地上网，机动性大大增加，现在的消费者决策过程随时随地都可以因为新的市场营销节点发生，整个过程蜿蜒曲折得就像一团乱毛线，完全没有规则可循，呈现出一种无序的状态。

这样一种无序的消费者决策过程极大挑战了过去的经验框架，传播要做到千人千面，才能够满足千人千面的消费者。也就是说，要做到一个以人为中心的新市场营销。数字时代下的新市场营销，是以消费者为中心，数据赋能、AI驱动的营销，只有最能够掌握这个时代变化的品牌才最有机会在激烈的市场竞争中脱颖而出。

### 4.4.1 关注他人态度

例如，消费者决定购买A牌笔记本电脑，但是家人不同意，他的购买意向就会降低。他人态度的影响力取决于以下3个因素。

① 他人否定态度的强度。否定态度越强烈，影响力就越大。

② 他人与消费者的关系。关系越密切，影响力越大。

③ 他人的权威性。他人对此类产品了解的专业水平越高，影响力越大。

需要注意的是，消费者在购买活动中可能扮演不同的角色，尤其是一些以家庭为单位的消费支出，营销者最关心决定者是谁。一般来说，家庭中日用品的购买决策一般是由妻子做出，而耐用消费品的购买决策由丈夫做出或由家庭成员讨论决定。

笔记

**同步提示**

**消费者参与购买决策的角色**

消费者在购买活动中可能扮演以下5种角色中的一种或几种。

① 发起者。发起者是第一个提议或想到去购买某种产品的人。

② 影响者。影响者是有形或无形地影响最后购买决策的人。

③ 决定者。决定者是最后决定买与不买、买什么、买多少、怎么买、何时与何地买等整体购买意向的人。

④ 购买者。购买者是实际执行与卖方商谈交易条件、去商店选购等购买决策的人。

⑤ 使用者。使用者是实际使用或消费商品的人。

消费者以个人为单位购买时，5种角色可能同时由一人担任；以家庭为购买单位时，5种角色往往由家庭不同成员分别担任。研究消费者在购买决策中扮演的角色，并针对其角色地位与特性，有助于妥善安排市场营销策略，较好地实现市场营销目标。

### 4.4.2 考虑意外情况

营销者应该考虑到消费者一旦决定实现购买意向，必须做出以下决策。

① 产品种类决策，即在资金有限的情况下优先购买哪一类产品。

② 产品属性决策，即该产品应具有哪些属性。

③ 品牌决策，即在诸多同类产品中购买哪一品牌。

④ 时间决策，即在什么时间购买。

⑤ 经销商决策，即到哪一家商店购买。

⑥ 数量决策，即买多少。

⑦ 付款方式决策，即一次付款还是分期付款，现金购买还是其他方式购买等。

消费者购买意向是以一些预期条件为基础形成的，如预期收入、预期价格、预期质量、预期服务等，如果这些预期条件受到一些意外因素的影响而发生变化，购买意向就可能改变。例如，预期的奖金收入没有得到、原定的商品价格突然提高、购买时销售人员态度恶劣等都可能导致消费者购买意向改变。

**同步延伸**

**找对接触点，营销事半功倍**

接触点营销即抓住与消费者接触的关键时刻。通过接触点营销和管理，使这些与消费者接触的关键时刻变为消费者满意的时刻。消费者在进入下一个接触点之前必须经历一系列的反应，而且每一个接触点都不能忽略。因此，接触点营销的关键在于提供能让潜在消费者满意的价值。这在很大程度上决定了最终是否会与消费者成交。

# 任务4.5　跟踪消费者购后行为

**案例导入**

一位名叫吉埃丝的美国记者一天来到日本东京，在奥达克余百货公司买了一台唱机，准备送给住在东京的婆婆作为见面礼。回到住处，她才发现唱机外壳内没装内件。吉埃丝火冒三丈，迅速写了一篇新闻稿《笑脸背后的真面目》。

第二天一早，吉埃丝正准备出门，一辆汽车赶到她的住处，从车上下来自我介绍是奥达克余百货公司的副总经理和职员。两人一进客厅便俯首鞠躬，副总经理亲手送上一台新的完好唱机，另附一张著名唱片和一盒蛋糕。面对惊愕的吉埃丝，副总经理打开记事簿，里面的一份备忘录记载了事情的经过。

原来前一天下午，公司售货员在清点商品时，发现错将一台空心货样卖给了顾客。售货员立即上报了此事，经理得知后非常重视，马上召集有关人员商议。当时只有两条线索可用：顾客的名字和一张标有“美国快递公司”的名片。根据这两条线索，奥达克余百货公司展开了一连串大海捞针式的行动，打了32个紧急电话向东京各大饭店查询，都没有结果。于是又打电话给纽约的美国快递公司总部，深夜查到顾客家里的电话，接着打电话给顾客的父母，从那里得知了顾客在东京的住所。这期间，一共是35个紧急电话。

这一切让吉埃丝深受感动，她立即重写了新闻稿，题目叫《35个紧急电话》，高度赞扬奥达克余百货公司的行为。

消费者购买商品后，通过自己的使用和他人的评价，会对自己购买的商品产生某种程度的满意或不满意。消费者对其购买的产品是否满意，将影响到其以后的购买行为。

研究指出：如果一个消费者不满意，就会平均向11个人去传播他这种不愉快的经历。营销者应采取有效措施加强售后服务，保持与消费者的联系，提升消费者满意度。

### 4.5.1 跟踪购后使用和处置

消费者在购买所需商品或服务之后，会进入使用过程以满足需要。营销者应当关注消费者如何使用和处置产品。

### 4.5.2 关注购后评价

消费者通过使用和处置过程对所购产品与服务有了更加深刻的认识后，会检验自己购买决策的正确性，确认满意程度，作为以后类似购买活动的参考。消费者对产品满意或不满意感会影响以后的购买行为。如果他们对产品满意的话，则在下一次的购买中将极有可能继续购买该产品；有不满意感的消费者的反应则截然不同，如图 4.5 所示。

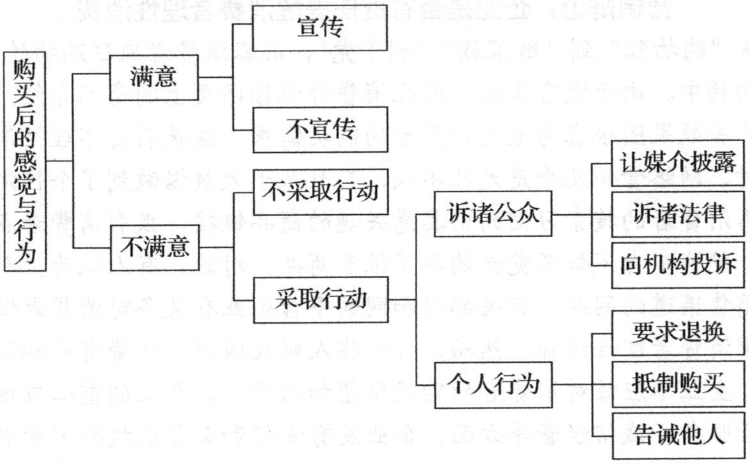


**图 4.5 消费者购后行为**

一家公司经常衡量消费者的满意程度是明智的，不应等到消费者不满意时自动出来抱怨。大约 96%不愉快的消费者从不向公司讲他们遇到的问题，因此公司应该建立一个系统，鼓励消费者提意见。用这种方法，公司能了解自己做得怎样和如何改进。

### 4.5.3 监测购后行为

消费者对产品的评价会形成其对产品的信赖、忠诚或是排斥态度，从而决定了相应的购后行为。如果消费者信赖该产品，就有可能会重复购买同一产品，并推荐产品给周围人；反之，消费者会抱怨、索赔、个人抵制或不再购买，并劝阻他人购买、向有关部门投诉等。企业应当采取有效措施减少或消除消费者的购后失调感。

**同步案例**

**消费者的投诉**

张先生购买了某品牌 60 英寸电视机，起初张先生一家对这台电视机的使用效果非常满

拓展

阅读：中国女性消费报告

意。刚使用不到一年，电视机突然只有声音没有图像，后来紧接着声音也消失了。张先生拔去电源线后发现电视机屏幕右下角多了一个放射状裂痕。于是他赶紧打电话至厂家客服，可是维修人员上门的第一句话就不容置疑地认定是消费者人为造成的故障。感觉气愤的张先生表示，电视机出现故障的时候，家人均在沙发上看电视，沙发离电视约3米，电视机摆在电视机柜上，无任何物体接触电视机，怎么可能是人为的呢？多次投诉无果，张先生只好在微博和微信朋友圈里披露该品牌的产品质量极差、售后服务极差、品牌形象极差，并表示自己和亲戚朋友再也不会购买该品牌的其他产品。张先生的披露马上得到了很多网友的围观，许多人转发并表示也有过同样的遭遇。最终该企业的形象受到了不可挽回的损失。

## 拓展训练

笔记

### 营销辩论：企业是否有责任提醒消费者理性消费

近年来，从“购物狂”到“败家族”“剁手党”，形容消费者疯狂购物的词语层出不穷。尤其是在网络购物中，由于没有实物，因此消费者依赖网页上的商品介绍，凭借的是主观感受，炫丽的广告效果图很容易激发消费者的购买需求。这是引发不理性消费的重要原因之一。与此同时，网络营销几乎是无孔不入，而且基于大数据做到了个性定制。只要打开网络，网站利用消费者的搜索习惯列出其感兴趣的商品链接，吸引消费者点击本来没有购买计划的商品，使消费者不知不觉就购买了很多商品。对此，有人认为，面对已经由非主流上升为主流销售渠道的网购，有关部门和网购平台企业有义务对消费者做出有针对性的消费提示，提醒消费者理性消费。然而，另一些人则反驳说，消费者的购买行为来自消费者的个人意愿，企业不应该对消费者的购买愿望加以干涉，企业的重心应该放在保证产品质量、做好售后服务、诚信经营等方面，企业没有责任和义务去提醒消费者的购买决定是否理性。

辩论双方

**正方**：企业有责任提醒消费者理性消费

①________________

②________________

③________________

④________________

⑤________________

**反方**：企业没有责任提醒消费者理性消费

①________________

②________________

③________________

④________________

⑤________________

## 任务实施评价

完成本任务的“工作任务卡”“应知应会”“实务训练”等学习任务后，按照如表 4.2 所示的测评项目，给出本任务的自主学习个人最终成绩与评价。

**表 4.2　任务 4——实施评价与职业能力测评**

完成时间：　　年　月　日

<table>
<tr><td>学　生</td><td></td><td>学　号</td><td colspan="2"></td><td>班　级</td><td></td></tr>
<tr><td>小　组</td><td></td><td>小组长</td><td colspan="2"></td><td>个人成绩</td><td></td></tr>
<tr><td>多元评价</td><td colspan="2">信息能力<br>（15%）</td><td>表达与沟通能力<br>（25%）</td><td>专业能力<br>（35%）</td><td>职业操守<br>（15%）</td><td>团队协作能力<br>（10%）</td></tr>
<tr><td>自我评价（10%）</td><td colspan="2"></td><td></td><td></td><td></td><td></td></tr>
<tr><td>小组评价（25%）</td><td colspan="2"></td><td></td><td></td><td></td><td></td></tr>
<tr><td>组间评价（25%）</td><td colspan="2"></td><td></td><td></td><td></td><td></td></tr>
<tr><td>教师评价（40%）</td><td colspan="2"></td><td></td><td></td><td></td><td></td></tr>
<tr><td>总　评</td><td colspan="2"></td><td></td><td></td><td></td><td></td></tr>
</table>

说明：该实施评价与职业能力测评表是根据原劳动和社会保障部职业技能鉴定中心《职业核心能力培训测评标准》所列文献相关内容提炼，并结合营销职业能力构成及营销课程过程性实施特点编制而成的。

# 任务5

# 分析产业市场购买行为



公司并非从事采购，它们是在建立关系。

——[美]查尔斯·S.古德曼

## 学习目标

**职业操守**

树立利用合法、有效的手段促进产业市场购买决策的职业操守。

**应知应会**

◆ 有效确认产业市场购买者的需要，识别产业市场购买参与者的角色。

◆ 掌握促进产业市场购买决策的关键因素。

◆ 领会如何跟踪产业市场购后行为。

**走进职场**

通过确认产业市场购买者的需要，识别出产业市场购买参与者的角色，并根据不同的角色为其提供相应的产业市场供应信息，进而促进产业市场购买决策，最终对产业市场的购后行为进行跟踪。

## 任务导入

### 营销对象是谁

近年来我国由于雾霾、水污染等现象的加剧，引发了人们对环境保护和节能减排的高度关注，因此环保产业越来越受到重视。

2012年10月29日，环保部、发改委、财政部联合发布《重点区域大气污染防治"十二五"规划》，该规划系我国首个综合性的大气污染防治专项规划。八大防治重点工程"十二五"总投入约达3 500亿元。2016年，国务院印发《"十三五"生态环境保护规划的通知》。该规划是落实统筹推进"五位一体"总体布局和协调推进"四个全面"战略布局的重大举措，是以"创新、协调、绿色、开放、共享"五大发展理念指导生态环保领域的战略安排，是实现生态文明领域改革、补齐全面小康环境短板的有效途径。预计"十三五"期间规划的全社会环保投资将达17万亿元。

受此影响，环境治理等环保产业受到了投资者的强烈关注。这是一个很大的市场机遇，环境治理为整个市场带来了"大蛋糕"，企业要吃到这块"蛋糕"，也必须练好内功，提升自身的技术实力。

R公司是一家生产和销售环保仪器仪表的企业，小B以往在保险公司从事保险销售，今年刚刚跳槽到该公司市场部，销售对象和销售模式的巨大变化让小B感到非常不适应。针对这类产品应如何寻找销售对象，开展市场营销工作？小B需要了解销售对象的不同，掌握产业市场的特点，以更快地适应工作内容的变化。

**拓展**

**思维：**在海外被抹黑的"中国制造"，怎样走出公关困境？

**议一议**

① 市场营销环境的不断变化催生了新的市场机会，企业的营销对象除了个人消费者之外，还可以满足哪些市场的需求？

② 产业市场与消费者市场相比有哪些特点？影响产业市场购买的因素有哪些？

③ 如何寻找产业市场购买者？

④ 如何有效地促进产业市场的购买决策？

## 任务实施

笔记

1. 走进本埠种植牙体生产企业（或本埠其他主导产业），考察了解产品的销售对象、销售策略和销售情况等。

2. 学习本任务“应知应会”部分，领会产业市场、产业市场需求等核心概念，识别产业市场购买者的角色，明确产业市场购买者市场营销需要考虑的因素，掌握促进产业市场购买决策的基本方法，完成工作任务卡 5，如表 5.1 所示。

**表 5.1　工作任务卡 5——归纳产业市场购买特点**

完成时间：　　　年　　月　　日

| 考察内容 | | 零售店 | | 本埠生产企业 | |
|---|---|---|---|---|---|
| | | 信息来源 | 考察结果 | 信息来源 | 考察结果 |
| 消费者特点 | 采购规模 | | | | |
| | 采购次数 | | | | |
| | 消费者数量 | | | | |
| 决策特点 | 决策复杂程度 | | | | |
| 需求特点 | 需求派生性 | | | | |
| | 需求波动性 | | | | |
| | 需求的价格弹性 | | | | |
| 产业市场需要解决的市场营销问题 | | | | | |
| 产业市场营销应遵循的市场营销思维 | | | | | |
| 产业市场的市场营销活动管理过程 | | | | | |

应知应会

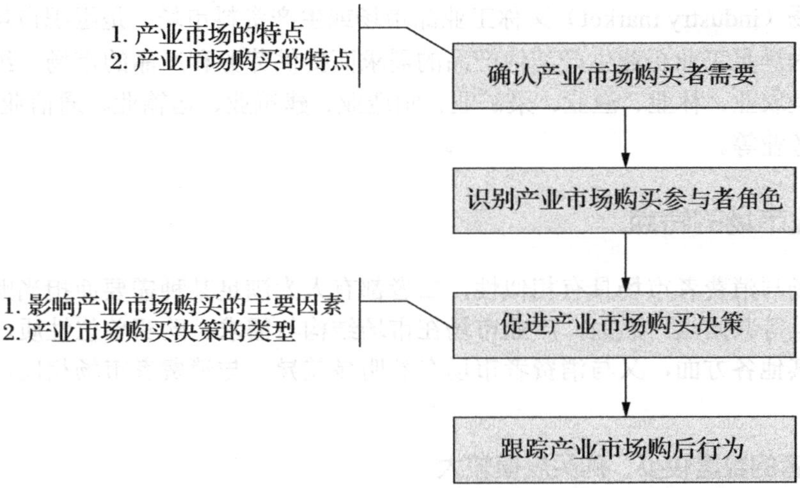


拓展

职业：《2020年百度B2B行业洞察报告》

企业的市场营销对象不仅包括广大消费者，也包括各类组织机构。这些组织机构构成了原材料、零部件、机器设备、供给品和企业服务的庞大市场。与消费者市场相比，组织市场的需求与购买行为有着明显的差异。企业必须了解组织市场尤其是产业市场及其购买行为的特点，才能有针对性地开展市场营销活动。

# 任务 5.1　确认产业市场购买者需要

案例导入

**李斌的销售经历**

李斌从某电力大学毕业后进入一家发电设备公司做销售工作。他工作非常努力，不辞劳苦地四处奔波，但是收效并不大。

① 李斌得悉某发电厂需要仪表，就找到该发电厂采购部的经理和相关人员详细介绍产品。对方对产品非常认可，也答应购买，却总是一拖再拖，不见其付诸行动。

② 李斌去一家小型发电厂推销一种受到较多用户欢迎的优质仪表，可是说破了嘴皮，对方依然不为所动。

③ 某发电厂同时购买了李斌公司的仪表和另一品牌的仪表，技术人员、采购人员和使用人员在使用两年以后对两种品牌进行绩效评价，列举事实说明李斌公司的仪表耐用性不如那个竞争性品牌。李斌听后认为事实确实如此，无话可说，任凭该发电厂终止了与本公司的业务而向竞争者购买。

**议一议**

你能从李斌的销售过程中找出他失败的原因吗？

**产业市场**（industry market）又称工业品市场或生产资料市场，是组织市场的一个组成部分，是指为满足工业企业生产其他产品的需求而提供劳务和产品的市场。组成产业市场的主要行业是农业、林业、渔业、采矿业、制造业、建筑业、运输业、通信业、公共事业、金融业、服务业等。

## *5.1.1* 产业市场的特点

产业市场与消费者市场具有相似性，二者都有人为满足某种需要而担当购买者角色、制定购买决策等共同点。然而，产业市场在市场结构与需求、购买单位性质、决策类型和决策过程及其他各方面，又与消费者市场有着明显差异。与消费者市场相比，产业市场具有以下特征。

### 1. 购买者的数量较少，购买规模较大

在产业市场上，购买者绝大多数都是企业，购买者的数量必然比消费者市场少得多，但购买者的规模却大得多。而且，企业的主要设备若干年才买一次，原材料、零配件则根据供货合同定期供应。为了保证本企业生产的顺利进行，企业总是要保证合理的储备，因此每一次总是批量采购。在产业市场上的绝大部分产品都是由少数几个买主购买。而且，由于资本和生产集中，因此许多行业的产业市场都由少数几家或一家大公司的大买主所垄断。

**同步案例**

当美国固特异公司销售备用轮胎给最终消费者时，虽然其潜在市场包括美国上百万名轿车的车主，但固特异公司在产业市场的命运却取决于能否从几个主要的汽车制造商之一那里获取订单。因此，固特异公司在产业市场上的购买者主要是通用汽车公司、福特汽车公司、克莱斯勒汽车公司和美国汽车公司等。

### 2. 产业市场的购买者往往集中在少数地区

例如，美国半数以上的产业购买者都集中在纽约、加利福尼亚、宾夕法尼亚、伊利诺斯、俄亥俄、新泽西和密执安这 7 个州，工业企业在地区上很集中；农产品的产地也很集中，大部分农产品都是少数几个州生产的。正因为如此，企业把产业用品卖给产业市场购买者的费用就可以降低。在我国，工业客户主要集中在东北、华北、东南沿海一带。

**你知道吗？**

**数控机床产业分布**

世界数控机床产业主要集中在亚洲、欧盟、美洲等区域，产值占全球的 90%左右。其中，日本、德国和中国等是数控机床的主要生产国家。从自身情况看，我国数控机床产业

规模位居世界首位，但却面临着产业结构不合理、自主创新能力不足等多项挑战。

我国数控机床产业目前的产业格局特点十分明显。在山东、北京、浙江、河北及四川地区已经形成了比较完善的产业体系，一方面是因为这些地区经济发展速度比较快，对外开放水平较高，有利于引进国外先进技术；另一方面也是因为这些地区市场辐射广，如四川，经济水平显然不如东部沿海地区，但是在西南地区数控机床产业的市场广阔，加上国家的支持，因此发展比较快。因此，我国数控机床产业发展的地域性特点非常明显，也明显反映了我国数控机床产业发展的不均衡。

### 3. 产业市场的需求是引申需求

产业市场购买者对产业用品的需求，归根结底是从消费者对消费品的需求引申出来的。

**同步观察**

笔记

#### B2B 营销潮流

目前大量 B2B 企业自发地从市场中摸索出了一套新的市场营销体系。它主要围绕着以下 3 个方面。

① 从单纯的卖产品转变为提供解决方案，针对用户的具体需求提供包含技术产品组合的解决方案。例如，巴斯夫公司推出的“统一油漆店”产品和服务套装就是汽车涂料业方案创新的一个实例——每种套装都是根据某家汽车公司和工厂的非常具体的要求而设计的，具有产品和服务的一站式采购特性，为客户节约了大量成本。

② 从拼价格演变为提升行业价值，从整个产业链的实际需求出发提供方案，解决具体的问题，为整个产业链创造价值。例如，中国长期处于上游 10 万家大型 IC（集成电路）元器件供应商和下游 500 万家中小企业制造厂之间缺乏对接渠道的产业链缺失中。国内首家 IC 元器件自营电商科通芯城就是立足于此，通过线上自营分销模式，尝试给上游品牌商和下游采购用户建立平等的对话桥梁，从而接上了产业链缺失的重要一环。

③ 大众渠道成为企业市场营销入口。随着移动互联网尤其是社交媒体的成长，大量用户在互联网社交媒体上的停留时间不断延长，因而销售企业将产品信息通过移动互联网或者社交媒体推送给目标企业决策层或采购员，正在成为更加有效的方法。因此，企业不再只是关注传统渠道终端，而是越来越多地注意用户在互联网上的关注和搜索行为。例如，通用电气公司做的虽然是飞机、火车等工业 B2B 生意，其目标受众本应是企业决策者和政府官员等高端人群，但其市场营销策略却一直走的是“亲民”路线，自 2011 年 3 月开通了新浪官方微博以来，已得到大量白领用户的关注。

### 4. 产业市场的需求是缺乏弹性的需求

在产业市场上，产业市场购买者对产业用品和劳务的需求受价格变动的影响不大。例如，汽车生产者不会因为汽车轮胎的涨价而少购进轮胎。造成这种现象的主要原因是产业市场的需求取决于其生产工艺过程和生产特点，企业在短期内不可能很快变更其生产方式和产品种类。此外，如果原材料的价值很小，这种原材料成本在制成品的整个成本中所占的比重很小，那么对这种原材料的需求也就缺乏弹性。例如，假设金属鞋跟的价格上涨了，这不会影响金属鞋跟的需求水平，但是在这种情况下，制鞋商要看哪个金属鞋跟制造商的产品较价廉物美，然后再决定从哪里进货。

### 5. 产业市场的需求是波动的需求

产业市场购买者对于产业用品和劳务的需求比消费者的需求更容易发生变化。在现代市场经济条件下，工厂设备等资本货物的行情波动会加速原料的行情波动。产业市场的需求是“引申需求”，消费者需求的少量增加能导致产业市场购买者需求的大大增加。这种必然性，西方经济学者称之为加速理论。有时消费者需求只增减 10%，就能使下期产业市场购买者需求出现 200%的增减。因为产业市场的需求变化很大，所以生产产业用品的企业往往实行多元化经营，尽可能增加产品品种，扩大企业经营范围，以减少风险。

笔记

### 6. 专业人员购买

由于产业用品特别是主要设备的技术性强，所以企业通常都由经过训练的、内行的专业人员负责采购工作。企业采购主要设备的工作较复杂，参与决策的人员比消费者市场多，决策过程也更为规范，通常由若干技术专家和最高管理层组成采购委员会领导采购工作。

**同步案例**

**某公司采购人员责任处罚条款**

① 对采购技能达不到应有水平的工作人员，可调离相关的岗位。在采购工作的各个操作岗位中，有不少岗位对采购工作的质量和效果起到非常重大的影响，如果采购从业人员的操作技能达不到应有的要求，就会影响采购工作质量，甚至造成采购结果丧失客观公正性。对此，对不能胜任岗位工作需求的，特别是经常造成废标的工作人员，一定要将他们从相关的岗位上撤换下来，调整到其他岗位上。

② 采购工作人员的道德素质存在问题的，要责令其离岗学习。对那些因为工作人员的职业素质差而造成废标的，如收受贿赂、搞钱权交易、吃拿卡要等，最好的办法就是从加强他们的素质教育入手，在具体措施上，可暂停他们的工作，让他们离岗学习。如果发生了重大违法乱纪问题，则必须依法追究他们的法律责任。

### 7. 直接购买

产业市场购买者往往向生产者直接采购所需的产业用品，特别是那些单价高、有高度技术性的机器设备，而不是通过中间商采购。

### 8. 互惠

产业市场购买者往往这样选择供应商：“你买我的产品，我就买你的产品。”这种习惯的做法叫互惠。互惠有时表现为三角形或多角形。例如，假设有 A、B、C 三家公司，C 是 A 的顾客，A 就可能提出这种互惠条件：如果 B 购买 C 的产品，A 就购买 B 的产品。

### 9. 产业市场购买者往往通过租赁方式取得产业用品

机器设备、车辆、飞机等产业用品单价高，通常用户需要融资才能购买，而且技术设备更新快，因此有越来越多的企业所需要的机器设备等不采取完全购买方式，而是通过租赁方式获得。

**同步提示**

**租赁方式的种类**

在现代市场经济条件下，租赁方式有以下7种。

① 卖而后租。卖而后租是一个公司为了取得资金，将其厂房、土地、设备等卖给租赁公司，包括银行所属的和独立的租赁公司，同时与租赁公司签订租赁合同，继续使用。这种形式大多在国内租赁中采用，在国际租赁中也偶尔采用。

② 服务性租赁。对于电脑等更新较快的设备往往采用这种形式。用户可以根据自己的需要来规定租期，在租赁合同中通常列有“可撤销”条款，即用户有权在租赁合同到期前撤销合同，退回旧设备或另租更先进的设备。因为现代技术更新迅速，如果在租赁合同中没有这种条款，租用者就不能及时地以新设备替换旧设备，对租用者是很不利的。此外，租赁公司还提供设备维修、人员培训、保险、纳税等服务。

③ 金融租赁。其一般的服务程序是：用户先直接与制造商洽谈，选好自己需要的设备——一般都是单价高的大型设备，然后要求租赁公司向制造商购买设备，同时与租赁公司签订租赁合同。金融租赁和服务性租赁有所不同：第一，用户不得在租赁合同期满前撤销合同；第二，合同期满时，用户所支付的租金总额必须等于设备的投资总额，因此合同期满时，租赁公司可以收回对设备的全部投资并包括利润，而租用者就可以取得设备的所有权；第三，在合同规定的租期内，租赁公司不提供任何服务。在国际租赁中通常采取金融租赁，用户可以通过这种形式取得长期国际贷款，利用外资引进技术设备。

④ 综合租赁。大银行附设的租赁公司为了给其资金寻找出路，往往采用这种租赁形式。综合租赁的特点是：第一，租赁公司出租的设备种类繁多，从汽车、飞机、轮船、电脑、工作母机到电视机、空调机和生活娱乐设备几乎无所不包；第二，在国际租赁中往往把设备与补偿贸易、加工装配结合起来。

⑤ 杠杆租赁。在租赁公司财力不足，没有钱购买用来出租的价值很高的大型设备的情况下，往往采取杠杆租赁，即租赁公司以这种设备为抵押品向银行借一部分资金来购买这种设备，租给用户，以后由用户按期向银行支付租金，替租赁公司偿还银行贷款。因此，这种形式又叫作代偿贷款租赁。这种租赁方式的最大优点是用户能租到价值很高的大型设备，得到大量资金融通，因而是一种很有发展前途的租赁方式。

⑥ 供货者租赁。供货者租赁是供货者（制造商）为了取得资金，将其设备卖给租赁公司，同时租赁原设备，转租给用户。

⑦ 卖主租赁。卖主租赁是制造商或其经销商借助出租来推销其价值高、不易脱手的大型设备的一种方法。在国际租赁中，发达国家的大银行、大公司可以通过国际租赁来推销其过剩产品和输出过剩资金。而租用者（特别是不发达国家的用户）则可以通过国际租赁来利用外资，引进先进技术设备来发展本国经济，扩大出口。

笔记

## 5.1.2 产业市场购买的特点

### 1. 购买过程的特点

① 供求谈判时间长。工业品的购买涉及厂房、建筑、能源、机器、设备、交通工具、各种规格型号的原材料、各种辅助设备、标准件等，投入的资金大，有的设备使用时间长，购买者不仅要考虑设备的物质寿命，而且要考虑技术寿命和经济寿命，导致谈判协商时间长。

② 高尖技术设备和定制设备的购买一般是供需双方直接见面。

③ 原材料及次要的小设备、标准件一般通过批发商、零售商购买。

④ 购买次数较少。例如，设备一次购入，使用多年；原材料、标准件按企业预先制定的经济订购批量和采购次数进行采购或一次合同分批分期交货。

⑤ 需要提供产品服务。部分工业产品，如工业锅炉等大型设备的购买需要提供技术服务，为购买者提供安装、维修、操作培训等多方面的服务，才能激发购买者的购买动机。

笔记

⑥ 在工业品的质量和供应时间上有一定的要求。工业品的质量直接影响着生产者产品的质量，工业品的质量要符合化学的、物理的性能要求；供应时间是保证生产者进行正常生产经营的条件，既不能推迟，也不能过早。

⑦ 生产者购买决策复杂。工业品的购买不是由采购人员一人所决定的，通常要根据计划提出的品种、规格、型号、材质、数量和期限购买物资，有关技术要求、货款的支付还要同主管领导、工程技术人员、财会人员和厂长商榷之后才能最后决定。

除此之外，还有购买的批量大、金额大等特点。

**同步延伸**

**做好采购工作的流程**

采购是工厂中重要的环节，与生产、销售是同等重要、相互依存的。采购并不仅仅是买，而且是连接企业的生产和满足顾客需要之间的媒介。采购或多或少地参与并推动了企业经营的一些其他职能，包括生产、批发、技术、分配、销售等。

那么，采购员的日常工作流程是什么？如何才能做好采购工作呢？

1. 确定企业需求

采购员根据企业经营战略需求制定采购策略，初步掌握内部客户需求、外部供应市场、竞争者和供应基地等方面的概况。通过采购作业寻找到合适的供应资源，满足企业在成本、质量、时间、技术等方面的综合指标。

2. 调查市场信息

根据当时市场价格的实际情况，不管是重要材料还是零星材料，都要先做市场调查，了解市场信息，掌握市场动态。对调查得到的信息进行整理，经分析和比较后，对诚实守信、能提供质优价廉材料的供货商建立档案，确定为采购对象。这样就基本建立了稳定的供货渠道，既能采购到质优价廉的材料，又能降低采购成本，更能保证原材料质量的稳定。

3. 在询价、比价、比质、议价过程中选定供应商

搜集信息之后，就要确定企业相关材料或产品的供应商，而确定供应商是在一系列的价格讨论过程中完成的。这既是一个不可分割的过程，也是一个采购过程中最为关键的环节，直接影响着企业在成本、质量和技术等各方面的综合要求，特别是企业的利润空间。同时，这也是最难把握的一个环节——在质量和成本之间权衡与协调。采购员要尽量寻找质优价廉的供应商，以确保企业在长期发展的同时获得最大的利润空间。

4. 严格要求自己，廉洁自律

因为采购的工作零星、量大，也比较烦琐，因而对自身素质的要求很高，特别是思想道德素质。

5. 索样、订购与协调沟通

索样是对产品或材料样品质量的首次检验。这也是采购流程中不可缺少的一部分，采购新手要特别注意最终的确认环节。另外，在订购这一环节涉及不少的法律问题，所以需要采购员掌握一些必要的法律常识，在签订合同的过程中一定要严格遵循法律程序，切不可把人情和法律混为一谈。而在货物供应过程中的协调与沟通也要按照之前的订购合同来办，做到有法律可参照、有合同所约束，以防受骗上当，被人钻了法律的空子。

6. 货物验收和付款

货物验收和付款是采购作业的最后一个环节。这也是采购行为顺利完成的一个标志。如果货物按照合同要求按期到货，并且质量过关，就可以对其付款；如果出现了法律纠纷，则可以向公司请示是与供应商协商处理还是通过法律途径解决。

一个好的采购员要多方面了解供应商，只有对供应商的信息非常了解，才能用最好的价格买到最好的货物。

笔记

**2. 购买行为的特点**

① 购买的目的性。生产者购买的目的是生产出市场需要的产品。要根据市场的需求量确定生产量，进而决定所需购买的数量。采购的物资既不能多，也不能少，否则都会影响生产者的经济效益。

② 购买的理智性。生产者所购买的工业品必须考虑质量、品种、规格、价格、供货期及售后服务。如果某几种工业品的质量与功能相似，则生产者会购买价格低的产品；在质量上，则需要购买符合技术特性要求的生产设备和原材料。生产者的购买是技术性很强的理智性业务活动，涉及由生产者的产品质量而引起的人身安全、假冒伪劣产品等法律问题，不可轻易做出购买决定。

③ 购买的组织性。购买的组织性是指企业内部的组织体系。生产者的购买要根据每个购买组织自己的目标、政策、程序、组织结构及组织系统的要求进行。营销者应当了解生产者（购买者）的企业组织体系结构，了解有多少人参加购买决策、哪些人参加购买决策、购买标准是什么、生产者企业有哪些政策会影响购买行为。

④ 购买的集团性。一项重大工业品的购买，往往由一个集团来决定，通常由许多具有不同地位、权力、职能的人组成，如质量管理者、采购申请者、使用者、财务主管、工程技术人员及经理等。他们的购买心理与期望不同，往往会导致决策的矛盾及决策过程复杂化。

⑤ 个人动机性。因为参加购买决策的每个人的年龄、收入、受教育程度、职业、个性及对风险的态度不同，导致每个人的购买动机不同。营销者要善于抓住和引导正确动机，使市场营销能顺利成功。

⑥ 购买的环境性。生产者的购买受当时的经济、科技、政治环境及文化、竞争环境的影响，其中最主要的是经济、科技环境，也就是受经济、科技前景因素的影响。

## 任务 5.2　识别产业市场购买参与者角色

**情境思辨**

笔记

假如你是深圳某大型医疗设备公司的一名推销员，现正忙于γ射线立体定位治疗系统的产品推销工作。偶然一天，你在网上浏览信息，发现了威海某专科医院恰好在网上发出的采购γ射线立体定位治疗产品的招标广告。为了能把握住这一难得的商机，你决定赴威海开展产品推销。可是当你费了好大周折找到该医院专管医疗设备采购的科长后，向他说明来意并向其介绍产品时，该科长竟以一句“这件事我做不了主，你找其他人吧”将你推出门外。接着你又先后找了医院外科主任、立体定位治疗产品的医务使用负责人、医院副院长（专管药品、设备、材料采购）、外科主任、医院营销采购代表等进行产品介绍，但都没有推销成功。请根据以上情境描述，分析医院的这个采购中心中上述被拜访人员所扮演的角色。

在产业用户采购产品的过程中，参与决策过程的所有人员组成了一个采购中心，他们具有共同的采购目标，并共同承担采购决策的风险。因此，企业要研究采购中心的参与者，识别参与者的角色，并确定谁是最终决策者。其中，采购参与者包括以下 5 种不同的角色。

① 使用者（users）。使用者是所要采购物品的实际使用者，通常采购某种物品的要求是由他们首先提出来的，他们在规格型号的决定上有直接作用。

② 影响者（influencers）。影响者是企业内外直接或间接影响采购决策的人，他们协助确定产品的规格和购买条件，影响供应商的选择。其中，技术人员是特别重要的影响者。

③ 采购者（buyers）。采购者是具体执行采购任务的人员，他们负责选择供应商并与之谈判签约。在比较重要的采购工作中，通常还有企业的高层管理人员参加。

④ 决策者（deciders）。决策者是企业里有权决定采购项目和供应商的人。在日常的采购中，采购者就是决策者；在复杂的采购中，决策者通常是企业的主管。

⑤ 控制者（gatekeepers）。控制者是可控制信息流向的人员，他们可控制外界与采购有关的信息流入企业。例如，采购代理往往有权阻止供应商的推销人员与使用者或决策者见面，还有技术人员甚至秘书人员，也可以控制信息。

需要说明的是，并不是所有的企业采购任何产品都必须由上述 5 种人员参与决策。一个企业的采购中心的规模和参与人员会因欲购产品种类的不同和企业自身规模的大小及企业组织结构的不同而有所区别。例如，企业欲购一条生产流水线和买一些日常办公用品，前者由于技术性强、价格较高，因此参与决策的人较多，采购中心的规模较大，而后者因其技术性和价格都没有特殊之处，属于普通购买，因此其决策者可能就是采购者，采购中心的人员较少，规模也较小。在一些企业，采购中心的成员只一人或几人，而另一些企业则由数人或数十人组成，有的企业还设有专管采购的副总裁。

识别产业市场购买参与者角色的关键是了解一个企业采购中心的组成人员和他们各自所具有的相对决定权，以及采购中心的决策方式，以便采取富有针对性的措施。

同步延伸

笔记

### 识别潜在客户购买影响力

人员销售中常见的问题是销售人员精心准备的销售方案潜在客户却并不关心或兴趣不大。在这种情况下，销售人员就需要好好反思了，究竟是哪个环节出了问题？优秀的销售人员需要善于识别内部影响力、外部影响力及采购中心不同角色的影响力，为推进销售进程扫清障碍。

1．内、外部影响力

内部影响力是指那些影响购买决策者做出某种判断或选择的自身因素，如性格特点、爱好、教育背景等；外部影响力是指那些不受购买决策者自身因素的影响而对其做出某种判断或选择所产生影响的因素，如外部环境、供需关系及宏观经济、大政方针等。潜在客户的外部影响力比较分散，且随时间、地点的不同而不同。通过大量的研究发现，潜在客户的外部影响力构成要素主要有以下一些方面：职位、工作年限、公司规模、参照群体、潮流趋势、竞争关系、供需状况、宏观经济、政策导向等。

2．采购中心

采购中心其实是一个非正式的跨部门决策单位，其主要目标是获取、分享和处理有关采购的信息。采购中心的成员可以分为不同的角色，并且分别对采购中心做出采购决策的不同阶段产生不同的影响。销售人员需要明白，采购中心的成员往往由具有不同背景和身份的人员组成，如何协调这些成员在某些采购问题上的分歧，对于销售人员的成功销售意义重大。通常情况下，决策越重要，所有采购中心的不同角色共同抉择的可能性就越大。

3．寻找关键人物

采购中心组成与运作的动态性、复杂性，使得采购中心的任何一个成员都有可能成为销售人员的合作伙伴或销售瓶颈。优秀的销售人员能够在与潜在客户的采购中心接触的有限时间内，迅速识别出那些对推进销售进程具有影响力的关键人员，并努力与之建立良好的业务与个人关系。

4．寻找更多的支持者

销售人员除了与采购中心的不同角色的人员打交道外，还需要与更广泛范围内的不同人员打交道，重要的是销售人员要善于寻找并界定同盟者。这里的同盟者既可能是潜在客户公司的员工，也可能是与潜在客户有着直接或间接关系的人员。他们拥有的权力与影响力可能是不同的。

此外，销售人员还要善于寻找魅力四射的影响者。研究发现，每个企业中都会存在一个由魅力四射的影响者所构成的影响力焦点。魅力四射的影响者通常不在乎他们的行政级别，在企业的各个层面都能发现他们的踪影，他们经常接近高层管理者，但仍然保持低调并从容工作。

# 任务 5.3　促进产业市场购买决策

**情境思辨**

某推销员王军销售一种家庭用的食品加工机，他工作努力却收效甚微。以下是他的一些推销经历，试分析其失败的原因。

① 王军连续数次去一家百货商场推销，采购经理每次都详细了解产品的性能、质量、价格、维修和各项保证，但是拖了月余也不表态是否购买，总是说再等等、再等等。王军认为采购经理无购买诚意，就放弃了努力。

② 王军经过事先调查，了解到某超级市场的购买决策者是该店的采购经理和商品经理。他先找到采购经理做工作，采购经理详细了解了产品的性能、质量、价格和服务后同意购买。轻松地过了这一关，王军很高兴，又找到商品经理介绍产品。商品经理听后沉吟未决，王军为了尽快促成交易，就告诉他采购经理已经同意购买。不料商品经理一听这话，就说："既然采购经理已经同意，就不用再找我了。"这笔眼看就要成功的生意又泡了汤。

**议一议**

王军失败的原因是什么？应如何正确促进产业市场购买决策？

## 5.3.1　影响产业市场购买的主要因素

产业市场用户的购买行为在一定程度上要比消费者市场的购买行为复杂，因为他们更理性，参与购买决策的人更多。影响产业市场用户购买决策的主要因素可归纳为以下 4 项。

### 1. 环境因素

市场环境和经济前景对产业的发展影响巨大，因而也必然影响到产业市场用户的采购计划。例如，当经济前景欠佳、风险较大时，产业市场用户必然要缩减投资、减少采购量，这时供应商只有降价到一定程度，才有足够刺激，使客户愿意购买并承担一定的风险。原材料的供给状况也是影响产业市场用户采购的重要环境因素。一般企业都愿意购买并储存较多的紧缺物资，因为保证供应不中断是采购部门的主要职责。此外，科技、法律、竞争等环境因素的变化也都会影响产业市场用户的采购，营销者应密切注意，设法将环境威胁转化成市场机会。在我国，国家政策的变化是影响产业投资的一个重要环境因素，这也是企业最难预测和把握的一个因素。

**2. 组织因素**

组织因素是指用户的市场营销目标、采购政策、工作程序、组织结构和管理体制等。例如，有的地方规定只准采购本地区的原材料；有的只准买本国货，不准买进口货，或者相反；有的购买金额超过一定限度就需要上级主管部门审批，等等。又如，发达国家兴起准时生产系统，即适量及时供货、零库存，对产业市场用户改进采购工作影响极大。

**3. 人际因素**

产业市场用户的采购决策往往受到非正式组织的各种人际关系的影响，采购中心的各个成员在身份、地位、威信和感染力、说服力等方面各有特点，供应商如果能够掌握这些特点并施加影响，将有助于获得订单。

**4. 个人因素**

产业市场购买者行为是组织行为，但最终还是要由若干人做出决策并付诸实施。参与采购决策的成员难免受个人因素的影响，而这种影响又因个人年龄、职位、受教育程度、个性和对风险态度的不同而有所不同。因此，供应商应了解客户采购决策人员的个人特点，并处理好与个人之间的关系，这将有利于市场营销业务的开展。

**同步延伸**

### 制定偏向采购决策因素的法宝

老张是中央空调配件企业一个很能干的推销员，他知道一般客户对中央空调配件供应商的选择都比较稳定。他通过对行业中客户对中央空调使用情况的调查研究发现，竞争者的产品中一个关键配件经常出现质量问题。但是，这个配件对整个设备的影响在一年之内不容易发现，直到以后出现漏水现象时，客户才会被动地选择更换，因此在一般情况下这一潜在的质量问题并不直接影响客户选择供应商的决策标准。

发现了这个问题之后，老张没有开门见山地向客户推销自己的产品，而是与技术人员一同制定了一套针对这个问题的技术改进方案，在充分地评估研究之后向客户提供了初步的技术方案。客户看到这个分析报告后，感觉到了问题的严重性，最后就决定与老张一起开展进一步的技术交流、性能评估等。

在最后的选择阶段，这位客户与老张，还有老张的竞争者进行谈判。竞争者同样为能否保住这笔有吸引力的生意而担心，看到老张的技术方案之后也后悔没有想到，只能心服口服。最后，老张得到了这笔生意。他的成功，无疑是由于他引导了客户偏向采购决策因素这个标准。

何为发现最大竞争优势？就是说要试图让客户发现我们的某个优势，然后引导他们看到这个竞争优势非常明显，是其他竞争者不能比拟和复制的。发现最大竞争优势有以下 4 个层次需要注意。

1．把优势分离

把优势分离就是引导客户把主要考虑的采购因素转移到我们最具竞争力的优势上来。这个阶段主要靠我们技巧性的引导。这种技巧的关键是：时刻都在为客户着想，站在行业的发展趋势，认真分析竞争者及客户的需求点。

2．把优势放大

当客户的注意力转移到我们的优势时，我们就要靠专业的手法让客户对我们的优势有更深层次的了解，达到信任的程度。这个专业度的把握要站在客户的角度考虑问题，需要对行业、客户企业有深层次的研究，目的是引导客户偏向采购决策因素，关注我们的最大竞争优势。

3．让优势不可替代

当客户对我们的优势有了更深层次了解的时候，我们就要试图拿我们的优势与竞争者进行比较，以进一步引导客户，让其对我们的优势由信任转化为信赖。在这个阶段，要更多地考虑到行业趋势、竞争者的情况，当然最主要的还是让优势更加贴近客户企业，让竞争者心服口服，让客户没有拒绝的理由。

4．不断创造优势

有了自己的优势并建立了自己的客户忠诚度后，我们就在激烈的竞争环境中拥有了自己的竞争力。但是随着时间的推移，竞争者的情况、市场环境，以及客户的需求都会不断变化，我们会发现曾经的优势正在不断缩水甚至完全丧失。这时我们就要学会创造优势。

### 5.3.2 产业市场购买决策的类型

不同的企业在购买同样的产品或服务时所采用的采购模式和决策行为也不尽相同，因为它们所处的购买情境不同。如果按照购买情况的复杂程度进行分类，大致可归纳成以下3种购买类型。

**1. 直接重购**

直接重购是指用户按过去的订货目录重新订购。通常对于需要重复购买的产品，卖方会选择熟悉并满意的供应商持续购买，且对购买方式及其他订货条款都不做任何修正，甚至建立自动订购系统。供应商的努力重点在于保持产品和服务的质量，竞争者要想夺取这个市场很困难，但仍可从提供一些新产品或消除买方的不满入手，设法先获得少量订单，再逐渐扩大战果。这是最简单的购买决策类型。

**2. 修订重购**

修订重购是指购买目前正在供应，但要求的规格、数量和其他条件又有所不同的产品。修订重购型的手续比直接重购型通常要复杂一些，这常常是由于买方企业对产品设计有了新的修改，或者对生产设备做了部分更新，这些都会要求采购新的零配件和原材料，从而使购买活动变得复杂起来。但尽管如此，它比消费资料的购买仍要简单得多。产业市场用户为了更好地完成采购任务，可以修订采购方案，改变产品的规格、型号、价格等条件，或者寻求更合适的供应商。在这种情况下，采购业务比较复杂，参与采购决策的人数也较多。原来的供应商为了不失去这个客户，必须尽力改进供应工作，新的供应商则有较多的竞争机会。

**3. 新购**

新购是指企业为了进行新的生产加工任务或进行设备改造，要求购置新的设备装置的购买活动。新购时需要获得多家供应商的大量有关产品质量、成本、价格方面的信息，以便进行比较、择优，确定成交对象。由于新购与企业生产经营关系重大，常常要求由企业组织有关专家共同参与购买决策。新购的金额和风险越大，则参与决策的人越多，所需了解的信息也越多。这种情况对供应商而言是最好的竞争机会，可派出专业推销人员携带样品或样本上门推销，尽量提供必要的信息，帮助用户解决疑问、减少顾虑，以促成交易的达成。许多企业设有专门机构负责对新客户的市场营销工作，以求建立长期的供应关系。

3 类购买决策类型中，直接重购最简单，新购最复杂。新购的决策必须包括以下全部内容：产品规格；价格幅度；交货条件和交货时间；服务条款；付款方式；订购数量；可考虑的供应商名单；选定的供应商。其他两类采购业务的决策，则只包括上述内容的某几项即可。

**知识拓展**

**关系营销**

所谓关系营销就是建立、保持和加强与客户及其他合作者的关系，以此使各方面的利益得到满足。这个过程是通过信任和承诺来实现的。也就是说，通过利益建立与客户的关系，其中企业的利益是实现了销售，而客户的利益包括：组织利益，获得优质产品、良好的服务及适中的价格；个人利益，可能是权力、成就、被赏识或安全感等。而信任是保证双方利益得以实现的基础，如客户对产品质量持怀疑态度（因为工业品的质量只有通过实际使用才能被鉴别）或销售人员对某些个人的承诺能否实现。

关系营销的途径有以下几种。

1．熟人牵线搭桥

这是与客户建立个人信任关系的捷径。虽然它对销售的成功不一定起着决定性的作用，但确实缩短了双方从陌生到熟悉再到信任的时间。因此，工业品销售人员初次拜访的开场白中，告诉客户我是某某人（可以是对方的熟人、朋友、领导等）介绍来的，的确可以起到意想不到的效果。

2．拜访拜访再拜访

对于同质化和标准化产品，如制造原材料，当服务和价格没有多大差别时，销售人员跑得越勤，成功的可能性就大。

3．销售人员的人品

任何产品最终还是通过人——销售人员来完成的，销售产品前先销售自己：以真诚对待客户，帮助客户解决问题；以得体的个人举止赢得客户好感；以敬业精神赢得客户尊重；可以保持沉默，但一定不能说假话；不要轻易承诺，承诺了就一定要做到。

4．成为为客户解决问题的专家

工业品往往技术复杂、专业性强，大部分客户并不是专家，而企业销售人员和技术人员比客户懂得多，可以通过将更多客户所不具备的技术和经验融入其实际工作中，减少客户的工作量、工作难度和工作成本，来取得客户的信任。

5．通过第三方证实供应商的实力

工业品采购中客户考虑最多的恐怕是采购的风险。工业品都有较长的使用寿命，其质量和服务只有通过实际使用来鉴别，而这种特点使信任在工业品市场营销中尤其重要，特别是对供应商组织系统的信任。向客户证实能力、建立信任的最好办法是通过第三方，如国家权威机构的产品检测报告、已经投入运行的设备、使用过产品的客户推荐、实地考察工厂和设备、ISO9000认证证书等。

笔记

6．自信的态度消除客户的疑虑

销售人员的自信态度在与客户初步接触阶段尤其重要。客户在询问关于公司或产品的细节时，所有的回答必须充满自信，不能支支吾吾，否则会让客户感到有所怀疑而导致不信任。如果自己都显得底气不足，那如何去赢得客户的信任呢？

7．有效的沟通技巧，寻求共同语言

找到与客户的共同点，引起对方的共鸣。

## 任务5.4　跟踪产业市场购后行为

**情境思辨**

北京协和医院是中国协和医科大学的临床医学院、中国医学科学院的临床医学研究所，是集医疗、教学、科研为一体的综合性医院，是国家卫生健康委员会指定的全国疑难病症技术指导中心之一。假如你负责威高集团大型医疗设备的推销工作，通过一段时间的不懈努力，在开拓北方市场时，终于与北京协和医院签订了一份价值 300 万元的医疗设备订单。此后，威高集团将 300 万元的设备运送到协和医院，并由专门的技术人员负责安装和使用介绍。

作为一名推销人员，你认为是否有必要在近期跟踪设备的使用评价状况？是否有必要与该医院保持沟通和联系？

一个成功的营销者必须做到与企业内部的有关部门密切合作，保证圆满履行合同，检查发货情况，协调安装服务，安排客户培训，与客户保持密切联系，随时掌握客户的意见和要求，做好协调工作。

一般来说，用户购进产品后，其采购部门就会主动与使用部门联系，了解所购产品的使用情况，询问使用者的满意程度，并考察各个供应商的履约情况，以决定今后对各供应商的态度。产品购进后，企业会在使用中了解所购买的产品是否起到了应有的作用，并以此来对合同履行情况做出评价，成为再采购、修改或取消与对方合作的依据。因此，供应商应认真履行合同，尽力提高购买方的满意程度。

产业市场上的买卖双方倾向于建立长期的业务联系、相互依存，供应商在客户购买决策的各个阶段往往要参与决策，帮助客户解决一些购买过程中的问题，提供完善的售前咨询、答疑及售中、售后服务，有时要帮助客户寻找能满足其需要的产品，甚至按客户要求的品种、性能、规格和时间定期向客户供货。产业市场的供应商一定要通过有效的服务与客户建立长期的业务联系，以保持自己产品的市场占有率和客户的稳定。

笔记

## 拓展训练

### 避免大客户的“背叛”

导语：小张是D电气化公司的一名销售人员，最近有件事让小张很是郁闷，合作几年的一家大客户（B公司）近期突然与自己的竞争者A公司走得很近，几经打听才得知B公司近期有个新项目。看来情况不妙，小张有可能失去下一笔订单。那么，他该怎么办呢？如何挽回大客户的心呢？

1．拜访老客户发现致命问题

很长一段时间没去拜访B公司了，于是D电气化公司的小张打算去拜访自己的大客户李科长（B公司的科长）。与B公司合作多年的李科长向来对小张都是笑脸相迎。但没想到的是，这次小张刚一进门，李科长就拉下个长脸，爱理不理的。小张纳闷，难道自己什么地方得罪了李科长？几经笑脸相陪、挖空心思地讨好李科长，没什么进展。小张发现情况不妙，肯定哪个环节出了问题，于是便在B公司四处打听，得知原来是自己的产品售后服务没做好。同时，还意外地从B公司比较熟的员工处得知了一个惊人且致命的消息，B公司最近有新项目并且与自己的竞争者A公司走得比较近。听到这个消息，小张心里像炸开了锅，不知如何是好。

2．再次拜访，峰回路转

冷静下来之后，小张决定再次拜访李科长。与李科长寒暄几句后，当小张问起产品运营状况时，李科长终于按捺不住心中的怒火，噼里啪啦地对小张说：“你们公司的售后服务是一年不如一年了，机器坏了打几次电话也没人来修，知道不知道这样给我们的工作带来很不好的影响？我们的使用部门对我们的意见越来越大，再这样下去还如何继续合作！”

李科长毫不客气地批评小张所在的公司，看来怨气不小，此时说更多的原因只会让他觉得自己在找借口，心里更加不爽。于是，小张及时向李科长道歉：“不论什么原因，售后服务没做好给你们工作带来这么多麻烦，是我们的不对。目前我们公司在做战略调整，我负责这块市场，我会想办法把售后服务做好。如果以后再出现维护方面的不及时，您就直接打电话给我，我来协调。”“你们业务员说得都好听，产品出问题会及时维护。这倒好，我们连续打了几个电话也没人来修，这样以后再好的产品，谁敢用？”李科长说道。“您说得对，以后我们会尽力改善这方面的问题，为你们提供更优质的服务。再说了，如果我们的服务做不好，您要向其他公司一说，那以后我们开展工作可就难了呀！”小张诚恳地说道。

“那是当然，即使你们产品再好，服务不好，其他公司要是知道，肯定也会犹豫是否会用你们的产品。”李科长语气稍微平和地说道。“您说得很对，我跑一百趟也不顶您一句话，要是因为售后服务没做好影响了公司业绩，我们这些业务员可就没饭吃了，所以说我不为您着想，也要为自己着想，怎么说也要把售后服务做好。”小张连忙解释。“说得好不如做得好，这要看你们以后的服务。”李科长终于心平气和地说道。“好，以后要有什么维修方面的事，李科长您就直接打电话给我，我会及时协调处理。”小张说道。

笔记

“好的，以后有问题就直接找你。”听到李科长这样说，小张终于松了一口气，看来李科长对公司的印象开始往良性方面发展，接下来开展新项目的工作也就指日可待了。

3．柳暗花明，角逐新项目

自第二次拜访李科长之后，小张立即派技术人员到B公司进行跟踪维修，一方面可以搜集B公司新项目的相关资料，一方面可以挽回B公司对D电气化公司的信任。不仅如此，小张还定期给李科长打电话，问问情况、套套关系，并让李科长多给派去的技术人员把把关，顺带着又帮忙检查一下其他产品。后来，等到技术人员回来，小张又给李科长打电话，询问使用的效果。电话中李科长也是连声道谢，看来还是相当满意的。于是小张试探性地说：“李科长何必这么客气，这些都是我们应该做的。如果做得好，下次贵公司有了新项目也还会考虑跟我们再次合作的。”“当然当然！”李科长笑道。

当然，小张也没闲着，积极跟踪调查B公司新项目的进展情况，以及A公司的情况。几天后，李科长打电话给小张表明公司有新项目，问小张有没有兴趣做，有意向就准备方案策划书来公司洽谈。小张听了心中窃喜，于是还约李科长一起吃了个饭，了解一下具体的项目情况。这样看来，角逐新项目，小张是有希望了。

案例讨论

这个案例在工业品企业销售中是经常会碰到的，客户的信任感是企业拥有的无形资产，一旦失去一个老客户就失去很多无形的价值。有调查表明，开发一个新客户的代价5倍于维护好一个老客户；维护好一个老客户，在一生中带来的利润回报是开发一个新客户成本的2 400倍。而案例中的小张就明白这个道理，先以道歉的方式稳住客户的负面情绪，然后发现问题、解决问题，让客户感觉到自己的真诚。这也是小张最后峰回路转，能角逐新项目的根本所在。因此，在客户变心时，你认为应该如何开展工作挽回局面：

①____________________

②____________________

③____________________

④____________________

⑤____________________

笔记

### 任务实施评价

完成本任务的“工作任务卡”“应知应会”“拓展训练”等学习任务后，按照如表5.2所示的测评项目，给出本任务的自主学习个人最终成绩与评价。

**表5.2　任务5——实施评价与职业能力测评**

完成时间：　　年　月　日

<table>
<tr><td>学　生</td><td></td><td>学　号</td><td colspan="2"></td><td>班　级</td><td></td></tr>
<tr><td>小　组</td><td></td><td>小组长</td><td colspan="2"></td><td>个人成绩</td><td></td></tr>
<tr><td>多元评价</td><td colspan="2">信息能力<br>（15%）</td><td colspan="2">表达与沟通能力<br>（25%）</td><td>专业能力<br>（35%）</td><td>职业操守<br>（15%）</td><td>团队协作能力<br>（10%）</td></tr>
<tr><td>自我评价（10%）</td><td colspan="2"></td><td colspan="2"></td><td></td><td></td><td></td></tr>
<tr><td>小组评价（25%）</td><td colspan="2"></td><td colspan="2"></td><td></td><td></td><td></td></tr>
<tr><td>组间评价（25%）</td><td colspan="2"></td><td colspan="2"></td><td></td><td></td><td></td></tr>
<tr><td>教师评价（40%）</td><td colspan="2"></td><td colspan="2"></td><td></td><td></td><td></td></tr>
<tr><td>总　评</td><td colspan="7"></td></tr>
</table>

**说明：该实施评价与职业能力测评表是根据原劳动和社会保障部职业技能鉴定中心《职业核心能力培训测评标准》所列文献相关内容提炼，并结合营销职业能力构成及营销课程过程性实施特点编制而成的。**

# 模块3　明确战略，定位市场

## 模块导引

请选择正反方，展开小组辩论：有时企业要善于和敢于向顾客说“不”。

通过营销观察、消费体验、在线研讨、课堂分享、角色扮演、实战演练等方式，领会、理解并掌握：谁是你的竞争者？商战中，对良性竞争者尽量避免赶尽杀绝？可能的话，市场竞争者为什么都愿意做市场领导者？专注于小众市场，创业小企业也可以独领风骚？市场细分的极限是定制营销？现实生活中成功的定制营销品牌是哪个？

本模块引领你切身体验目标市场选取与定位对建立企业核心竞争力、谋求可持续发展的必要性，助推你树立竞争性市场定位和目标市场战略意识，建构、形成恪守职业道德、营销伦理和企业社会责任的有所为、有所不为的协同竞争、市场细分营销思维，为企业有效进行竞争性市场定位、有针对性开展目标市场营销，储备STP营销思维与技能。

你需要面对和思考的主要问题，包括但不限于：

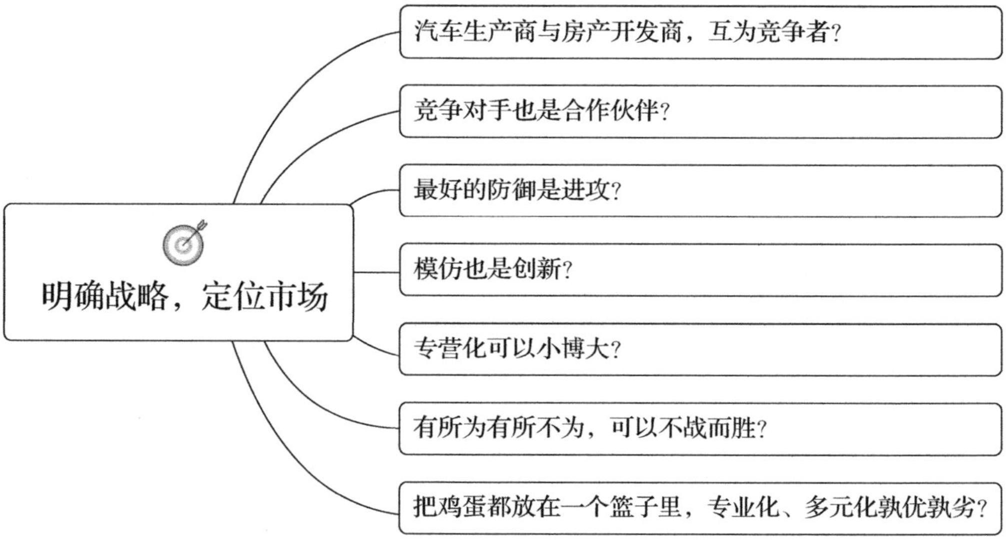

# 任务6

# 监控竞争者行为

| | |
|---|---|
| ◆ | 学习目标 |
| ◆ | 任务导入 |
| ◆ | 任务实施 |
| ◆ | 应知应会 |
| 任务6.1 | 识别竞争者 |
| 任务6.2 | 分析竞争者 |
| 任务6.3 | 实施竞争定位 |
| 任务6.4 | 制定竞争策略 |
| ◆ | 拓展训练 |

忽略了竞争者的公司往往成为绩效差的公司；效仿竞争者的公司往往是一般的公司；获胜的公司往往在引导着它们的竞争者。

——[美]菲利普·科特勒

## 学习目标

**职业操守**

奉行协同竞争理念，尊重竞争者，开展良性竞争。

**应知应会**

◆ 掌握有效识别和分析竞争者的步骤与方法。

◆ 掌握竞争定位的方法。

◆ 领会参与竞争的战略、战术。

**走进职场**

能灵活运用现代市场竞争的一般原理和协同竞争思维有效识别与分析竞争者，准确进行竞争定位，并能有针对性地选择和制定良性竞争策略。

## MARKETING任务导入

### 跨界打劫，一个连对手是谁都不知道的时代

拓展

视频：

颠覆的世界，你准备好了吗？

这是一个摧毁你，却与你无关的时代；这是一个跨界打劫你，你却无力反击的时代；这是一个不是对手比你强，而是一个根本连对手你都不知道是谁的时代。

今天，百度干着广告的事，淘宝干着超市的事，阿里巴巴干着批发市场的事，微博干着媒体的事！银行发展了几十年的网点、ATM，一个微信、支付宝进来，人家压根不用网点、不用现金了。

今天，一切都在经历一个推倒重来的过程。不是外行干掉内行，而是趋势干掉规模！

跨界的从来不是专业的，创新者以前所未有的迅猛，从一个领域进入另一个领域。

门缝正在裂开，边界正在打开，传统的广告业、运输业、零售业、酒店业、服务业、医疗卫生等都可能被逐一击破。更便利、更关联、更全面的商业系统正在逐一形成，世界开始先分后合，分的是那些大佬的家业，合的是新的商业模式。机场，不能够是一个娱乐场么？不可以成为最重要的社交中心么？微信只是一个社交工具么？

酒吧还是酒吧么？咖啡厅还喝咖啡么？酒店就是用来睡觉的么？餐厅就是用来吃饭的么？美容业就靠折腾那张脸么？肯德基可不可以变成青少年学习交流中心？银行等待的区域可以不可以变成新华书店？飞机机舱可不可以变成国际化的社交平台？

数据重构商业，流量改写未来。我消灭你，与你无关。移动互联网时代，是中国商业领域大规模“打劫”的时代，是一个“海盗嘉华年”，各种横空而出的“马云”“马化腾”会遍布各个领域。你不敢跨界，就有人跨过来打劫。

**议一议**

① 在互联网时代，如何有效识别竞争者？

② 举例说明，现实生活中还有哪些跨界“打劫”的成功案例？

## 任务实施

请问你最近一次逛书店是什么时候？你知道“言几又”是书店，还是共享空间？

1．打开百度、京东等平台，考察网上书店有哪些经营平台或品牌，分析其竞争定位。

2. 走进本埠新华书店或其他相关实体书店，考察当地实体书店的经营现状。

3. 学习本任务“应知应会”部分，领会互联网时代市场竞争的一般原理和协同竞争思维，有效识别并分析本埠实体书店竞争者，对其进行明确竞争定位，为本埠 X 实体书店做出一份跨界营销的创意方案，完成工作任务卡 6，如表 6.1 所示。

**表 6.1　工作任务卡 6——本埠 X 实体书店跨界营销创意方案**

完成时间：　　年　　月　　日

| 考察内容 | | 线上平台或网店 | | 本埠线下实体店 | |
|---|---|---|---|---|---|
| | | 信息来源 | 考察结果 | 信息来源 | 考察结果 |
| X 书店现状 | 主要品类实况 | | | | |
| | 主要产品实况 | | | | |
| | 目标消费群体特点 | | | | |
| 识别竞争者 | 竞争者 A | | | | |
| | 竞争者 B | | | | |
| | 竞争者 C | | | | |
| 分析竞争者 | 竞争者市场目标 | | | | |
| | 竞争者优劣势 | | | | |
| | 竞争者反应模式 | | | | |
| | 竞争者策略 | | | | |
| X 书店竞争定位 | | | | | |
| X 书店竞争策略 | | | | | |
| X 书店跨界营销方案 | | | | | |

笔记

## 应知应会

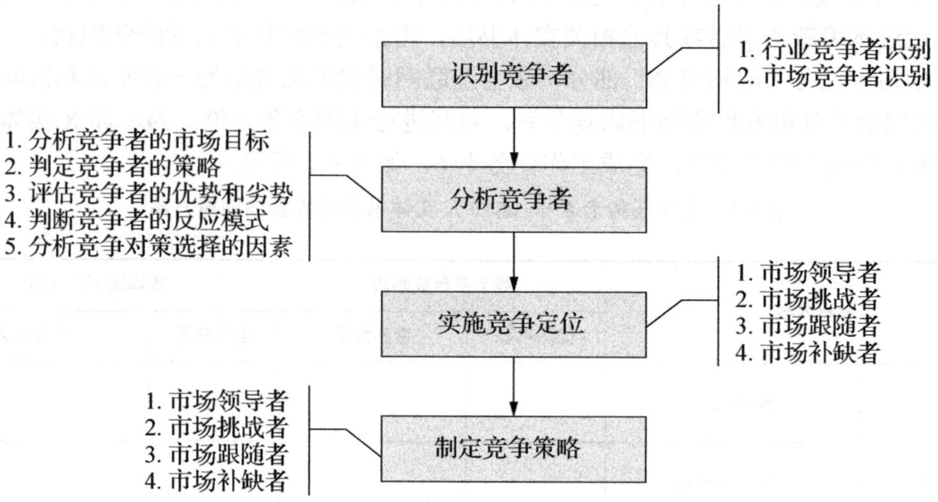


《孙子兵法》曰：“兵无常势，水无常形，能因敌变而取胜者，谓之神。”商场如战场，市场经济的社会竞争就是一场没有硝烟的战争。企业必须充分认识竞争的残酷性，有效识别和分析竞争对手，跟踪和了解竞争对手的竞争反应模式，才能扬长避短，实现“知己知彼，百战不殆”。

# 任务 *6.1*　识别竞争者

## 营销思维

**方便面被外卖“打劫”**

你最近吃方便面了吗？相比之前，现在的你吃方便面的次数很少了吧。有数据表明，方便面每年的销量以几十亿包的速度在减少，不说你肯定不会注意到，但说了，你肯定也不意外。方便面是越做越精致，大的、小的、干拌的、开水泡的，口味也是层出不穷，还请了一些口碑极好的明星代言宣传，但仍旧挽回不了颓势。

为什么曾连续18年销量保持增长的国民美食，如今不再受欢迎了呢？答案是因为有了外卖。自从有了外卖，加班、周末宅在家里的时候，不必再吃方便面了，想吃什么用手机下单即可，快速，品种还多，价格也没那么贵。

打败康师傅的不是统一，不是今麦郎，更不是白象，不是任何一个平日里“厮杀惨烈”的竞争者，而是美团、饿了么这些新兴公司，是散布在城市里大大小小的外卖美食小作坊。

**拓展**

**观察**：中国独角兽报告：2020

识别竞争者似乎是一项简单的工作。然而，企业实际的和潜在的竞争者范围是广泛的，一家企业更可能被新出现的对手而非当前的竞争者打败。企业要善于从行业和市场两方面，有效识别竞争者。

## 6.1.1 行业竞争者识别

提供同一类别产品或可以相互替代产品的企业，共同构成一个行业，如房地产行业、服装行业等。由于同行业企业产品的相似性，行业中现有竞争者之间采用的竞争手段主要有价格战、广告战及增加对消费者的服务等。

## 6.1.2 市场竞争者识别

从市场方面来看，凡是满足相同的市场需要或服务于同一目标市场的企业，无论是否属于同一行业，都可能是企业的现实或潜在竞争者。从满足消费者需求出发，以市场观点来发现和识别竞争者可以拓宽企业的视野，从更广泛的角度来有效发现和识别出企业的现实竞争者和潜在竞争者，有利于企业制定长远的发展规划。

根据产品之间的可替代性，按从窄到宽的角度，可以将竞争者划分为如表6.2所示的4个层次。

**表6.2 竞争者层次的划分**

| 竞争者层次 | 界 定 | 事 例 |
|---|---|---|
| 品牌竞争者 | 同一行业中，以相似的价格向相同的顾客提供类似的产品与服务的企业，互为品牌竞争者 | 可口可乐与百事可乐、麦当劳与肯德基；大众公司把福特、丰田、本田和其他中档价格的汽车制造者视为主要竞争者，而并不把自己看成是梅赛德斯的直接竞争者 |
| 行业竞争者 | 同一行业中，生产不同档次、型号、品牌产品的企业，互为行业竞争者 | 汽车行业中，所有的企业（通用、大众、福特等），不论生产的车是高档还是低档，都互为行业竞争者 |
| 形式竞争者 | 为满足相同需求而提供不同产品的企业互为形式竞争者 | 啤酒、汽水、茶、水、果汁等都能满足解渴的需求，生产这些产品的企业就互为形式竞争者；大众公司如果认为自己不仅与汽车制造商竞争，还与摩托车、自行车和卡车的制造商竞争，它们之间也互为形式竞争者 |
| 一般竞争者 | 为争取同一笔资金，向同一消费者提供不同产品的企业，互为一般竞争者 | 大众公司不仅把交通工具的生产者，还把房地产商、国外度假公司、继续教育机构等企业也当作竞争者 |

**议一议**

**跨界营销在跨什么**

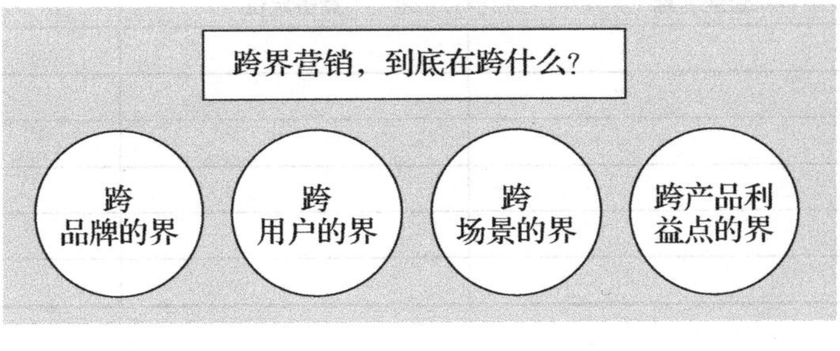

**同步提示**

**产品与市场细分结合起来，有效识别竞争者**

无论从哪种角度和视野来发现与识别竞争者，都要注意两点：一方面要避免将目光仅仅局限在现有市场上生产相同产品的行业内现有竞争者，而要善于遵从市场导向发现、有效识别可能出现的潜在竞争者；另一方面注意力又不要过于分散，避免分析防范的范围过大，草木皆兵，造成人力、财力、物力的极大浪费，而且这样也会使企业压力太大。最好是从行业和市场两个方面，将产品细分和市场细分结合起来，综合考虑。

笔记

**知识拓展**

**5种竞争压力模式**

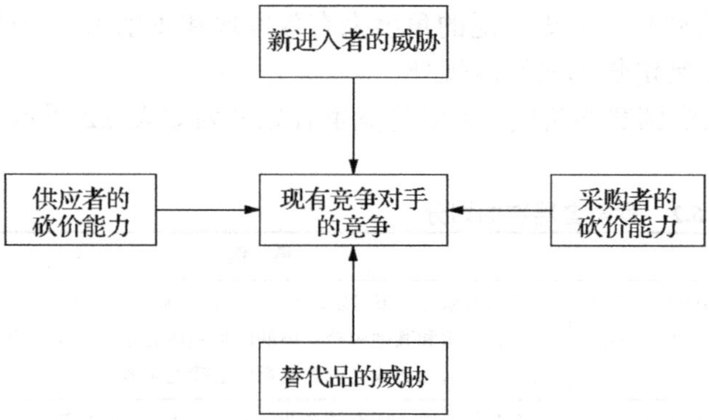

图6.1　波特的5种竞争压力模式

著名战略管理学家、哈佛大学教授迈克尔·波特（Michael E. Porter）在1985年提出了分析一个行业的基本竞争态势、有效分析企业竞争环境的5种竞争压力模式，包括现有竞争对手的竞争、新进入者的威胁、供应者的砍价能力、采购者的砍价能力及替代品的威胁，如图6.1所示。

# 任务6.2　分析竞争者

**做一做**

表6.3中列举了两个行业，请将行业中你所熟悉的3家企业的名称填入表格中。查阅相关资料，分析出该企业在行业中的竞争定位，并指出各自的竞争优势。

表6.3　行业竞争者分析

| 行业分类 | 企业名称 | 竞争定位 | 竞争优势 |
|---|---|---|---|
| 保险行业 | | | |
| | | | |
| | | | |
| 手机行业 | | | |
| | | | |
| | | | |

企业对竞争者的进一步分析一般主要明确以下5个方面的问题。

### *6.2.1* 分析竞争者的市场目标

每个竞争者都有侧重点不同的目标组合，如获利能力、市场占有率、现金流量、技术领先和服务领先等。对竞争者市场目标的考察，可以了解竞争者目前的市场地位、经营状况和财务状况，并了解其对自己的状况是否满意，从而了解这个竞争者的策略发展动向，以及其对外部环境因素的变化或其他企业竞争策略的反应。一个以“低成本领先”为主要目标的竞争者，对其他企业在降低成本方面技术突破的反应，要比对增加广告预算的反应强烈得多。

笔记

**同步提示**

**竞争者的市场目标决定经营模式**

日本企业一般按市场占有率最大化模式经营。它们需要在一个资源贫乏的国家提供就业位置，因而对利润的要求较低，大部分资金来源于寻求平稳的利息而不是高额风险收益的银行。日本企业的资金成本要远远低于美国企业，所以日本企业能够把价格定得较低，并在市场渗透方面显示出更大的韧性。

### *6.2.2* 判定竞争者的策略

一般来说，市场上同行业的竞争企业越多，竞争越激烈；市场越是由少数企业控制，竞争企业之间就越是有可能达成某种程度的默契与妥协，以形成竞争的均势。一旦控制了市场的少数大企业之间爆发竞争，竞争的激烈程度与结果将更为惨烈。一般小型企业适于进入投资和声誉都较低的群体，这类群体较易打入；而实力雄厚的大型企业则可考虑进入竞争性强的群体。

**知识拓展**

**核心竞争力**

一般来说，核心竞争力（core competency）应该具有3个典型特征：它是竞争优势的源泉，并能够对消费者感知利益做出重大贡献；在市场上具有广泛的应用性；竞争者很难模仿。具有独特能力（distinctive capabilities）的企业、在很多业务流程中都有卓越表现的企业，往往能够获得竞争优势。

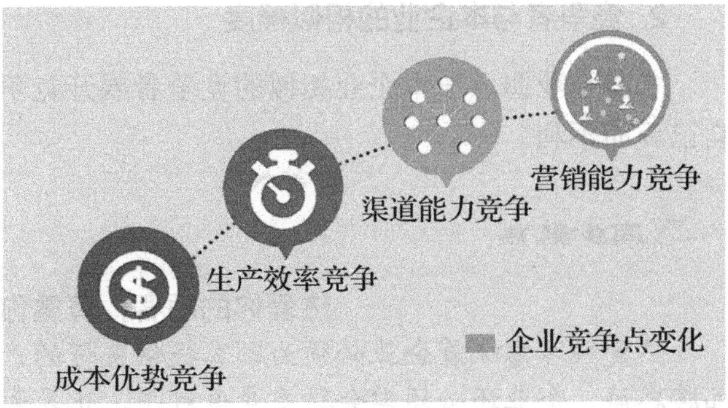

### 6.2.3 评估竞争者的优势和劣势

分析并识别竞争者的优、劣势，能明确自身的软肋与长处，是知己知彼、出其不意、攻其弱点、避其锋芒的制胜法宝。通常情况下，主要通过竞争对手的有关产品、销售渠道、市场营销能力、生产经营能力、研发能力、资金能力、组织能力、管理能力等在市场上的具体表现来判断竞争者的优势和劣势。

### 6.2.4 判断竞争者的反应模式

企业要研究竞争者的经营理念和指导思想，估计竞争者的市场反应和可能采取的行为，为企业提供市场策略依据。一般来说，竞争者的反应模式可以分为如表6.4所示的4种。

笔记

**表6.4 竞争者的反应模式**

| 类　别 | 竞争动态反应特点 | 竞争动态反应原因 |
|---|---|---|
| 迟钝型竞争者 | 反应不强烈，行动迟缓 | 自身资金、规模、技术等能力有限；过于自信，不屑于做出反应；未能及时捕捉到市场竞争变化信息 |
| 选择型竞争者 | 或者敏锐，或者迟钝 | 对价格竞争反应敏锐、第一时间采取报复性反击，对改善服务、改进产品、强化促销等非价格竞争措施不太在意 |
| 凶猛型竞争者 | 反应敏感，行动猛烈 | 一旦受到竞争者挑战，就会迅速地进行往往是全面的、致命的，甚至是不计后果的、激烈的报复和反击。它们通常都是市场上的领先者，所以一般应尽量避免与其做正面交锋 |
| 随机型竞争者 | 随机反应 | 对竞争变化既可能迅速做出反应，也可能反应迟缓。其反应既可能是剧烈的，也可能是柔和的。常无法预料其将会采取什么行动 |

### 6.2.5 分析竞争对策选择的因素

企业选择竞争对策——是发动进攻还是回避，通常要考虑以下因素。

**1. 进攻目标的价值**

以进攻策略来引发市场竞争，应慎重做到不战则已，战则必胜。以弱势企业作为进攻的目标风险小，参与竞争的时间与资金成本投入少，往往事半功倍，但不容易获得大的战果；以较强竞争者为进攻目标，只要抓住其弱点，出其不意，就可以出奇制胜，获取更大的市场份额和更多的利润。因此，强大的竞争对手反而可能成为最有价值的进攻目标。

**2. 竞争者与本企业的相似程度**

多数企业愿意与本企业相似的竞争者展开竞争，但是彻底击败与自己类似的竞争者于自己反而不利。

同步聚焦

**热爱你的顾客，尊重你的竞争对手**

热爱顾客意味着企业必须为顾客提供良好的产品与服务，努力打动顾客，赢得他们的品牌忠诚。企业还必须学会尊重竞争对手，正是因为竞争对手的存在，整个行业市场才会逐渐扩大，没有它们，企业所在行业的发展就会变得非常缓慢。

### 3. 良性竞争者存在的必要性

良性竞争者的存在对企业的创新与提高效率有战略意义：首先，竞争者的存在有助于增加市场需求的总量、分担和降低产品开发和市场开发成本，并有助于使新技术合法化；其次，竞争者可以为吸引力较小的细分市场提供多样化的产品，以增加产品的差异性；再次，竞争者的存在还有助于提高行业中的企业与政府或员工谈判的能力。

恶性竞争者往往不遵守有序行业规则，经常采用不正当，甚至不合法的竞争手段，如低价倾销、虚假广告、对同行业竞争者的诽谤攻击等，以求扩大自己的市场份额。恶性竞争者打乱了行业的有序与平衡，具有强烈的破坏性，必要时需要通过行业协会或利用法律的力量，把它们赶出市场。

笔记

**知识拓展**

**良性竞争者与恶性竞争者**

良性竞争者与恶性竞争者是战略大师波特率先描述的。他认为每个行业都包含良性竞争者和恶性竞争者。一家明智的企业应支持良性竞争者，打击恶性竞争者。

① **良性竞争者**遵守行业规则，对行业的增长潜力所提出的设想切合实际，依照与成本的合理关系来定价；喜爱健全的行业，把自己限制于行业的某些部分或细分市场里；推动他人降低成本、提高差异化；接受为它们的市场份额和利润所规定的大致界限。

② **恶性竞争者**违反行业规则，打破行业的平衡，企图花钱购买而不是靠自己的努力去赢得市场份额；敢于冒大风险，生产能力过剩仍继续投资。

## 任务 6.3　实施竞争定位

**情境思辨**

王明在本市的步行街开了一家服装店。开业之初，由于不了解行情，王明不论在进货还是促销等方面都追随周围的几家规模较大的服装店，看到大店卖什么，王明就进什么货。一段时间之后，王明感觉这种经营方式很难有较大的发展和利润空间，与大店的产品同质化也导致自己在竞争中处于被动的地位。

**想一想**

王明的问题出在哪里？接下来，他应该从哪些方面改进自己的经营策略？

根据著名市场营销专家科特勒的观点，当一个产品的市场步入成熟期后，在这个市场里竞争的同类企业之间便都各自维持着一个相对稳定的市场占有份额。根据各企业在目标市场中所处的地位，可以把它们分为市场领导者、市场挑战者、市场跟随者和市场补缺者。

### 6.3.1 市场领导者

市场领导者是指在相关产品的市场上占有率最高的企业。一般来说，大多数行业都存在一家或几家市场领导者，公众熟知的市场领导者有可口可乐、Visa、苹果等。它们在新产品开发、价格调整、配销覆盖和促销力量及消费者对品牌的忠诚度等方面处于主导地位，为同业者所公认，既是市场竞争的导向者，也是其他竞争者挑战、效仿或回避的对象。

### 6.3.2 市场挑战者

笔记

市场挑战者是指在相关产品的市场占有率名列前茅，且又具备向市场领导者发动全面或局部攻击的企业。这种类型的竞争者一旦条件、时机成熟，就会向市场领导者发起进攻，力求扩大市场占有率并试图成为领导者，如饮料行业的百事可乐公司、日化行业的联合利华公司等。

### 6.3.3 市场跟随者

市场跟随者是指那些相关产品的市场份额远远小于市场领导者，没有势力，也不愿意与市场领导者抗衡，愿意与市场领导者、市场挑战者在共处状态下求生存的企业。它们当中的一些企业喜欢模仿、追随市场领导者的产品策略和经营策略。

### 6.3.4 市场补缺者

市场补缺者以专业化为核心，谋求在大企业不屑一顾的细分市场拾遗补阙，通常在大企业的“缝隙”市场中求生存，立足于成为缝隙小市场的领先者。

## 任务 6.4 制定竞争策略

**情境思辨**

**电商平台的选择**

市民刘女士想买一台豆浆机，她在实体店里看了型号和价格，又从网上搜索了相关资料。正好“双十一”购物狂欢节将至，各大电商平台各种促销手段纷纷使出，一时间令刘女士挑花了眼。在天猫、淘宝、京东等传统电商平台上，数以百计有此款型号豆浆机的店铺可供选择。各大电商平台之间的竞争异常激烈。

**议一议**

1. 如果你是刘女士，你会选择天猫、淘宝、京东等传统电商平台，还是抖音、B站、快手等社交电商平台？为什么？

2. 天猫、淘宝、京东等传统电商平台及抖音、B站、快手等社交电商平台在电商市场上的竞争定位分别是怎样的？

3. 根据竞争定位，分析天猫、淘宝、京东等传统电商平台及抖音、B站、快手等社交电商平台在市场营销活动中可采取的竞争策略有哪些？

在对竞争者进行了系统、全面的分析后，每个企业都要根据自己的市场营销目标、市场机会、资源拥有情况及自己在本行业所处的竞争地位，来制定适宜的竞争策略。

### *6.4.1* 市场领导者

市场领导者的地位是在竞争中自然形成的，但不是固定不变的。如果它没有获得法定的特许权，就必然会面临竞争者的无情挑战。因此，企业必须随时保持高度的警惕并采取适当的措施，以免丧失领导地位。一般来说，市场领导者为了保持自己的领导地位，通常可采取以下 3 种策略。

#### 1. 扩大市场需求总量

当一种产品的市场需求总量扩大时，受益最大的是处于市场领导地位的企业。市场领导者通常从以下 3 个方面扩大市场需求总量。

（1）发掘新的使用者

每一种产品都有吸引新用户的潜力，而有些消费者由于对产品还不甚了解，或者由于不知道这种产品、其价格不合理、产品性能还有缺陷等原因而不想购买这种产品。这时，营销者就可以通过发掘新使用者来扩大市场需求总量。例如，香水制造商可以设法说服男士使用香水，或者向其他国家或地区推销香水，以扩大香水的市场需求总量。

（2）开辟产品的新用途

企业也可通过发现并推广产品的新用途来扩大市场。例如，每当杜邦公司的尼龙进入产品生命周期的成熟阶段，杜邦公司就会发现它的新用途。尼龙首先是用作降落伞的合成纤维，然后是作女袜的纤维，接着成为男女衬衫的主要原料，再后来又成为汽车轮胎、沙发椅套和地毯的原料，每项新用途都使产品开始了一个新的生命周期。事实表明，消费者也是发现产品新用途的重要来源，企业必须留心消费者对本企业产品使用的情况。

（3）增加产品的使用量

使原有消费者更多地消费某产品的办法有很多，最常用的一种是促使消费者在更多的场合使用该产品。

**同步聚焦**

**进攻是最好的防御**

市场领导者竞争策略的核心是防御，最有效、最积极的防御策略是主动发动进攻，不断开发更具特色、更能满足消费者需要的新产品或提供新的、更高水平的服务，以保持自己的特色，即所谓“进攻是最好的防御”。

市场领导者在任何时候都不能满足于现状，必须在产品的创新、技术水平的提高、服务水平的提高、渠道的高效性和降低成本等方面不断努力，才能真正处于该行业的领导地位。

市场领导者最好的进攻是不懈地创新，要善于自己打自己。

#### 2. 保持市场占有率

被挑战者取而代之是市场领导者的主要威胁所在，因此市场领导者必须时刻警惕竞争者的挑战，保护自己的现有市场地位。事实上，行业中的领导者对各自的竞争者从未放松警惕，就像可口可乐公司时时提防着百事可乐公司一样。

笔记

同步观察

干掉QQ

在PC时代，QQ就是腾讯的一切，从会员到游戏，从流量到所谓的生态圈，一个QQ号串联起腾讯的一切，以至于无论在任何时间段，QQ在腾讯的地位都是超然的。简单来说，它从用户身上获得的无限利益，转换为了其在内部的发言权。

在移动互联网时代，微信正在代替QQ，成为腾讯内部的资源调配阀门。它负责开闸泄洪，但似乎又不用承担QQ这样“现金牛”的角色。

但问题的纠结之处在于，如果按照这种定位持续运转下去，QQ虽然活着，但在市场想象力上，事实上已经“死掉”。它只需要源源不断地贡献利润，腾讯的未来和它将没有任何关系，因为微信正在替换QQ。

笔记

这意味着什么？简单来说，在资本市场上，这会给人一种感觉，在不远的将来（之所以说不远，是因为微信的增长速度，以及它在腾讯目前获得的内部资源上都已经远远超过QQ。这种势头一旦发生，就几乎难以逆转，而且毫无疑问，移动互联网才是腾讯未来的重心，这个使命目前看来要由微信承担），QQ的使命将会告一段落。

当市场领导者不准备或不具备条件发起进攻时，至少也应做到严守阵地、填补空白、堵塞漏洞，以保护其原有市场份额，而绝不能暴露自己的某一单薄的侧翼，使竞争者发现自己明显的薄弱环节后乘虚而入。市场领导者必须善于清楚地辨认哪些是值得自己不惜代价去固守的“要塞”，哪些是无碍全局可以放弃的阵地，以便集中使用防御力量，最终守住阵地。防御策略的目标是减少受到攻击的可能性，将攻击转移到威胁较小的区域并削弱其攻势。通常可供市场领导者选择的防御策略有以下6种。

（1）阵地防御

阵地防御就是在现有阵地周围建立防线。这是一种静态的、消极的防御，是防御的基本形式。对于营销者来讲，单纯防守现有的阵地或产品就会患“营销近视症”。遭受攻击的市场领导者如果集中全部资源一味防御，那么将是十分愚蠢的。

（2）侧翼防御

侧翼防御是指市场领导者除保卫自己的主阵地外，还应注意保护自己较薄弱的侧翼，以防止对手乘虚而入。

（3）先发防御

先发防御是在敌方对自己发动进攻之前先发制人，抢先攻击。其具体做法是，当竞争者的市场占有率达到某一危险的高度时，就对它发动攻击，或者是对市场上的所有竞争者全面攻击，使得对手人人自危。当然，如果企业享有强大市场资产——品牌忠诚度高、技术领先等，则面对对手的挑战，可以沉着应战，不轻易发动进攻。

（4）反攻防御

反攻防御是指在对手发动进攻时主动组织进攻，以挫败对手。当市场领导者遭到对手降价或促销，或者改进产品、市场渗透等进攻时，可选择迎击对方的正面进攻，迂回攻击对方的侧翼，或者发动钳式进攻，切断从其基地出发的攻击力量等策略。

(5) 运动防御

运动防御是指市场领导者将其经营范围扩展到新的领域中，使企业在战略上有较多的回旋余地。这可以通过以下两种方式实现。

① 市场扩大化。企业将其注意力从目前的产品导向转为市场导向。例如，将石油公司转变为能源公司，意味着市场范围可以扩展到煤炭、核能、水利等领域。市场扩大化必须符合两条基本的原则——目标原则和优势集中原则，即确定明确可行的目标，集中优势力量打击对手的薄弱环节。

② 市场多元化。向彼此不相关联的其他行业扩展，实行多元化经营，如服装企业进军IT 行业。

(6) 收缩防御

收缩防御是指市场领导者主动放弃本企业实力较弱的市场阵地，实行战略收缩，把力量集中到实力较强的阵地上去。

笔记

### 3. 提高市场占有率

研究表明，市场占有率是影响投资收益率最重要的变量，市场占有率越高，投资收益率也越大。市场占有率高于 40%的企业其平均投资收益率相当于市场占有率低于 10%者的 3 倍。因此，许多企业以提高市场占有率为目标。例如，美国通用电器公司要求它的产品在各自市场上都要占据第一或第二位，否则就要撤退。

不过，并不是在任何情况下市场占有率的提高都意味着收益率的增长，有时为提高市场占有率所付出的代价会高于它所获得的收益。企业在提高市场占有率时应考虑以下 3 个因素。

① 引起反垄断诉讼的可能性。当企业的市场占有率超过一定限度时，在许多国家都有可能遭遇反垄断的诉讼和制裁。

② 经济成本。当市场份额已达到一定水平时，再提高一步的边际成本非常高，甚至得不偿失。

③ 企业在争夺市场占有率时所采用的市场营销组合策略。只有在下列两种情况下，市场占有率才同收益率成正比。

第一，单位成本随着市场占有率的提高而下降。例如，福特汽车公司在 20 世纪 20 年代销售 T 型车便是采取了这种策略。

第二，企业在提供优质产品时，销售价格的提高大大超过为提高质量所投入的成本。美国学者克罗斯比（Crosby）认为：质量是免费的，因为质量好的产品可减少废品损失和售后服务的开支等，这就节约了成本。但是，其产品应投消费者之所好，这样消费者就愿意支付超出成本的高价。

## 6.4.2 市场挑战者

饮料行业的百事可乐公司等亚军公司在对待各自所在行业的竞争情势时可能采取两种态度：一种是向市场领导者和其他竞争者发动进攻，以夺取更大的市场占有率，这时它们被称为市场挑战者；另一种是维持现状，避免与市场领导者和其他竞争者起争端，这时它们被称为市场追随者。

市场挑战者的竞争策略核心是挑战。市场挑战者如果要发起挑战，首先必须确定自己的战略目标和挑战对象，然后再选择适当的进攻策略。

#### 1. 明确战略目标和竞争对手

战略目标与进攻对象的选择密切相关，针对不同的对象存在着不同的目标。一般说来，挑战者可以选择以下 3 种竞争者作为攻击对象。

（1）市场领导者

攻击市场领导者潜在的收益可能很高，但风险很大，为确保进攻成功，市场挑战者必须调查研究市场领导者现有消费者的不满之处，从市场领导者的弱点和失误下手，改良开发新产品或服务，夺取市场领导者的市场份额。历史上，施乐公司通过开发出更好的复印技术——用干式复印代替湿式复印，成功地从 3M 公司手中夺去了复印机市场。

（2）与己规模相当且经营欠佳的竞争者

（3）区域性经营不善的小型企业

#### 2. 选择进攻策略

市场挑战者选择进攻策略总的原则是集中优势兵力攻击薄弱环节。市场挑战者可选择以下 5 种策略。

（1）正面进攻

正面进攻是指集中兵力向竞争者的主要市场发动攻击，打击的目标是竞争者的强项而不是弱点，胜负取决于谁的实力更强，谁的耐力更持久。市场挑战者必须在产品、广告、价格等主要方面大大领先对手。

市场挑战者如果不采取完全正面的进攻策略，则可采取一种变通形式，最常用的方法是针对竞争者实行削价。通过在研究开发方面大量投资，降低生产成本，从而在低价格上向竞争者发动进攻是持续实行正面进攻策略最可靠的基础。日本企业是实践这一策略的典范。

（2）侧翼进攻

侧翼进攻是指集中优势力量攻击竞争者的弱点，有时也可正面佯攻，再向其侧翼或背面发动猛攻，采取“声东击西”的策略。侧翼进攻可以分为两种。一种是地理性的侧翼进攻，即在全国或全世界寻找竞争者相对薄弱的地区发动攻击。例如，IBM 公司的市场挑战者就是选择在一些被 IBM 公司忽视的中小城市建立强大的分支机构，获得了顺利的发展。另一种是细分性侧翼进攻，即寻找市场领导者企业尚未很好满足的细分市场。例如，德国和日本的汽车生产厂商就是通过发掘一个尚未被美国汽车生产厂商重视的细分市场，即对节油的小型汽车的需要，而获得了极大发展。

侧翼进攻不是指在两个或更多的公司之间浴血奋战来争夺同一市场，而是要在整个市场上更广泛地满足不同的需求。因此，它最能体现现代市场营销观念，即发现需求并且满足它们。同时，侧翼进攻也是一种最有效和最经济的策略，较正面进攻有更多的成功机会。

（3）围堵进攻

围堵进攻是一种全方位、大规模的进攻策略，它在几个战线发动全面攻击，迫使竞争者在正面、侧翼和后方同时防御。市场挑战者可向市场提供竞争者能供应的一切，甚至比对方还多，使自己提供的产品无法被拒绝。当市场挑战者拥有优于对手的资源，并确信围堵计划的完成足以打垮对手时，这种策略才能奏效。例如，日本精工表在国际市场上就是采取的这种策略。在美国，它提供了约 400 个流行款式的 2 300 种手表，占据了几乎每个重要的钟表商店。通过种类繁多、不断更新的产品和各种吸引消费者的促销手段，日本精工表取得了巨大成功。

(4) 迂回进攻

这是一种最间接的进攻策略，避开了竞争者的现有阵地而迂回进攻。其具体办法有 3 种：一是发展无关的产品，实行产品的多元化经营；二是以现有产品进入新市场，实现市场多元化；三是通过技术创新和产品开发，替换现有产品。例如，美国高露洁公司在面对强大的宝洁公司的竞争压力下，就采取了这种策略，即加强高露洁公司在海外的领导地位，在国内实行多元化经营，向宝洁公司没有占领的市场发展，迂回包抄宝洁公司。该公司不断收购纺织品、医药产品、化妆品及运动器材和食品公司，结果获得了极大成功。

笔记

**同步延伸**

**“有所为，有所不为”才能不战而胜**

企业竞争的核心是占有资源，但对于一个新加入竞争行列的企业来说，所能占有的资源是有限的。现在很多行业都出现了越来越大、越来越强，由几个大企业一统天下的局面。作为中小企业，只要能明确自己的目标，一样可以在“局部战场”中建立起竞争优势，并在一个特定范围内或特定的市场上成为佼佼者。关键要根据企业自己的资源、经营能力选准市场目标，善于“有所为，有所不为”，才有可能达到“不战而胜”的最高竞争境界。

(5) 游击进攻

游击进攻主要适用于规模较小、力量较弱的企业，目的在于通过向对方不同地区发动小规模的、间断性的攻击来骚扰对方，使之疲于奔命，最终巩固为永久性据点。游击进攻可采取多种方法，包括有选择的降价、强烈突袭式的促销行动等。应该指出的是，尽管游击进攻可能比正面、围堵或侧翼进攻节省开支，但如果要打倒对手，那么光靠游击进攻不可能达到目的，还需要发动更强大的攻势。

从以上叙述可以看出，市场挑战者的进攻策略是多样的。一个市场挑战者不可能同时运用所有这些策略，但也很难单靠某一种策略取得成功，通常应该设计出一套策略组合，通过整体策略来改善自己的市场地位。

### *6.4.3* 市场跟随者

并非所有在行业中处于第二位的公司都会向市场领导者发起挑战。除非市场挑战者能够在实现产品重大革新或是配销等方面有重大突破，否则它们往往宁愿追随市场领导者，而不愿对其贸然发动攻击。美国市场学学者西奥多·莱维特（Theodore Levitt）认为，有时产品模仿像产品创新一样有利。

这种自觉状态在资本密集且产品同质性高的行业，如钢铁、化工等行业中是很普遍的现象。在这些行业中，产品差异化的机会很小，而价格敏感度却很高，很容易爆发价格竞争，最终导致两败俱伤。因此，这些行业中的企业通常形成一种默契，彼此自觉地不互相争夺客户，不以短期市场占有率为目标，以免引起对手的报复。这种效仿市场领导者为市场提供类似产品的市场跟随战略，使得行业市场占有率相对稳定。

但是，这不等于说市场跟随者就无策略可言。市场跟随者必须懂得如何维持现有客户，并争取一定数量的新客户；必须设法给自己的目标市场带来某些特有的利益，如地点、服务、融资等；还必须尽力降低成本并保持较高的产品质量和服务质量。市场跟随并不等于被动挨打，或者是单纯模仿市场领导者，因此市场跟随者必须找到一条不会招致市场竞争者报复的成长途径。具体来说，市场跟随策略可分为以下 3 类。

笔记

### 1. 紧密跟随

这是指市场跟随者尽可能地在各个细分市场和市场营销组合领域仿效市场领导者。这种市场跟随者有时好像是挑战者，但只要它不从根本上危及市场领导者的地位，就不会发生直接冲突。有些市场跟随者表现为较强的寄生性，它们很少刺激市场，总是依赖市场领导者而生存。

### 2. 有距离的跟随

这是指市场跟随者在目标市场、产品创新、价格水平和渠道等方面都追随市场领导者，但仍与市场领导者保持若干差异。这种市场跟随者易被市场领导者接受，同时也可以通过兼并同行业中的弱小企业而使自己发展壮大。

### 3. 有选择的跟随

这是指市场跟随者在某些方面紧随市场领导者，而在另一些方面又自行其是。也就是说，它不是盲目追随，而是择优跟随，在跟随的同时还要发展自己的独创性，但同时避免直接竞争。这类市场跟随者之中有些可能发展成市场挑战者。

此外，还有一种特殊的市场跟随者在国际市场上十分猖獗，即“冒牌货”。这些产品具有很大的寄生性，它们的存在对许多国际驰名的大公司是一个巨大的威胁，已成为新的国际公害，因此必须制定对策，以清除和击退这种“跟随者”。

市场跟随者采取跟随策略，要注意尊重竞争者，尊重竞争者已有的商标权、相关知识产权或发明专利等法定权益，在战略性模仿过程中不得生产供应“冒牌货”。对市场领导者或其他竞争者产品与服务的模仿或改良，不假冒是有效竞争的法律与道德底线。

**同步延伸**

**找准定位不侵权，模仿也可以创新**

工业化大生产追求的同质化和低成本为“山寨品”的生存提供了肥沃的土壤。“山寨”文化在本质上是一种依附性文化，以模仿为前提。中国在成为世界工厂的近 20 年间，始终处在产业链的末端，即缺乏核心知识产权，不是设计者、创造者，且不掌握市场，不是销售者，不接触消费者，仅是充当了毫无话语权的中间环节。这种代工软肋的阵痛也在不断地驱动着“山寨”从模仿到创新进而超越。

虽然“山寨”一直被看作是冒牌和剽窃的代名词而饱受批评，但“山寨”产品有其较强的竞争力扎根市场。“山寨品”的第一撒手锏便是价格，低价成就了“山寨品”。而且，“山寨”不等于假货，“山寨”不是没有技术含量的照抄，不少“山寨”产品的功能甚至更贴合一般人的需求，别具一格的二次创新更符合本地市场的需求。

实际上，从最开始的模仿商标制造假冒伪劣产品，到后来的模仿品牌产品的造型、界面，这些在本质上都是产品的“山寨”。至今，模仿的层次上升到了服务体验和商业模式。换句话说，从模仿产品到模仿渠道乃至运营模式，这是一种升华，使得在模仿中超越的可能性大大加强。

当下应该完善保护创新的法律环境和鼓励创新的激励机制，以此来刺激从模仿到创新的华丽转变。“山寨”并不等于照搬，在不侵犯他人合法权益的条件下，找准定位，模仿也可以是创新。

笔记

### 6.4.4 市场补缺者

几乎每个行业都有些小企业，它们专心致力于市场中被大企业忽略的某些细分市场，在这些小市场上通过专业化经营来获取最大限度的收益。通常小企业会选择两个或两个以上的有利利基市场，某些大企业中的较小业务部门也常设法寻找一个或多个既安全又有利的利基市场。

一个理想的利基市场具有以下几个特征。

① 有足够的市场潜量和购买力。

② 市场有发展潜力。

③ 对主要竞争者不具有吸引力。

④ 企业具备有效地为这一市场服务所必需的资源和能力。

⑤ 企业已在客户中建立起良好的信誉，足以对抗市场竞争者。

专业化、专营化是成功获得市场利基的核心，企业可以在市场、客户、产品或渠道等方面实行专业化。可供选择的专业化方案包括以下几种。

① 终端客户专业化。例如，汽车电脑维修商专门致力于汽车客户电脑的维修。

② 垂直层面专业化。专门致力于生产、流通价值链的某垂直层次，如制铝厂可专门生产铝锭、铝制品或铝质零部件。

③ 按客户规模专业化。专门为某一种规模（大、中、小）的客户服务，如有些小企业专门为那些被大企业忽略的小客户服务。

④ 按特定客户专业化。只对某一个或几个主要客户服务，如美国有些厂商专门为西尔斯百货公司或通用汽车公司供货。

⑤ 按地理区域专业化。专为国内外某一地区或地点服务。

⑥ 按产品或产品线专业化。只生产一大类产品，如日本的YKK公司只生产拉链这一类产品。

⑦ 按质量和价格专业化。专门生产经营某种质量和价格的产品，如专门生产高质高价产品或低质低价产品。

⑧ 市场按服务项目专业化。专门提供某一种或几种其他企业没有的服务项目，如美国有一家银行承办电话贷款业务，并为客户送款上门。

## 拓展训练

### 营销辩论：市场竞争对手是否只会给企业带来“麻烦”

近年来，国内多个竞争案例吸引了众多人的眼球。360 与腾讯在“口水”与技术手段、不正当竞争与垄断的纷争中不得消停，加多宝与王老吉两罐凉茶“互掐”轮番上演，三一重工与中联各种“门”频频曝光。

市场上有市场竞争者的存在，是否只会给企业带来各种各样的麻烦？有些人认为，答案是肯定的。他们举例说，许多市场竞争者热衷于不正当竞争和价格战，打破了行业的平衡，给企业的发展带来了许多障碍。然而，另一些人则反驳说，市场竞争者的存在可以增加总需求，带来更多的产品差别；它们也帮助企业分享市场开发成本，推动他人降低成本，带来了行业的战略利益。

请结合实际，给出你的观点：市场竞争者是否只会给企业带来“麻烦”？

笔记

辩论双方

**正方**：市场竞争者只会给企业带来各种麻烦

①______

②______

③______

④______

⑤______

**反方**：市场竞争者的存在对企业的发展有利

①______

②______

③______

④______

⑤______

## 任务实施评价

完成本任务的“工作任务卡”“应知应会”“拓展训练”等学习任务后，请按照如表 6.5 所示的测评项目，给出本任务的自主学习个人最终成绩与评价。

**表 6.5　任务 6——实施评价与职业能力测评**

完成时间：　　年　月　日

| 学　生 | | 学　号 | | 班　级 | |
|---|---|---|---|---|---|
| 小　组 | | 小组长 | | 个人成绩 | |
| 多元评价 | 信息能力（15%） | 表达与沟通能力（25%） | 专业能力（35%） | 职业操守（15%） | 团队协作能力（10%） |
| 自我评价（10%） | | | | | |
| 小组评价（25%） | | | | | |
| 组间评价（25%） | | | | | |
| 教师评价（40%） | | | | | |
| 总　评 | | | | | |

**说明**：该实施评价与职业能力测评表是根据原劳动和社会保障部职业技能鉴定中心《职业核心能力培训测评标准》所列文献相关内容提炼，并结合营销职业能力构成及营销课程过程性实施特点编制而成的。

# 任务 7

# 制定有所为有所不为的目标市场营销战略



实现组织目标的关键在于正确确定目标市场的需求和欲望，并且比竞争者更有效地传送目标市场所期望满足的东西。

——[美]菲利普·科特勒

## 学习目标

**职业操守**

◆ 善于利用市场细分发现企业的目标市场。

◆ 树立在关注目标消费者利益的前提下，正确制定目标市场策略的职业操守。

**应知应会**

◆ 熟悉和了解市场细分的依据和方法。

◆ 理解并掌握目标市场策略。

◆ 领会市场定位的含义和方法。

**走进职场**

能灵活运用选择目标市场策略的相关知识，科学地细分市场，正确地选择目标市场，进行市场定位。

MARKETING 任务导入

## 小C的炒货生意经

拓展

阅读：进军小众市场，领跑比赚钱更重要

小C在某大型农贸市场销售炒货零食，他发现自己和周围很多商户的生意都不太好，其主要原因在于提供的货品存在严重的同质化现象，而那些生意比较好的商户则各有各的特色。例如，有靠货品的种类多吸引消费者的，有靠包装、规格多样化取胜的，也有薄利多销、以价格便宜取胜的。这表明消费者有着不同的消费需求，满足某一部分消费者的需求，就能赢得一定的市场份额。于是，小C决定把消费者需求进行划分，先把不同的市场需求确定下来，再有针对性地细化炒货零食的卖点，为需求不同的消费者提供对应的产品。

小C在经过一番观察和分析后，总结出了消费者在购买炒货零食的三大主要需求：第一个需求是倾向于买好的，更加注重质量、包装和口味，对价钱不是太在意；第二个需求是倾向于买价格合理或比较便宜的；第三个需求倾向于尝试新产品，喜欢品种多样化。

通过以上的细分，小C在店铺里准备了不同类型的货品：有经过拣选、颗粒饱满、质量和包装都上乘的畅销类优等炒货；有刚刚上市、摆出好看造型吸引消费者的新产品；数量较少及包装、质量一般的产品则专门放到一个区域，标出比较便宜的价格。

经过这样一番处理，小C的生意马上变得好了起来，那些质量好的产品尽管价格要贵一些，但却很受一些忠诚消费者的喜欢，便宜的产品更是不缺人买。没多久，小C的炒货生意就做出了名气，生意逐渐火爆。

### 议一议

① 在整体市场中，如果产品同质化严重，如何才能发现新的商机？

② 消费者的需求是多种多样的，一家企业能否满足整体市场的全部需求？

③ 应该通过那些标准找到企业所能满足的目标消费群体？

## 任务实施

2019 年 6 月中旬，小米手环 4 开启线上发售。截止到“6・18”电商年中大促前，该手环在小米商城平台上普通版有 44 万人预约、NFC 版有 57 万人预约。“6・18”当天上午 10 点，小米手环 4 NFC 版首卖，结果瞬间被抢光。请你分析小米手环 4 的销售情况、价格、竞争者；通过市场细分，找到其目标消费群体，描述目标消费群体的特征，并对其市场定位进行总结，完成工作任务卡 7-1，如表 7.1 所示。

**表 7.1　工作任务卡 7-1——制定 STP 目标市场策略**

完成时间：　　年　　月　　日

| 产品名称 | 小米手环 4 | 小米手环 4 NFC 版 | 竞争品 1 | 竞争品 2 |
|---|---|---|---|---|
| 销售价格 | | | | |
| 产品卖点 | | | | |
| 发售时间 | | | | |
| 销售数据 | | | | |
| 市场细分标准 | | | | |
| 目标市场（消费者） | | | | |
| 目标市场策略 | | | | |
| 市场定位 | | | | |

说明：① 销售价格以官方首发价格为准。

② 销售数据以天猫、京东、自平台三方数据为统计口径。

③ 根据产品特点选择有效的市场细分标准。

④ 从年龄、购买动机、使用者状况及忠诚度等方面描述目标消费群体的特征。

笔记

**应知应会**

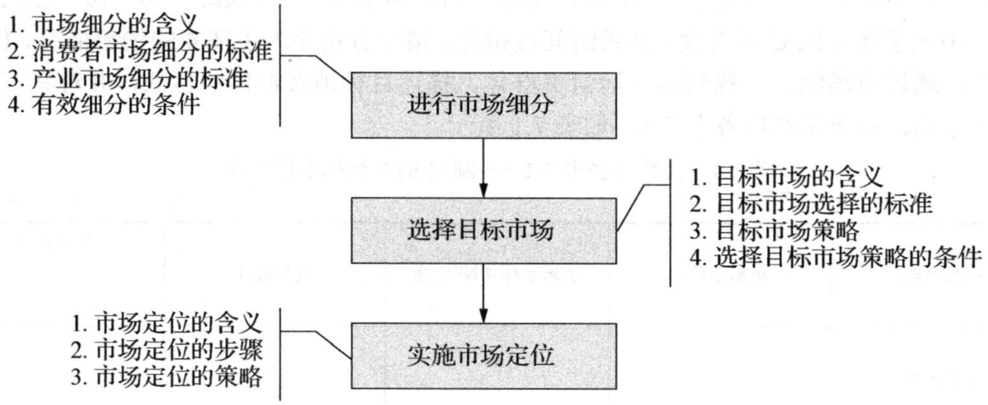


**拓展**

**思维**：如何正确理解“击穿多层消费空间”

在当今社会中，消费者的消费心理、购买习惯、收入水平和所处的地理环境与文化环境等都存在很大的差别，不同消费者对同一类产品的消费需求和消费行为具有很大的差异性。企业在开展市场营销活动时，不可能为所有消费者服务，而应充分利用自身的有限资源，发挥优势，实现目标市场营销。科特勒曾经指出“现代市场营销战略的中心可定义为**STP 市场营销**，也就是**市场细分**（Segmenting）、**目标**（Targeting）**市场和市场定位**（Positioning）”。这是目标市场战略的3个主要步骤。

# 任务 *7.1*　进行市场细分

**情境思辨**

**消费升级的背后**

2019年，消费升级是大势所趋。而在消费升级的背后，个性化、多样化消费成为当前消费增长的主流。同时，伴随着电商行业的飞速发展，消费群体的划分越来越精准化。从消费习惯、消费者画像等基础数据中可以看到，每一层级都呈现出消费升级的基本属性。

在升级过程中细分市场越来越重要，包括对消费者的收入、年龄结构、文化和地域等的细分。未来谁细分得好，把消费者画像画得越具体、越贴切，谁的发展就越快。

在竞争日益激烈的市场上，对营销者来说，明智的选择是更仔细地关注市场，找到合适的方法，把市场细分成若干个便于管理的部分或有共性的消费群体，然后集中精力满足一两个群体的需要，而不是对所有消费者尽力做所有事。

## *7.1.1*　市场细分的含义

**市场细分**就是在市场调查研究的基础上，根据消费者的差异性把整个市场划分为若干个子市场的过程。每个子市场即每个细分市场，都是由需求和欲望大致相似的消费者群体所组成的。由概念可以看出，市场细分不是对产品进行分类，而是对消费者的需求和欲望进行分类。

市场细分（marketing segmentation）的概念是 20 世纪 50 年代中期由美国市场学家温德尔·史密斯（Wendell R. Smith）在总结西方企业市场营销实践经验的基础上提出来的。自 19 世纪末 20 世纪初以来，伴随着西方国家经济发展的进程，企业市场细分战略经历了大量营销、产品差异化营销、目标市场营销 3 个阶段，如表 7.2 所示。

拓展

阅读：细分消费市场　提升消费体验

笔记

**表 7.2　企业市场细分战略发展的 3 个阶段**

| 市场细分战略 | 大量营销 | 产品差异化营销 | 目标市场营销 |
|---|---|---|---|
| 时　间 | 19 世纪末 20 世纪初 | 20 世纪 30 年代 | 20 世纪 50 年代 |
| 竞争焦点 | 降低成本 | 销售产品 | 争取并保有消费者 |
| 说　明 | 企业大规模生产品种规格单一的产品，通过大众化的渠道销售，以取得规模效应，形成竞争优势 | 企业转为突出产品的独特性和差异性，向市场推出与竞争者不同的产品 | 企业把目光转向消费者，在研究市场和细分市场的基础上，结合自身优势，选择最具吸引力和最能有效提供产品与服务的市场，并设计相应的市场营销组合 |

**同步延伸**

已有市场研究者提出了以需求为基础的细分方法。罗杰·贝斯特（Roger Best）在以需求为基础的细分方法上，设计了 7 个步骤：以需求为基础的细分，消费群体细分成相似需求和利益为基础的小组；细分识别，以每个需求为基础的细分小组，找出它们之间的独特性和可识别性；细分吸引，使用细分吸引标准，如市场增长、竞争密度和市场渠道等，确定每个细分市场的总吸引力；细分概括，确定细分市场概况；定位，以细分市场为基础，为每个细分小组制定价值陈述和产品价格定位战略；细分测试，测试每个细分定位战略的吸引力；市场营销组合战略，把细分定位战略扩展到市场营销组合的各个内容组成部分，包括产品、价格、促销和渠道。

## *7.1.2*　消费者市场细分的标准

市场细分必须定期反复进行。市场时刻都处于变化之中，因此市场细分绝对不是一劳永逸的，必须反复进行。消费群体可以通过某些因素细分化，这些因素主要包括地理、人口、心理和行为细分。

### 1. 地理细分

地理细分是指按照消费者所处的地理位置、自然环境来细分市场。其具体变量包括国家、地区、城市规模、人口密度、不同的气候带、不同的地形地貌等。地理细分之所以可行，主要是由于处在不同地理环境下的消费者对于同一类产品往往会有不同的需求和偏好，他们对企业的产品价格、销售渠道、广告宣传等市场营销措施的反应也常常存在差别。

同步案例

**地板的区域细分**

对于地板生产和经销商来说，南北气候差异在一定程度上真正地考验着地板的生产与销售，因为需要地板企业因地制宜地考虑地板的含水率。木地板分为实木地板、实木复合地板和强化地板。不同类型的地板的制造工艺不同。实木地板的含水率在 3 种地板中是最高的。

南方气候决定了常年平均湿度比北方大。在北方，尤其是冬季，降水稀少，气候非常干燥，实木地板因为本身含水率高于其他地板，长年累月就容易变形。因此，在北方如果使用实木地板，就要特别注意地板的保养。而含水率较低的实木复合地板则受气候影响不大，保养起来也容易一些。为了提高消费者的产品体验，地板厂家已经能够对销往南北不同地区的地板含水率进行严格区分，如南方主体控制在 10%～14%，北方则在 7%～11%，从而保证了每块实木地板的稳定性。

笔记

### 2. 人口细分

人口细分是指按照各种人口统计变量，包括消费者的年龄、性别、家庭规模、家庭生命周期、收入、职业、教育、宗教、种族及国籍等因素将市场细分为若干群体。人口细分是区分消费群体最常用的方法。

同步提示

**消费者市场细分变量**

消费者的需求和欲望随着年龄的增加而变化。一些企业运用年龄及生命周期细分法,为不同年龄和生命周期的消费群体提供不同的产品，或者采取不同的市场营销方案。例如,麦当劳对儿童、青少年、成年人、老年人做不同的广告和宣传。它对青少年做的广告以摇摆舞曲音乐、冒险性和快速画面穿插为特点，对老年人的广告则柔和并富有情调。

服装、化妆品和杂志行业一向采用性别细分法。汽车工业也广泛地采用了性别细分法，越来越多的汽车商把广告直接对准了女性，这些广告中的女性有能力、有学识，不仅对颜色而且对汽车性能感兴趣。

消费者个人或家庭的收入水平不同，所需商品的档次、种类也会有很大的差别。对于同类商品来说，高收入水平的家庭或个人比较注重商品的质量和档次，而中低收入水平的家庭和个人则注重商品的实用性，低价格往往对他们有较大的吸引力。

家庭规模或家庭人数是另一个细分因素。规模大、人口多的家庭与规模小、人口少的家庭，对电冰箱、餐具的要求可能不同。随着家庭规模小型化的发展，容积小的电冰箱和小号电饭锅的需求可能增加。

### 3. 心理细分

心理细分是指按照消费者所处的社会阶层、生活方式、个性特征等对市场加以细分，在同一地理细分市场中的人可能显示出不同的心理特征。心理因素对消费者的爱好、购买动机、购买行为有很大影响。以心理因素进一步深入分析消费者的需求和爱好，更有利于发现新的市场机会和目标市场。

（1）社会阶层

不同的社会阶层所处的社会环境、成长背景不同，因而兴趣偏好不同，对产品或服务的需求也不尽相同。社会阶层会直接影响到人们对汽车、服装、家具、娱乐和零售商的偏好。

笔记

**同步观察**

#### 新社会阶层的消费

由中国社会科学院发布的《2017年社会蓝皮书》明确提出了新社会阶层的概念，并指出高收入、高消费、工作强度大、生活节奏快是这一群体的主要特征。新社会阶层人士的饮食支出为35 433元，略高于社会平均水平25 832元；服装配饰支出为14 720元，超过社会平均水平92.8%；医疗支出为6 778元，高于平均水平38.9%；教育支出与住房支出明显高于社会的平均水平，分别是其1.68倍和1.40倍。这些说明，相对于社会其他阶层，新社会阶层人士自身的消费能力更强，也有更大的消费潜力可发掘。

在生活品位与休闲方式上，新社会阶层人士也呈现出明显的共同点。例如，他们的工作强度较大、生活节奏较快、家庭生活时间较少；生活品位独特，娱乐休闲方式多样化，部分新社会阶层人士热衷于自费境外旅游；多阅读人文社科类图书与中外经典名著；绝大多数新社会阶层人士会在日常生活中参与健身运动。

在社会参与方面，新社会阶层人士热衷于参与捐款捐物、环境保护等慈善公益类活动，对于兴趣、娱乐、运动组织与校友会等社会组织表现出明显的参与意愿。

（2）生活方式

生活方式比一个人的社会阶层或性格更能说明问题。它勾勒了一个人在社会上的行为及相互影响的全部形式。如果使用得当，生活方式的概念可以帮助营销者理解消费者不断变化的价值观及其对购买行为的影响。

（3）个性

个性是一个人心理特征的集中反映，个性不同的消费者往往有不同的兴趣偏好。有的企业使用个性因素来细分市场，设计出产品的品牌个性，以吸引那些相应个性的消费者。当企业的品牌产品和其他竞争者品牌的产品显而易见的相似，而其他因素又不能细分市场时，消费者个性细分市场便非常有效。

#### 4. 行为细分

行为细分是指按照消费者购买使用某种产品的时机、消费者所追求的利益、使用者情况、消费者对某种产品的使用率、消费者对品牌的忠诚度、消费者待购阶段和消费者对产品的态度等行为变量来细分消费者市场。

（1）时机细分

根据消费者对产品或服务产生需求、购买或使用的时机，对消费群体进行划分，形成不同的细分市场。

（2）利益细分

消费者购买动机不同、追求不同的利益，购买行为就会产生差异。此外，替代性产品的存在及周边同类产品的价格等因素也影响着消费者的购买行为。

**同步观察**

不同的汽车品类，通常突出代表其提供各自不同的利益。

| | |
|---|---|
| 宝马（BMW） | 驾驶乐趣 |
| 沃尔沃（Volvo） | 安全 |
| 梅赛德斯（Mercedes） | 工艺设计 |
| 美洲虎（Jaguar） | 个性 |
| 丰田和本田（Toyota and Honda） | 可靠 |
| 法拉利（Ferrari） | 速度 |

（3）使用率细分

按消费者使用的商品数量或次数进行区分，可以把消费者划分为低使用率、中等使用率、高使用率的消费者及不使用的消费者。

**想一想**

**支付宝与微信的使用率和使用场景**

小C到菜市场买菜发现，在移动支付发达的今天，即便是菜摊都可以使用移动支付，买卖双方都省去了找零的烦琐。支付宝是基于电商消费场景建立的支付方式，消费者在线购买时方便付款，购物流程更顺畅；微信支付则是基于社交生态建立起来的支付系统。

在日常生活中人们更倾向于使用微信支付，而支付宝需要独立下载使用，在日常消费场景就稍微弱于微信。线上方面，腾讯通过入股的方式，分别持有了京东、美团、滴滴这几大互联网公司的付款方式。因此，在使用人数上，微信支付超过支付宝。

但论交易量，支付宝超过微信支付，毕竟阿里巴巴拥有海量的电商用户，花呗和借呗带来了极大的用户黏性，使用频率高。加上日常的大额转账和余额宝，支付宝目前的交易量还是大于微信的。

想一想，你在日常生活中，喜欢使用支付宝还是微信？在交易额上呢，哪种移动支付方式用得更多？

(4) 忠诚度细分

根据消费者对某品牌的喜爱程度，可以把消费者市场划分为4个群体，即绝对品牌忠诚者、多品牌忠诚者、变换品牌忠诚者和非忠诚者。通过对消费者的品牌忠诚度进行细分，可以有针对性地提高消费者对企业的忠诚度。

### *7.1.3* 产业市场细分的标准

细分消费者市场的标准，有许多同样适用于产业市场，如客户所追求的利益、客户情况、对品牌的忠诚度等。但是，由于产业市场有不同的特点，因此企业还要用其他一些变量来细分产业市场。

#### 1. 最终客户

按最终客户这个因素来细分产业市场是最通用的标准。在产业市场上，不同的最终客户对同一种产业用品的市场营销组合往往有不同的要求。

**拓展**

阅读：用户细分该怎么分才最见效？

**同步提示**

电脑制造商采购产品时最重视的是产品质量和可用性，服务、价格也许并不是要考虑的最主要因素；飞机制造商所需要的轮胎必须达到的全部标准比农用拖拉机制造商所需轮胎必须达到的标准高得多，豪华汽车制造商比一般汽车制造商需要更优质的轮胎。因此，企业对不同的用户要相应地运用不同的市场营销组合，采取不同的市场营销策略，以投其所好，促进销售。

#### 2. 客户规模

客户规模是细分产业市场的一个重要因素。

#### 3. 客户的地理位置

客户的地理位置对于企业合理组织销售力量、选择适当的渠道及有效地安排货物运输关系很大，而且不同地区的客户对生产资料的要求往往各有特色。因此，客户的地理位置也是细分市场的依据之一。

#### 4. 客户的行业特点

细分产业市场的另外一个主要方法，就是找出客户经营的主要行业。可根据行业亲密关系细分出范围宽广的行业。

### 7.1.4 有效市场细分的条件

**1. 可衡量性**

可衡量性是指细分市场是可以识别和衡量的，即细分出来的市场不仅范围明确，而且对其容量大小也能大致做出判断。有些细分变量在实际中是很难测量的，以此为依据细分市场就不一定有意义。

**2. 可进入性**

可进入性是指细分出来的市场应是企业市场营销活动能够抵达的，即企业通过努力能够使产品进入并对消费者施加影响的市场。一方面，有关产品的信息能够通过一定媒体顺利传递给该市场的大多数消费者；另一方面，企业在一定时期内有可能将产品通过一定的渠道运送到该市场。否则，该细分市场的价值就不大。

笔记

**3. 可盈利性**

可盈利性是指细分出来的市场其容量或规模要大到足以使企业获利。进行市场细分时，企业必须考虑细分市场上消费者的数量，以及他们的购买能力和购买产品的频率。

**4. 可区分性**

可区分性是指各细分市场的消费者对同一市场营销组合方案会有的差异性反应。一方面，如果不同细分市场消费者对产品需求的差异不大，行为上的同质性远大于其异质性，那么此时企业就不必费力对市场进行细分；另一方面，对于细分出来的市场，企业如果无法制定出独立的市场营销方案，或者其中某几个细分市场对是否采用不同的市场营销方案不会有大的差异性反应，则不必进行市场细分。

## 任务 7.2 选择目标市场

**营销思辨**

永远不要想着给所有人提供所有产品，然后靠概率来取胜。市场营销是有指向性的，被顾客打7分、8分，你的品牌可能只排在了第三位甚至以下的位置，消费者只会优先选择在品类中排名第一的品牌。当你想给所有人提供一个没有特性的产品的时候，你面对的消费者是多，但是因为你不专业，所有人都会离你而去；当你抛弃一大部分你不需要的消费者，把你的市场营销指向一小部分目标消费者时，你的产品将在细分品类中所向披靡。选择明确并且正确的目标市场对企业来说是十分关键的。

**议一议**

① 在你看来，企业应该尽可能地满足大多数消费者的需求还是应该瞄准精准市场？
② 你能举例说明哪些企业在瞄准精准市场做市场营销吗？

市场经过细分之后，整体市场划分成了若干个子市场。企业面临着许多不同的市场机会，必须仔细从中选择自己的目标市场，以便根据自身的生产、技术、资金等实力，更有效地为这些目标市场服务，获得相应的经济回报。

## 7.2.1　目标市场的含义

**目标市场**（target market）是指企业打算进入并实施相应市场营销组合的细分市场，或者打算满足的具有某一需求的消费群体。

## 7.2.2　目标市场选择的标准

目标市场就是企业决定要进入的市场。企业在对整体市场进行细分之后，要对各细分市场进行评估，然后根据细分市场的市场潜力、竞争状况、本企业资源条件等多种因素决定把哪一个或哪几个细分市场作为目标市场。一般来说，企业考虑进入的目标市场应符合以下标准或条件。

**拓展**

**观察：**严格选品，制造直播带货爆款

### 1. 有一定的规模和发展潜力

企业进入某一市场是期望能够有利可图，如果市场规模狭小或趋于萎缩状态，则企业进入后难以获得发展，此时应审慎考虑，不宜轻易进入；如果所选择的细分市场过于广阔，企业就会使自己的市场营销铺得过宽而显得单薄，增加的销售额和利润就不足以弥补增加的开支。

### 2. 有足够的市场吸引力

吸引力主要是从获利的立场看市场长期获利率的大小。市场可能具有适当的规模和增长潜力，但从利润角度来看就不一定具有吸引力。

### 3. 符合企业的目标和资源

某些细分市场虽然有较大吸引力，但不能推动企业实现发展目标，甚至会分散企业的精力，使之无法完成主要目标，这样的市场应考虑放弃。

## 7.2.3　目标市场策略

### 1. 无差异性市场策略

**无差异性市场策略（undifferentiated targeting strategy）**就是企业把整个市场作为自己的目标市场，只考虑市场需求的共性，而不考虑其差异，运用一种产品、一种价格、一种推销方法，吸引尽可能多的消费者。

这种策略的优点是产品单一、容易保证质量、能大批量生产，可以降低生产和销售成本。但如果同类企业也采用这种策略，则必然形成激烈竞争。当然，面对竞争强手时，无差别性市场策略也有其局限性。

### 2. 差异性市场策略

**差异性市场策略（differentiated targeting strategy）**就是把整个市场细分为若干子市场，针对不同的子市场设计不同的产品，制定不同的市场营销策略，以满足不同的消费需求。

这种策略的优点是能满足不同消费者的不同要求，有利于扩大销售、占领市场、提高企业声誉；其缺点是由于产品差异化、促销方式差异化，因此增加了管理难度，提高了生产和销售费用。

**同步案例**

**记忆南塘沉浸式餐厅，解锁黑科技与美食的约会**

“好看的皮囊千篇一律，有趣的灵魂万里挑一。”在餐饮界，也存在着这样的现象，网红的餐厅同质化成了业界难以突破的难题。记忆南塘沉浸式餐厅却能另辟蹊径，通过高科技打造出智能化场景，调动消费者的感觉器官，让消费者的听觉、视觉、触觉、味觉同感互融，沉浸其中，全方位感知美食。餐厅采用最新 7D 投影技术，不论消费者想要的是温热的夏威夷海滩还是寒冷的冰天雪地，不论是国产大片还是欧美记忆，在这里都可以得到满足。

面对如今越来越看重多维度、全身心生活体验的消费者，融合更多复合型、更具有想象力的体验内容，成为商家强化自身和消费者之间连接的核心。记忆南塘这一沉浸式的差异化体验不仅给餐厅带来了流量与人气，也创造了一种新的主流趋势。

### 3. 集中性市场策略

**集中性市场策略**就是在细分后的市场上，选择一个或少数几个细分市场作为目标市场，实行专业化生产和销售，在个别少数市场上发挥优势，提高市场占有率。采用这种策略的企业对目标市场有较深的了解。这是大部分中小企业应当采用的策略。

采用集中性市场策略，能集中优势力量，有利于产品适销对路、降低成本、提高企业和产品的知名度。但是这种策略有较大的经营风险，因为它的目标市场范围小、品种单一。如果目标市场的消费者需求和爱好发生变化，企业就可能因应变不及时而陷入困境。同时，当强有力的竞争者打入目标市场时，企业就要受到严重影响。因此，许多中小企业为了分散风险，仍应选择一定数量的细分市场作为自己的目标市场。

## *7.2.4* 选择目标市场策略的条件

选择目标市场时必须考虑企业面临的各种因素和条件，选择适合本企业的目标市场策略。

### 1. 企业能力

企业能力是指企业在生产、技术、销售、管理和资金等方面力量的综合。如果企业能力强大，且市场营销能力较强，则可选择差异性市场策略或无差异性市场策略；反之，则适合选择集中性市场策略。

**2. 产品同质性**

产品同质性竞争主要表现在价格和提供的服务上。该类产品适用于采用无差异性市场策略。而对于服装、家用电器、食品等异质性需求产品，可根据企业资源力量采用差异性市场策略或集中性市场策略。

**3. 产品所处的生命周期阶段**

新产品上市往往以较单一的产品探测市场需求，产品价格和销售渠道基本上单一化。因此，新产品在引入阶段可采用无差异性市场策略。而待产品进入成长或成熟阶段，市场竞争加剧，同类产品增加，再用无差异性市场策略就难以奏效，所以成长阶段改为差异性或集中性市场策略效果更好。

**4. 市场的类同性**

如果顾客的需求、偏好较为接近，对市场营销刺激的反应差异不大，则可采用无差异性市场策略；否则，应采用差异性或集中性市场策略。

**5. 竞争者战略**

如果竞争对手采用无差异性市场策略，则企业选择差异性或集中性市场策略比较有效；如果竞争者已采用差异性市场策略，则可以选择对等的或更深层次的细分或集中性市场策略。

笔记

## 任务7.3　实施市场定位

**营销思维**

在现代消费市场，消费者面临的选择越来越多，企业和品牌流失的消费者也就越来越多，如何占据消费者的心智，是大多数企业急需解决的问题。

以生鲜电商市场为例，自进入2019年后，在资本市场持续火热的生鲜新零售竞争中，互联网买菜这一细分领域已经持续引发巨头们的激烈争夺。不仅饿了么，今年以来盒马、苏宁、美团等都在积极推动类似业务，互联网买菜市场正在升温。随着商家的增多及巨头布局的扩大，引发了行业细分领域——互联网买菜的竞争升级。作为行业竞争者，只有在潜在消费者的心智中抢占差异化空位，方能在混战中突围制胜。

**议一议**

① 在你看来，如何才能在激烈的竞争中占据消费者的心智？

② 假如你是生鲜电商市场的市场营销策划部人员，你会如何让自己的企业脱颖而出？

③ 想一想，有哪些企业或品牌占据了你的心智？为什么？

企业在选定了目标市场之后，就应该考虑如何为自己的产品在竞争激烈的市场上树立独特的形象，以便使目标消费者了解和赏识本企业所宣称的与竞争对手不同的特点。这就是市场定位的过程。

1972 年，美国年轻的市场营销学专家杰克・特劳特（Jack Trout）和艾・里斯（A. Ries）在《广告时代》中提出了市场营销史上具有划时代意义的崭新观念——定位（positioning），开创了市场营销界的一场思想革命与实践革命。

## 7.3.1 市场定位的含义

**市场定位**（marketing positioning）就是树立企业产品在目标市场，即目标消费者心目中的形象，使企业所提供的产品具有一定的特色，适应一定消费者的需求和爱好，并与竞争者的产品区别开来。市场定位的实质就是差异化。

**同步案例**

**六个核桃的市场定位**

在饮品市场上，各种品牌的饮品可谓琳琅满目，使不少消费者陷入了选择困境。核桃乳品牌六个核桃便成了植物蛋白饮料市场的超级大单品，成为众多消费者青睐的日常健康饮品。

六个核桃从面世开始，便以一句“经常用脑，多喝六个核桃”的功能定位、统一的商品标志，在消费者心目中形成了一定的品牌印象。为了更好地诠释六个核桃的产品功能性，让消费者展开充分的品牌联想，六个核桃冠名了众多与品牌调性高度一致的节目，如《最强大脑》《好好学吧》等，让消费者更好地记住了六个核桃及其功能定位。

同时，在产品品质上，六个核桃也着重突出了其功能性效果。在当前消费升级的大趋势下，健康已成饮品的重要选择因素。六个核桃采用了新疆、云南、太行山等优质产区的核桃，通过独创的“5・3・28”核桃饮品生产工艺，生产出来的核桃乳营养更容易被人体吸收，在口感上也不断优化，同时做到了“好喝”与“喝好”，满足了消费者在健康和口感上的双向需求。

六个核桃对品牌自身的精准定位，以及优质的市场营销传播，把这一品牌的核桃乳产品打造成了明星单品，既促进了企业本身的发展，也是对消费者心智的善待和尊敬。

## 7.3.2 市场定位的步骤

### 1. 识别本企业的竞争优势

这一步骤的中心任务是要回答以下 3 个问题：一是竞争者的产品定位如何；二是目标市场上消费者的欲望满足程度如何及确实还需要什么；三是针对竞争者的市场定位和潜在消费者的真正需要的利益要求，企业应该及能够做什么。通过回答上述 3 个问题，企业就可以从中把握和确定自己的潜在竞争优势在哪里。

**2. 准确选择竞争优势，对目标市场初步定位**

竞争优势是企业能够胜过竞争对手的能力。这种能力既可以是现有的，也可以是潜在的。选择竞争优势实际上就是一个企业与竞争者各方面实力相比较的过程。

**3. 显示独特的竞争优势**

这一步骤的主要任务是企业要通过一系列的宣传促销活动，将其独特的竞争优势准确地传播给潜在消费者，并在消费者心目中留下深刻印象。

### 7.3.3　市场定位的策略

**1. 避强定位**

避强定位是指企业力图避免与实力最强的或较强的其他企业直接发生竞争，而将自己的产品定位于另一个市场区域内，使自己的产品在某些特征或属性方面与最强或较强的竞争者有比较明显的区别。

① 优点。避强定位策略能使企业较快地在市场上站稳脚跟，并能在消费者或客户中树立形象，风险小。

② 缺点。避强定位往往意味着企业必须放弃某个最佳的市场位置，很可能会使企业处于最差的市场位置。

**2. 对抗定位**

对抗定位是指企业根据自身的实力，为占据较佳的市场位置，不惜与市场上占支配地位的、实力最强或较强的竞争者发生正面竞争，而使自己的产品进入与竞争者相同的市场。

① 优点。采用对抗定位，在竞争过程中往往相当引人注目，甚至产生所谓轰动效应，企业及其产品可以较快地为消费者或客户所了解，易于达到树立市场形象的目的。

② 缺点。采用对抗定位具有较大的风险性。消费者经过产品评估后会形成购买意向，但不一定导致实际购买。

**3. 补缺定位**

补缺定位是指寻找新的尚未被占领但有潜在市场需求的位置，填补市场上的空缺，生产市场上没有的、具备某种特色的产品。采用这种定位策略时，企业应明确补缺定位所需的产品在技术上、经济上是否可行，有无足够的市场容量、能否为企业带来合理且持续的盈利。

**4. 重新定位**

企业的产品在市场上定位即使很恰当，但在下列情况下，还应考虑重新定位。

① 竞争者推出的新产品定位与本企业产品相近，侵占了本企业产品的部分市场，使本企业产品的市场占有率下降。

② 消费者的需求或爱好发生了变化，使本企业产品的销售量骤减。

笔记

重新定位是指企业为已在某市场销售的产品重新确定某种形象，以改变消费者原有的认识，争取有利的市场地位的活动。

重新定位对于企业适应市场环境、调整市场营销战略是必不可少的，可以视为企业的战略转移。重新定位既可能导致产品的名称、价格、包装和品牌的更改，也可能导致产品用途和功能上的变动，所以企业必须考虑定位转移的成本和新定位的收益问题。

做一做

请根据小米手环4与竞争品的市场表现，在正确的定位方式上打钩，完成工作任务卡7−2，如表7.3所示。

笔记

**表7.3　工作任务卡7-2——选择市场定位方式**

| 产品名称 | 市场定位方式 |
|---|---|
| 小米手环4 | A.避强定位　B.对抗定位<br>C.补缺定位　D.重新定位 |
| 竞争品1 | A.避强定位　B.对抗定位<br>C.补缺定位　D.重新定位 |
| 竞争品2 | A.避强定位　B.对抗定位<br>C.补缺定位　D.重新定位 |
| 竞争品3 | A.避强定位　B.对抗定位<br>C.补缺定位　D.重新定位 |

拓展训练

近年来，酸辣粉以迅雷不及掩耳之势从地方小吃发展成闻名全国的特色美食。同时，根据《2019淘宝吃货大数据报告》显示，2018年线上酸辣粉消费人数达到1 000万人，人数增速高达113%。在这些消费中，河南食族人食品科技有限公司（以下简称食族人）的酸辣粉产品高居线上订单量冠军，市场表现十分抢眼。

1．训练内容

① 浏览关注食族人的市场营销相关资料。

② 分析食族人的目标市场策略。

2．训练目的

帮助学生学会根据不同的细分标准对企业所面临的整体市场进行市场细分，进而使学生学会为企业制定目标市场策略、指导市场营销活动有效开展。

3．训练要求

① 小组学习，共同关注、研讨，完成食族人STP分析报告。

② 要求学生认真学习并明确市场细分的标准及步骤。

③ 要求学生运用市场营销相关基本原理，对不同企业的目标市场策略进行分析。要求特别关注食族人的目标市场策略。

④ 要求教师在实战实施前给予必要的指导，并在学生相互交流的基础上给予点评。

4．训练步骤

① 把学生分成若干小组。

② 案头搜索，浏览、关注食族人 STP 实况。

③ 小组研讨，撰写考察报告，展示、陈述、答辩相关考察结论。

5．训练考核

（1）理念与技能

考察市场细分的标准和步骤；不同目标市场策略的出发点、优缺点及适用范围。

（2）逻辑与规范性

逻辑顺畅，格式规范，礼仪得体。

笔记

## 任务实施评价

完成本任务的“工作任务卡”“应知应会”“拓展训练”等学习任务后，按照如表 7.4 所示的测评项目，给出本任务的自主学习个人最终成绩与评价。

**表 7.4　任务 7——实施评价与职业能力测评**

完成时间：　　年　　月　　日

| 学　生 | | 学　号 | | 班　级 | |
|---|---|---|---|---|---|
| 小　组 | | 小组长 | | 个人成绩 | |
| 多元评价 | 信息能力（15%） | 表达与沟通能力（25%） | 专业能力（35%） | 职业操守（15%） | 团队协作能力（10%） |
| 自我评价（10%） | | | | | |
| 小组评价（25%） | | | | | |
| 组间评价（25%） | | | | | |
| 教师评价（40%） | | | | | |
| 总　评 | | | | | |

**说明：该实施评价与职业能力测评表是根据原劳动和社会保障部职业技能鉴定中心《职业核心能力培训测评标准》所列文献相关内容提炼，并结合营销职业能力构成及营销课程过程性实施特点编制而成的。**

# 模块 4　创造价值，满足市场

## 模块导引

请小组模拟：运用互联网思维，为自选旅游创业项目进行产品设计与品牌命名。

通过消费体验、情境观察、分享研讨、角色扮演、实战模拟等方式思考并体会：旅游产品是指旅游线路吗？你的旅游需求会包含哪些内容？与几年前相比，今天你的旅游需求有哪些新的变化？可能的话，你更愿意选择自助游，还是选择品牌旅行社，或者追随旅游达人，他说去哪儿就去哪儿？如果进行旅游创业，你会选择哪个群体作为目标市场？你会为该目标消费群体开发哪些旅游产品？你会给该旅游创业项目起一个什么品牌名称？你又会如何运营你的创业品牌来吸引客户呢？

本模块引领你理解营销视角的整体产品层次构成，助推你树立需求导向的产品理念和服务意识，建构、形成恪守职业道德、营销伦理和企业社会责任的产品差异化营销思维，能根据产品生命周期各阶段的特点，不懈进行新产品开发，有针对性地设计和开发整体产品组合与服务策略，创建品牌价值，建立优势品牌。

你需要面对和思考的主要问题，包括但不限于：

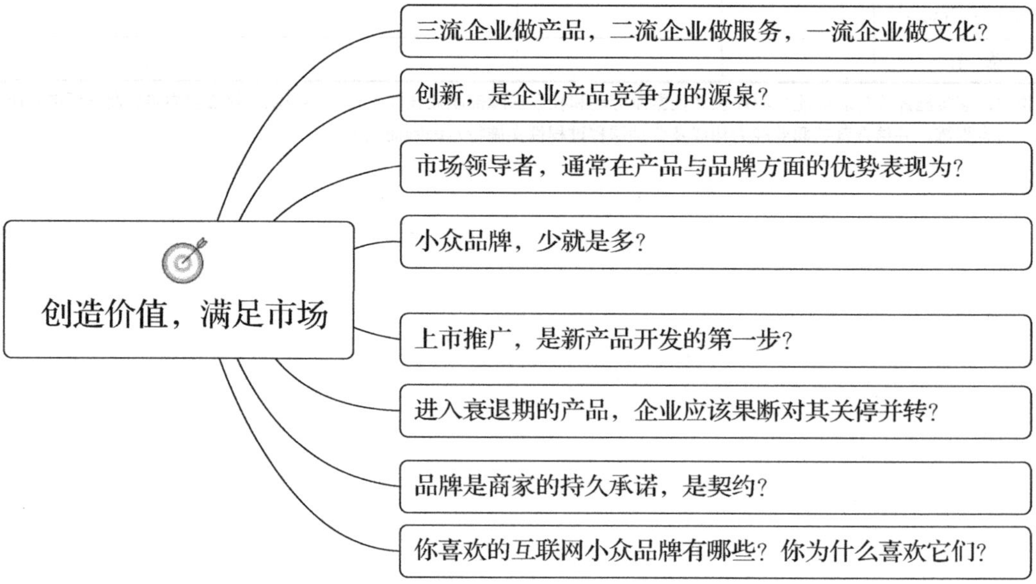

# 任务8

# 创造顾客驱动的产品、服务与品牌策略



现代竞争的关键，不在于各公司在其工厂中生产什么，而在于它们能为其产品增加什么内容，如包装、服务、广告、用户咨询、融资信贷、及时送货、仓储，以及人们所重视的其他价值。每个公司都应寻求有效的途径为其产品提供附加价值。

——[美]西奥多·莱维特

## 学习目标

**职业操守**

以社会责任营销理念设计开发产品，提升服务意识，创建品牌价值。

**应知应会**

◆ 理解和掌握整体产品概念及产品组合策略。

◆ 辨识产品生命周期各阶段的市场特征及营销策略。

◆ 熟悉新产品开发的程序及市场推广策略。

◆ 掌握品牌的内涵及品牌、包装策略。

**走进职场**

能树立市场导向的产品理念、服务和品牌意识，会使用产品整体概念分析、解释营销产品问题，并能根据产品生命周期各阶段的特点，运用品牌基本原理进行产品、包装等营销策略运作。

## MARKETING 任务导入

### 好的产品，自带流量

产品是顾客体验的入口，也是顾客体验的核心。无论通过何种途径给顾客建立的体验期待，最终都还是要落实到产品上。如果把企业比喻为木桶，产品就是木桶的底，如果产品不行，桶底就没有了，别的板再怎么补也无济于事。

移动互联网和社交媒体的兴起，带来了传播便利性的同时，也让负面消息的传播更加不可控，产品哪怕有一点瑕疵都可能会被放大。新的传播让不好的产品更快走向死亡。从“以产品中心”转为“以顾客为中心”，不是说产品不重要了，而是产品比任何时候更加重要，是对产品提出了更高的要求，要求企业洞察顾客需求，理解顾客痛点，做走心的产品，注重产品品质，把产品做到极致。

与好内容一样，好产品也是自带流量的，好产品会在消费者中主动形成口碑传播。不论是知名品牌贵州茅台、云南白药，还是新生代品牌小米、褚橙、江小白，它们热销的背后，无一不是企业对产品品质、产品创新和顾客体验的不懈追求。

**议一议**

① 你认为什么样的产品是好的产品？
② 为什么在移动互联网时代产品的优点和缺点都被放大了？
③ 请你总结一下受消费者欢迎、在市场上经久不衰的产品具有哪些特点。

**拓展**

**案例：**《2020消费品生态全链路数智化转型白皮书》发布：中国商业正在由“消费红利”向“数智创新”进化

## 任务实施

SET 水产有限公司是一家知名的海洋食品生产企业，旗下有海鲜酱、牛肉酱、麻辣小海鲜、野生海参和海参液等产品系列，并不断根据市场需求调整产品策略。尤其是海洋红力量系列的即食小鲜虾产品，拥有独家配方专利，广受消费者的欢迎。但由于产品系列多，公司旗下品牌和商标比较多，缺乏规划，在市场上很难形成产品策略的合力。请研究 SET 水产有限公司的产品策略，分析其产品线、产品组合策略及品牌策略，帮助企业制定一项产品策略建议。课程任务结束后，完成工作任务卡 8，如表 8.1 所示。

**表 8.1　工作任务卡 8——制定整体产品策略**

完成时间：　　　年　　月　　日

| 产品系列 | | | | | |
|---|---|---|---|---|---|
| 主要产品项目 | | | | | |
| 品牌名称及策略 | | | | | |
| 产品卖点 | | | | | |
| 市场定位 | | | | | |
| 销售价格 | | | | | |
| 产品生命周期阶段 | | | | | |
| 产品策略建议 | | | | | |

笔记

## 应知应会

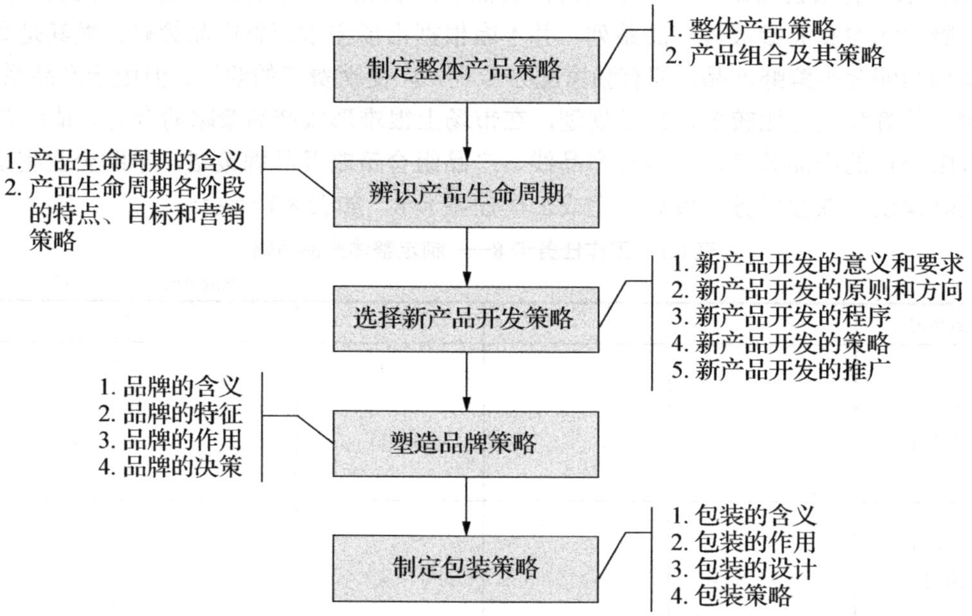


拓展

**观察**：阿里研究院《2020 中国消费品牌发展报告》

任何企业在制订战略计划时，首先需要回答的问题是企业用什么样的产品和服务来满足目标市场需求。产品策略直接影响和决定着其他市场营销组合因素的管理，对企业市场营销的成败关系重大。市场营销组合战略中的其他 3 项战略，也是围绕产品战略进行的。因此，包括整体产品策略、产品组合策略、产品生命周期策略、新产品开发策略及品牌与包装策略等系列策略的产品策略就成为整个市场营销组合战略的基石。

# 任务 *8.1*　制定整体产品策略

### 营销思维

**Z 世代，更愿意为产品的整体概念付费**

尽管流量红利的见顶已成为互联网行业的共识，但依然诞生了小红书、蘑菇街这样深受用户青睐的“新物种”。产品力和价值观成就了新物种爆品的特质。在互联网时代，消费者往往不单是买一个商品，更是在消费一种生活方式，表示自我认同。同时，产品传递出的整体价值观成了消费者购买的驱动力。Z 世代的年轻人看重的不仅是产品本身，他们更愿意为文化认同和价值观买单——产品传递了我认同的价值观、我的主张，我就愿意付费。

## 8.1.1　整体产品策略

营销视野的产品即**整体产品**，是指能提供给市场，可以满足消费者某种需求和欲望的任何事物，包括产品实体、服务、思想、主意、策划等。

营销学意义上的整体产品通常被分为 3 个层次，如图 8.1 所示。

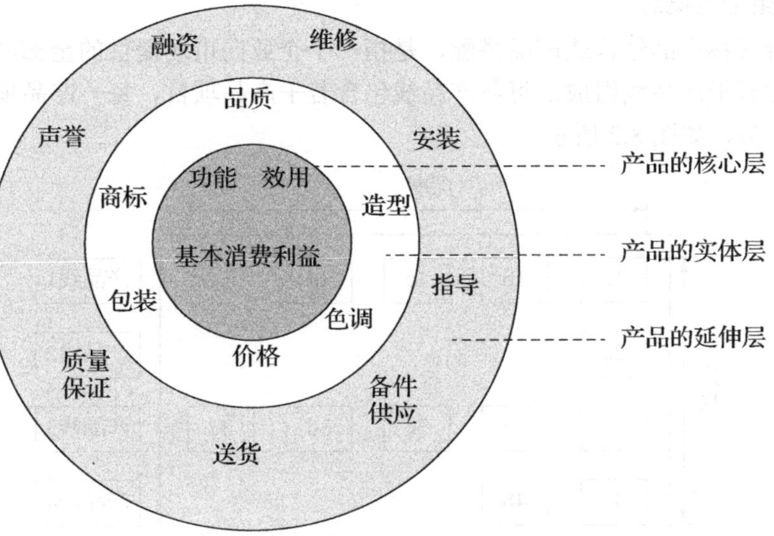


**图 8.1　整体产品的层次**

① **核心产品**。核心产品又叫实质产品，是指产品能为消费者带来的基本利益。

② **实体产品**。实体产品又叫形式产品，是消费者所需要的产品实体的具体外观。一般通过产品品质、造型、包装等反映出来。

③ **延伸产品**。延伸产品又叫附加产品，是指消费者因购买产品所得到的附加服务（如送货、安装、维修等）和附加利益的总和。

核心产品、实体产品和延伸产品作为产品的 3 个层次是不可分割、紧密相连的，共同构成了整体产品概念。

**你知道吗？**

① 顾客购买牙膏、衣服、化妆品时，他们真正购买的是什么？

② 你能用什么方法把一个苹果卖到 100 万元？

**知识拓展**

**整体产品概念的作用**

整体产品概念，体现了以顾客为中心的现代营销观念。

① 向企业指明了必须明确顾客所追求的核心利益。

② 向企业指明了必须特别重视产品的无形方面的特征。

③ 为企业开发适合消费者需求的有形与无形产品、挖掘新的市场机会提供了新思路。

④ 向企业指明产品的竞争可以在多个层次上展开。

### 8.1.2　产品组合及其策略

1．产品组合的概念

**产品组合**又称产品结构或产品搭配，是指一个企业向市场提供的全部产品的构成。通常产品组合由若干产品线组成，每条产品线包含若干产品项目，每一产品项目又有若干品牌、包装和服务，如图 8.2 所示。

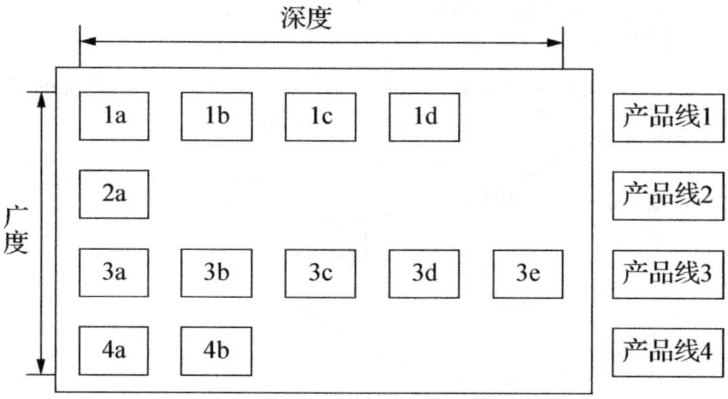


**图 8.2　产品组合的构成**

产品组合决策就是企业对其产品组合在广度、长度、深度及关联性等方面的选择。产品组合的广度是指一个企业所拥有的产品线的多少；产品组合的长度是指企业所有产品线中的产品项目的总和；产品组合的深度是指产品线中每种产品所提供的花色、品种、规格的多少；产品组合的关联性是指各条产品线在最终使用、生产条件、渠道或其他方面的相关联的程度。

2．产品组合策略

① 扩大产品组合。一是在原产品组合中增加产品线，扩大企业经营范围；二是加强产品组合的深度，即在原有产品线内增加新的产品项目。扩大产品组合有利于企业充分利用现有资源分散经营风险，增强竞争能力。

拓展

**案例**：持续梳理产品线 长城葡萄酒淘汰 192 个 SKU

② 缩减产品组合。当市场环境不景气或原材料、能源供应较为紧张时，企业可考虑缩减产品组合，剔除那些获利很少甚至无利可图的产品线或产品项目，使企业集中资源生产获利较多的产品，反而会使总利润上升。

③ 延伸产品线。延伸产品线是指突破原有经营范围档次、改变企业原有产品的市场定位。延伸产品线的策略有 3 种：向下延伸、向上延伸和双向延伸。向下延伸是指原来定位于高档市场的企业逐渐增加一些中、低档次的产品；向上延伸是指原来定位于中、低档市场的企业增加高档产品的生产；双向延伸是指原来定位于中档市场的企业在具备一定实力后，将产品线逐渐向高档和低档两个方向同时延伸。

知识拓展

**把握好产品线延伸的度**

适宜的产品线延伸可以满足更多消费者的需求，迎合消费者求异求变的心理，减少企业开发新产品的风险，适应不同层次价格的需求。同时，产品线延伸也存在如下风险：降低品牌忠诚度、产品的不同项目难以区分、引起成本增加。因此，把握好产品线延伸的度至关重要。企业应及时关注产品利润率的情况，集中生产利润较高的产品，削减那些利润低或亏损的品种；当需求紧缩时缩短产品线，当需求旺盛时延伸产品大类。

# 任务 *8.2*　辨识产品生命周期

营销观察

**碎片化时代的“碎片式”产品周期**

在传统的工业时代，人们信奉的是“绝对产品力就是绝对竞争力”。这话到现在依然不过时，但是在碎片化的时代，在信息高度扁平化的时代，假如还依照创意、设计、研发、生产的传统节奏，试图以“十年磨一剑”“不鸣则已，一鸣惊人”的大创新、大突破来争得市场竞争的先机，不说是难于登天，至少也是危险系数不低。为什么？产品的周期在新时代大大缩短，以前是以年、季度为单位，现在呢？月、周，有的网络企业甚至每天都在变。

## *8.2.1*　产品生命周期的含义

所谓**产品生命周期**，是指产品从试制成功、投放市场开始，直到被市场淘汰、退出市场的全过程。理解这个概念应注意以下几点。

① 产品的生命周期不同于产品的使用寿命。产品的生命周期是指产品在市场上存在的时间，是产品的经济寿命，其长短受到社会生产力发展水平、产品更新换代速度、消费者需求变化和企业间竞争状况等因素的影响。而产品的使用寿命是指产品从投入使用到损坏或消失所经历的时间，与产品的自然属性和使用强度有关。

② 市场营销中所研究的产品生命周期严格地讲是指产品品种的生命周期。产品种类（如电视机、洗衣机）、产品品种（如黑白电视机、彩色电视机）、产品品牌（如创维牌电视机、TCL 牌电视机）的生命周期各不相同，但三者之中产品种类的生命周期是最长的，如电视机、洗衣机等种类的产品，而某些品种、某些品牌的电视机、洗衣机随时都有可能被市场淘汰。

③ 产品的生命周期只是一种理论上的描述。一般认为，典型的产品生命周期可划分为 4 个阶段——介绍期、成长期、成熟期和衰退期，如图 8.3 所示。

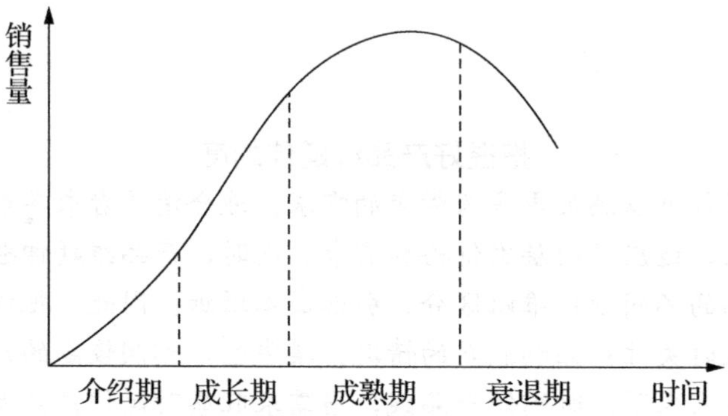


图 8.3　典型的产品生命周期曲线

笔记

**同步提示**

并非所有产品的生命周期都要依次经过介绍期、成长期、成熟期和衰退期这 4 个阶段，有些产品一上市就很快进入成长期，没有经过介绍期的缓慢增长过程；有些产品则没有成长期，从介绍期直接进入成熟期；有些产品则昙花一现，很快就退出市场。

### 8.2.2　产品生命周期各阶段的特点、目标和营销策略

产品生命周期各阶段的特点、目标和营销策略如表 8.2 所示。

表 8.2　产品生命周期各阶段的特点、目标和营销策略

| 周期阶段 | 介绍期（introduction） | 成长期（growth） | 成熟期（maturity） | 衰退期（decline） |
|---|---|---|---|---|
| 特　点 | | | | |
| 销售 | 缓慢、批量小 | 迅速上升 | 高峰 | 下降 |
| 成本 | 高 | 中等 | 低 | 低 |
| 利润 | 亏损 | 上升 | 高 | 下降 |
| 顾客 | 创新者 | 早期采用者 | 大众 | 落后者 |
| 竞争者 | 极少 | 增多 | 数量稳定 | 数量减少 |
| 目　标 | | | | |
| | 创建产品知名度，促进试用 | 市场份额最大化 | 市场份额最大化，同时保护市场份额 | 减少支出，赚取利润 |
| 营销策略 | | | | |
| 产品 | 提供基本产品 | 提供扩展产品、服务和担保 | 品牌和样式多样化 | 逐步淘汰产品 |
| 价格 | 成本加成法 | 渗透定价法 | 抗衡和击败竞争者的价格 | 降低价格 |
| 分销 | 选择性分销 | 密集分销 | 更密集分销 | 淘汰无利分销点 |
| 广告 | 在早期采用者和分销商中建立知名度 | 在大众市场中建立知名度和兴趣 | 强调品牌的差异性和利润 | 减少到保持坚定忠诚者所需水平 |
| 促销 | 大力促销以吸引试用 | 适当减少促销，充分利用大量的消费者需求 | 增加对品牌转换的鼓励 | 减少到最低水平 |

### 1. 介绍期

一种新产品开始投入市场进行试销的时候称作介绍期。这一阶段的特点是：产品刚进入市场，消费者对产品不了解，所以销量小，单位产品成本高；广告费用和其他营销费用开支较大；产品技术性能不够完善；通常出现亏损现象。因此，在这个阶段企业的市场风险较大。

介绍期的企业营销重点是把握一个“快”字。一般有 4 种可供选择的策略，如图 8.4 所示。

| 价格 \ 促销 | 高 | 低 |
|---|---|---|
| 高 | 高价高促销（快速撇脂） | 高价低促销（缓慢撇脂） |
| 低 | 低价高促销（快速渗透） | 低价低促销（缓慢渗透） |

**图 8.4　介绍期的营销策略**

① 高价高促销策略。这一策略的特点是企业以高价格和高促销费用推出新产品，以期尽快收回投资。这种策略的适用条件是：产品确有特点、有吸引力，但知名度还不高；市场潜量很大，并且目标顾客有较强的支付能力；面对潜在竞争者的威胁，急需先声夺人，尽快树立名牌威望。

② 高价低促销策略。这一策略的特点是企业以高价格低促销费用推出新产品，目的是以尽可能低的费用开支取得最大的收益。这种策略的适用条件是；市场规模有限；产品有一定的知名度；目标顾客愿支付高价；潜在的竞争并不紧迫。

③ 低价高促销策略。这一策略的特点是企业以低价格高促销费用推出新产品，以争取迅速占领市场，然后再随销量和产量的扩大将产品成本降低，取得规模效益。这种策略的适用条件是：市场容量大，但消费者对该产品还不了解；顾客对产品价格特别敏感；潜在竞争的威胁严重；新产品成本能因生产规模的扩大和生产经验的增加而降低。

④ 低价低促销策略。这一策略的特点是企业以低价格低促销费用推出新产品。低价格可扩大销量，低促销费用可降低营销成本，增加利润。这种策略的适用条件是：市场容量较大，潜在消费者熟悉该产品；消费者对价格十分敏感；存在某些潜在竞争者，但威胁不大。

### 2. 成长期

当产品经过试销逐渐为市场所接受、上市量增加、销量越来越好的时候，产品就进入了成长期。这一阶段的特点是：产品基本定型、技术工艺及设备趋于成熟配套、产量激增、成本下降、利润额迅速提高。这一时期该产品已具有相当大的市场占有率，但是市场竞争趋于激烈。

在成长期，企业营销的核心是把握一个“长”字，可采取以下营销策略。

① 提高产品质量，增加新的功能、特色和款式。

笔记

② 开拓新市场和增加新的渠道。

③ 加强品牌宣传。广告宣传要从介绍产品转向树立产品形象，争取创立品牌。

④ 选择适当时机调整价格，吸引对价格敏感的顾客，提高本企业产品的竞争力。

### 3. 成熟期

这一阶段的特点是：产品的销量、利润额达到最高峰，销量增长速度缓慢或呈稳定状态；企业内部生产管理趋于完善，机器、劳动力得到最佳利用，产品成本降到最低程度，产品供需达到平衡甚至供过于求，市场进入饱和状态，竞争最为激烈，为了进行竞争，企业又投入大量的推销费用；在这个阶段后期，销量和利润额开始下降。

**营销故事**

美国马特尔公司的芭比娃娃自1959年投放市场以来畅销不衰。该公司延长芭比娃娃市场成熟期的一项成功经验就是瞄准社会热点职业，不断更新芭比娃娃的服装——从问世之初的时装模特，到后来的律师、企业家、医生、飞行员等，使得很多美国家庭三代都钟爱芭比娃娃。

成熟期的营销策略侧重一个“改”字，应千方百计延长产品成熟期。有以下3种策略可供选择。

① 产品改良策略，即对产品进行某些改进，使之在功能、规格、包装等方面有所变化，以吸引新的消费者，达到延长产品成熟期的目的。

**同步案例**

**做外卖，你的产品应时常更新**

每个店铺都有很多产品，这些产品就像细胞一样组成了我们的店铺。如同机体的细胞需要新陈代谢才能保证机体的健康、机能的正常运转，店铺的产品也是一样，推陈出新也是店铺必须要做的一项工作。

什么时候需要换掉老菜品？有下面几种情况。

① 菜单长期不更新，或者菜品动销率低（有销量的菜品÷在线销售的菜品）。动销率是一个很重要的关注点，总是一成不变的菜品，大家都会吃腻的。如果一款菜品长期（3个月内）销量垫底，那么是否要进行换血？

② 某一款菜品评分和评价过低，明显低于店铺整体评分。此时就要注意一下，如果可以改良就改良，如果产品本身不适合做外卖（容易坨、散，凉了不好吃等），就要考虑把它换掉，并推出新品。

③ 销量、复购、利润率、好评率表现平平，毫无亮点的菜品不能留。如果把菜品也分为三六九等的话，那么利润率高、复购率也高的产品自然就是明星产品。这说明该产品既能赚钱又有口碑；如果利润率低，但复购率高也没问题，因为它是引流产品，不靠它赚钱；而利润率低、复购率也低的产品就有问题了，既不能引流比价，也不能赚钱，那么要它何用？这就是需要淘汰的产品。

② 市场改良策略。这是指开发新市场、寻求新用户。通常有 3 种方式：一是开发产品的新用途，寻求新用户；二是刺激老用户，增加重复购买；三是重新为产品定位，寻求新用户。

③ 营销组合改良策略。这是指运用价格、渠道、促销组合等方式延长产品的成熟期。

**4. 衰退期**

这是指由于同类新产品不可遏制地占领了市场，本企业产品竞争力不断下降，使产品进入了衰退期。这一阶段的特点是：该产品已经陈旧和老化，不再适应市场需求，销量急剧下降、产品积压、价格下跌、效益不佳，而那些新型的优质产品已全面占领了市场。因此，企业可采用如下营销策略。

① 集中策略。企业应缩小经营范围，把人力、物力、财力集中到利润最高的产品上去，从最好的目标市场和销售渠道上获得较多的利润。

② 持续策略。保持原有的细分市场，沿用以往的营销策略，以低价策略将销售维持在一个低水平上，等到适当时机再退出市场。

③ 榨取策略。采用赚一点算一点的方式，在产品的淘汰过程中获取一定的效益。

④ 转移策略。企业停止处于衰退期产品的生产，将生产转移到发展新产品上去，以争取市场的转机。

## 任务 *8.3*　选择新产品开发策略

**营销观察**

**腾讯公司再发社交新产品“有记”**

2012 年，一篇《微信将取代 QQ 成为社交领域王者》的互联网文章引发了大众的广泛关注，聊微信、刷手机、点赞、发朋友圈已经成为很多人每天的规定动作。然而，2019 年，一篇题为《中国“90 后”的社交恐惧：正在慢慢地逃离微信!》的文章却得到了大众的共鸣。

时隔 7 年，腾讯公司正式上线了一款名为“有记”的 App，定位为：记录认真生活的你。

**议一议**

① 你认为腾讯公司为什么要推出这款新产品？

② 企业开发新产品的意义是什么？

**拓展**

**案例：**腾讯公司再发社交新产品“有记”，对标微博绿洲？

当今时代，唯一不变的事情就是变化，创新已成为时代发展的主旋律，正如美国著名管理学者德鲁克所说，任何工商企业具有两个，也仅有两个基本的功能：市场营销与创新。对企业而言，创新——开发新产品是企业生存和发展的基础。

### 8.3.1 新产品开发的意义和要求

#### 1. 新产品开发的意义

企业要不断发展壮大，从市场和产品角度，必须具备两个方面的能力：一是开拓新市场，二是开发新产品。从市场营销角度来说，开发新产品对企业具有如下意义。

① 满足需求。人们的生活需要不仅是多方面的，而且是不断发展和变化的，为了适应人们多样化的生活需求，必须不断开发新产品。

② 提高经济效益。为了减少现有产品进入衰退期给企业造成的损失、巩固市场份额、保持或提高企业的盈利水平，企业必须未雨绸缪，开发新产品。

③ 充分利用资源。开发新产品是充分利用企业现有资源的最有效方法。

④ 增强竞争实力。随着科学技术不断发展和人们生活水平的提高，产品生命周期有日趋缩短的趋势。只有不断开发、创新、改进，增强企业的技术储备，才能提高企业的适应能力，成为竞争的强者。

**知识拓展**

**新产品开发的高投入、高风险**

美国一项研究发现，大约有 20%～80%的新产品开发是失败的。其中，消费品的新产品开发失败率达 40%、工艺品的新产品开发失败率达 20%、服务行业的新产品开发失败率达 18%。例如，杜邦公司研究开发坚固的合成皮革损失了 10亿美元。

开发新产品关乎企业的生存和发展，不仅需要投入大量资金，而且具有很大的风险。

① 由于社会经济的发展，人们精神文明的进步，对市场上商品的需求也越来越多样化。一种新产品问世很难满足多方面的需求，因而也难以在市场上占有较大的市场份额。

② 由于资源和环境的制约，对产品使用上的经济性和安全性提出了更高的要求。

③ 对于技术条件要求高的创新产品，需要巨额的研发投资、雄厚的技术力量、完备的试验手段，而这些投入很多都是属于研究性质的，难以在短时间内取得收益。

面对诸多的不确定性，企业开发新产品必须积极谨慎，有效规避风险，创造竞争优势。

#### 2. 新产品的概念

现代市场营销学对新产品的解释与科学技术发展上的新产品含义不完全相同，前者范围要广得多。凡是企业向市场提供的过去没有生产或经营的，能满足顾客某种新需求的产品就叫新产品。

新产品一般是指同老产品相比较，具有新功能、新特色、新结构或新用途的产品。具体来说，新产品有以下几种。

① 全新产品。这是指应用科技成果，运用新技术、新工艺和新材料制造的市场上前所未有的产品。同时，它往往要求顾客培养新的消费观、新的消费方式。例如，电话、汽车、飞机、计算机、激光唱片等产品刚投入市场时都属于全新产品。这类产品开发难度很大、成功率低。据调查，新产品中全新产品只占约 10%。

② 换代新产品。这是指对市场上已经出现的产品在结构和性能上进行部分改变而形成

的产品，使原有产品的性能得到改变和提高。例如，计算机问世以后，经过了电子管、晶体管、集成电路、大规模集成电路等多次换代。随着科技的迅速发展，产品更新换代的速度正在加快。

③ 改进新产品。这是指对现有产品的质量、性能、材料、款式、包装等方面进行改良之后生产出来的产品。例如，新款式的服装，不同型号的自行车，由单一用途的收音机、录音机发展而成的集收、录、放多用途为一体的收音机等。

④ 仿制新产品。这是指企业仿照市场上已有的产品生产的新产品。例如，市场上出现的新品牌的电视机、手机等大都是模仿已有的产品生产的；各种时装在用途上没有改变，但在面料、款式、颜色上做了少许的改变。

⑤ 重新定位产品。这是指对现有产品开发出新的用途，或者为现有产品寻找到新的消费者群体，使其畅销起来。

#### 3. 新产品开发的要求

新产品开发的要求如下。

① 要有市场。

② 要有特色。

③ 要有效益。

④ 要有能力。

### 8.3.2　新产品开发的原则和方向

#### 1. 新产品开发的原则

① 以正确的新产品研制战略为指导。企业应按照市场需要，认真研究企业的实际情况，确定正确的新产品开发战略。做到开发研制一批，更新换代一批，保留提高一批，限制淘汰一批，保证新产品开发的顺利进行。

② 符合社会需求。

③ 符合国家政策及相关法规，如能源政策、环境保护法和产品安全卫生标准等。

④ 坚持技术上的适宜性和经济上的合理性。技术上的适宜性是指新产品开发要与企业的技术能力和消费者的需求相适应；经济上的合理性是指以最少的费用，实现新产品开发的技术目标，使新产品开发获得最大的社会效益和经济效益。

⑤ 提高“三化”水平。通用化、标准化、系列化是新产品开发的重要原则之一。“三化”水平越高，就越有利于产品的制造、使用和维修，也有利于消费者购买和使用。

#### 2. 新产品开发的方向

新产品开发的方向如下。

① 多功能化。

② 微型化。

③ 节能化。

④ 简易化。

⑤ 合理化和美化。

⑥ 智能化。这是指在新产品开发中选用现代信息技术，实现产品使用的声控、网络控制，赋予其智能。例如，人工智能化的洗衣机。

### 8.3.3 新产品开发的程序

一般企业新产品开发的程序大致包括寻求创意、甄别创意、形成新产品概念、制定市场营销战略、商业分析、研发试制、市场试销、批量上市 8 个阶段，如图 8.5 所示。

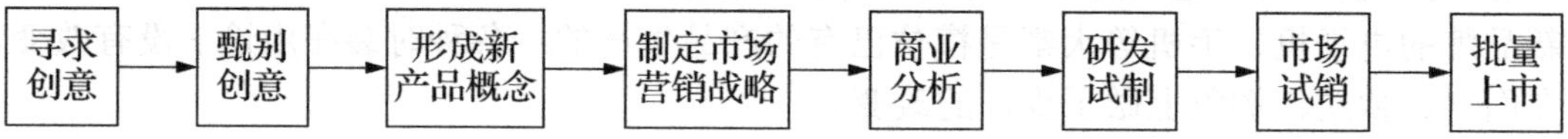


**图 8.5 新产品开发程序**

笔记

#### 1. 寻求创意

新产品开发程序是从寻求创意开始的。所谓创意，就是开发新产品的设想。新产品创意的主要来源有消费者、销售人员、科技情报、竞争产品、中间商、科学家、企业职工等。企业还可以从大学、咨询公司、同行业的团体协会、有关报刊媒体那里寻求有用的新产品创意。一般说来，企业应当主要依靠激发内部人员的热情来寻求创意。据统计，新产品构思来自企业外部的约占 60%、来自企业内部的约占 40%。为了集思广益，应鼓励人们把各种设想、联想，乃至空想、幻想都及时地、无保留地发表出来，以便从中发现闪光之处。

#### 2. 甄别创意

有了足够创意以后，要对这些创意加以评估，研究其可行性，并挑选出可行性较强的创意。甄别创意时，一般要考虑两个因素：一是该创意是否与企业的战略目标相适应，表现为利润目标、销售目标、销售增长目标、形象目标等几个方面；二是企业有无足够的能力实现这种创意。这些能力表现为资金能力、技术能力、人力资源、销售能力等。具体而言，可从以下几方面进行分析和筛选。

① 市场成功的条件，如产品的潜在市场、产品的竞争环境及前途估计、经济效益估计等。

② 企业内部条件，如企业的人、财、物，以及企业科研人员和工人的技术素质能否与这种产品的开发相适应等。

③ 销售条件，如企业现有的销售人员和销售组织结构能否适合这种产品的销售要求。

④ 利润收益条件，如产品的获利水平如何，对企业原有产品的影响等。

在筛选阶段，既要防止误舍，即删减了有价值的产品创意——由于草率剔除，使企业失去发展机会，也要防止误用，即错误评估某一不良的创意并付诸实施。这两种情况都会给企业造成重大损失。

#### 3. 形成新产品概念

经过甄别后保留下来的产品创意还要进一步发展成产品概念。所谓新产品概念，就是指已经成型的产品构思，即将产品构思以文字、图案或模型描绘出来，形成一个比较具体、清晰、明确的产品概念。

在这里，首先应当明白产品创意、产品概念和产品形象之间的区别。所谓产品创意，是指企业从自己的角度考虑能够向市场提供的可能的产品的构思；所谓产品概念，是指企业从消费者的角度对这种创意所做的详尽的描述；所谓产品形象，是指消费者对某种现实产品或潜在产品所形成的特定形象。例如，一块手表，从企业角度来看，主要包括齿轮、轴心、表壳，以及它的制造过程、管理方法及成本等；从消费者的角度看，他们只考虑手表的外形、价格、准确性、是否保修、适合什么样的人使用等。企业必须根据消费者的需求把产品创意发展成产品概念。确定最佳产品概念、进行产品和品牌的市场定位后，还应当对产品概念进行试验。所谓产品试验，就是用文字、图画描述或实物将产品概念展示于一群目标消费者面前，观察他们的反应。

笔记

#### 4. 制定市场营销战略

企业的有关人员要拟定一个将新产品投放市场的初步的市场营销战略报告。报告一般由以下 3 个部分组成。

① 描述目标市场的规模、结构、行为；新产品在目标市场上的定位；头几年的销售额、市场占有率、利润目标等。

② 简述新产品的计划价格、分销战略及第一年的市场营销预算。

③ 简述长期销售额和目标利润及不同时间的市场营销组合。

#### 5. 商业分析

主要从预计销量、成本、利润、投资收益率等方面展开分析。企业市场营销管理者要复查新产品将来的销售额、成本和利润的估计，看看它们是否符合企业的目标。

#### 6. 研发试制

在商业分析的基础上，如果认为可行，就要将新产品的概念转化成实体产品，也就是说要进行新产品的研制。研制出的新产品样品，还必须经过一系列的功能测试（新产品测试模型如图 8.6 所示）和专家鉴定。当这些测试和鉴定都通过时，经过有关部门的批准，新产品才可进行试销。

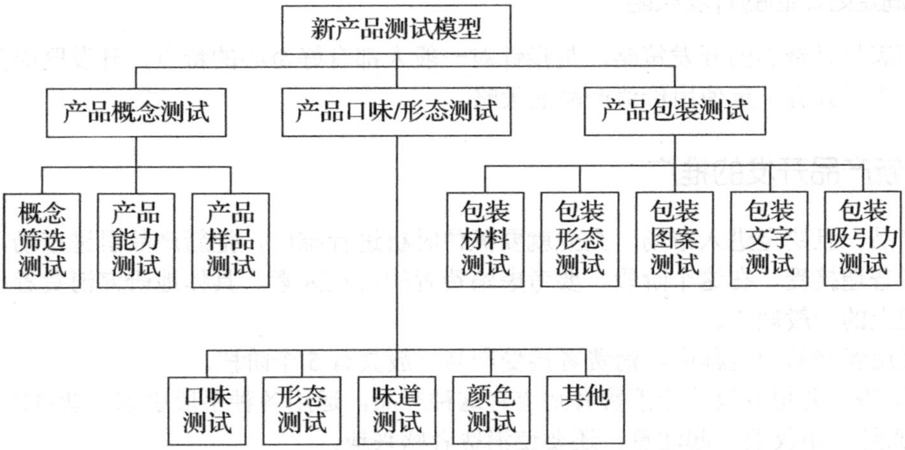


图 8.6　新产品测试模型

拓展

案例：视频APP的商业化之路

#### 7. 市场试销

所谓试销，是指将产品投放到有代表性的市场进行销售，以了解消费者对新产品的反应和意见。例如，新产品的目标市场情况，新产品在设计、包装方面给消费者的感觉，新产品的营销方案是否合理，新产品的销售趋势如何，等等。当发现新产品具有严重缺陷时可及时终止开发，避免企业可能遭受的更大损失。

#### 8. 批量上市

如果新产品试销成功，则可进行批量生产，投入市场。这时，须着重考虑以下 4 个问题：何时推出新产品；何地推出新产品；向谁推出新产品；如何推出新产品。

### 8.3.4 新产品开发的策略

#### 1. 挖掘产品功能策略

所谓挖掘产品功能策略，是指通过赋予老产品新的功能、新的用途，使老产品获得新生而重占市场。

#### 2. 挖掘顾客需求策略

顾客需求主要有两种：一种是眼前的现实需求，另一种是潜在的需求。企业在开发新产品时，应该把力量放在捕捉、挖掘顾客潜在需求方面，并善于以生产促消费，主动为自己创造新市场。

#### 3. 开发边缘产品策略

所谓开发边缘产品策略，是指开发跨行业的多功能产品策略。例如，以纸代替布的纸桌布，既可书写又可扫描识别的电子笔等。

#### 4. 利用别人优势的开发策略

所谓利用别人优势的开发策略，是指善于利用别人的优势（如购买专利或设计）为发展本企业的新产品服务。

#### 5. 满足好奇心的开发策略

所谓满足好奇心的开发策略，是指针对一般人都有好奇心的特点，开发既能满足人们的好奇心理又具有一定使用价值产品的策略。

### 8.3.5 新产品开发的推广

新产品一旦决定进入市场，企业就要抓住时机进行推广，把新产品引进市场，并力争使消费者普遍接受。在这个阶段，要考虑消费者的心理因素，具体地研究消费者接受新产品的心理上的一般规律。

在采用新产品的过程中，消费者接受产品一般具有 5 个阶段。

① 知晓。要想方设法让消费者知道有这种产品，运用各种手段引起消费者的注意。

② 兴趣。不仅要引起注意，还要使消费者感兴趣。

③ 欲望。多方面激发消费者的购买欲望，让消费者了解产品的优点，可通过展览、示

范及试用的办法使消费者不断了解产品，诱发购买。

④ 确信。通过前几个阶段，消费者确信某产品是物美价廉的。

⑤ 成交。消费者决定采用，正式购买。

以上是消费者一般的心理活动过程，但不同的消费者采用新产品的态度不同，因此还要研究不同的消费者。美国著名学者弗雷特·罗杰斯根据消费者接受新产品速度的快慢，把采用者划分成 5 种类型，如图 8.7 所示。

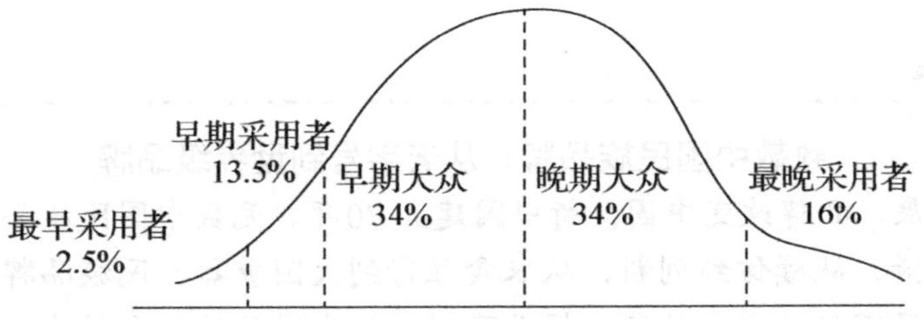


**图 8.7　新产品采用者的类型**

① 最早采用者。任何新产品都是由少数创新采用者率先采用，他们具备如下特征：第一，极富冒险精神；第二，收入水平、社会地位和受教育程度较高；第三，一般是年轻人，交际广泛且信息灵通。该类采用者占全部潜在采用者的 2.5%。企业市场营销人员在向市场推出产品时，应把促销手段和传播工具集中于最早采用者身上。

② 早期采用者。他们大多是某个群体中具有较高威信的人，受到周围朋友的拥护和爱戴。正因如此，他们常常去搜集有关新产品的各种信息资料，成为某些领域的意见领袖。这类采用者占全部潜在采用者的 13.5%，大多在产品的引入期和成长期采用新产品，并对后面的采用者影响较大。

③ 早期大众。这类采用者的采用时间较平均采用时间早，占全部采用者的 34%。其特征是：第一，深思熟虑，态度谨慎；第二，决策时间较长；第三，受过一定教育；第四，有较好的工作环境和固定收入；第五，对意见领袖的消费行为有较强的模仿心理。他们虽然希望在一般人之前接受新产品，但却是在经过早期采用者认可后才购买，从而成为赶时髦者。由于该类采用者和晚期大众占全部潜在采用者的 68%，因此研究其消费心理和消费习惯对于加速新产品的推广有着重要意义。

④ 晚期大众。这类采用者的采用时间较平均时间稍晚，占全部潜在采用者的 34%。其基本特征是多疑。他们的信息多来自周围的同事或朋友，很少借助宣传媒体搜集所需信息，其受教育程度和收入状况相对较差，所以他们从不主动采用或接受新产品，直到多数人都采用且反映良好时才行动。

⑤ 最晚采用者。他们是采用新产品的落伍者，占全部潜在采用者的 16%。这类采用者思想保守，拘泥于传统的消费行为模式，极少借助宣传媒体，其社会地位和收入水平最低。因此，他们在新产品进入成熟期乃至衰退期时才会采用。

新产品采用者的状况和产品的生命周期之间具有很强的关联性，研究产品开发和企业营销策略，不仅要考虑消费者采用产品情况，还要结合产品的生命周期进行。当产品处于介绍期，应将最早采用者作为营销对象，并重视其中的“头羊”示范作用；当产品进入成长期，就要抓住早期采用者和早期大众，扩大新产品的市场；当产品进入成熟期，早期大

笔记

众和晚期大众就成为主要的营销对象；当产品进入衰退期，企业的营销目标通常只能是最晚采用者。

# 任务 8.4　塑造品牌策略

拓展

案例：致敬中国民族品牌！从老字号到世界级品牌

营销观察

**致敬中国民族品牌！从老字号到世界级品牌**

时间见证发展，品牌改变中国。新中国建立 70 年，无数中国民族品牌改变了一代又一代中国人的生活。从模仿到创新，从衣食住行到大国重器。民族品牌的发展和进步，不仅极大地丰富了百姓的衣食住行，提升了国人的生活品质，更助力中国经济的发展和社会的演进。民族品牌的崛起，也在世界品牌之林中留下了浓墨重彩的印记。

议一议

① 打开拓展案例，思考这些品牌为什么能成为世界级品牌？
② 你在日常消费中有喜爱的品牌吗？
③ 请分析喜爱这些品牌的原因。

## 8.4.1　品牌的含义

品牌（brand）是生产经营者给本企业产品所规定的商业名称及其标志，通常由文字、标记、符号、图案和颜色等要素或这些要素的组合构成，用以识别某个销售者或某群销售者的产品或服务，并使之与竞争对手的产品或服务区分开来。

拓展

思维：品牌出海，文化产品如何取一个好品牌名称?

品牌是一个集合概念，它主要包括品牌名称、品牌标志、商标 3 个部分。

① 品牌名称（brand name）是指品牌中可用语言表达的部分，如海尔、长虹、华为、娃哈哈等名称。

同步案例

1920 年，当可口可乐第一次销入中国，根据英语的每个字的发音，译出的产品名称为“蝌蚪啃蜡”。显然人们不会知道是什么东西，自然也难以入口。经过多年的琢磨，现在翻译成“可口可乐”，不但音近，而且给人以味道可口、心情愉快之感。

通用汽车公司在美国销售 NoVa（诺伐）牌雪佛兰轿车，深受美国家庭的欢迎。但在西班牙却没人买，原来 NoVa 在西班牙语里是“走不动”的意思。

福特汽车公司在西班牙也不顺利，它推出的卡车叫 Fjera，在西班牙语中居然是“丑陋的老妇人”，这就很少有人能接受它；而该公司在墨西哥推出 Comet 车，翻译成墨西哥语为

Caljent，意为“流莺”，名字相当出色。在德国市场上要避免使用Mist品牌，因为英语中它是“雾”的意思，到了德语中就成了“粪便”的意思，使人大倒胃口。

美国的另一家公司销售的Pet牌牛奶，在法语区遇到了困扰，因为Pet在法语中是“放屁”的意思。

② 品牌标志（brand mark）是指品牌中可以通过视觉识别，但不能用语言表达的部分，包括符号、图案或专门设计的颜色、字体等。例如，耐克的一勾造型，小天鹅的天鹅造型，IBM 的字体和深蓝色的企业标志色，等等。

**你知道吗？**

你认识如图 8.8所示的 3个标志吗？你能分享一下它们的价值、内涵或故事吗？

图 8.8　品牌辨识

③ 商标（trademark）是法律概念，是在政府有关部门依法注册后，获得专用权并受法律保护的品牌或品牌的一部分。

**同步提示**

商标专用权是指商标注册人拥有在核定商品上垄断使用该注册商标的权利。国际上对商标专用权的认定有两个并行的原则，即“注册在先”和“使用在先”。商标侵权是指在同种商品或类似商品上使用与某商标雷同或近似的标志、名称、图案等行为，可能引起欺骗、混淆或讹误，损害原商标声誉的行为。

品牌与商标都是用以识别不同生产经营者的不同种类、不同品质产品的商业名称及其标志。品牌是市场概念，实质上是品牌使用者对顾客在产品特征、服务和利益等方面的承诺。

**拓展**

**观察**：商标大国、品牌弱国，但仍是国货品牌最好的时代

品牌与商标既有联系，又有区别。产品的品牌与商标可以相同，也可以不同。商标须办理注册，而品牌无须办理注册；品牌经注册后就成为商标。经注册登记后的商标有 R 标记或“注册商标”字样，商标注册人享有专用权，受法律保护，所以商标是一个法律概念，经过注册后的品牌才能成为受法律保护的专用商品标记，即商标。大家公认的好品牌，就是名牌。

## 8.4.2　品牌的特征

品牌具有如下特征。

① 品牌是企业的一种无形资产。品牌的拥有者凭借其优势品牌能够不断地获取利润，

但品牌价值是无形的，其收益具有不确定性。

② 品牌具有一定的个性。在创建品牌的过程中，一定要注意品牌个性的塑造，赋予品牌一定的文化内涵，满足广大消费者对品牌文化品位的需求。

③ 品牌具有专有性。一件具体的产品可以被竞争者模仿，但品牌却是独一无二的，一经消费者认可，形成品牌忠诚度，也就强化了品牌的专有性。

④ 品牌是以消费者为中心的。没有消费者，就没有品牌，品牌具有一定的知名度和美誉度是因为它能够给消费者带来利益，只有市场才是品牌的试金石，只有消费者才是评判品牌优劣的权威人士。

⑤ 品牌是企业竞争的一种重要工具。品牌可以向消费者传递信息、提供价值，在信息爆炸的时代，消费者需要品牌，也愿意为他们崇拜的品牌支付溢价。因此，品牌策略备受关注，未来的营销将是品牌的竞争。

**知识拓展**

通往人文精神营销的转变——3i模型如图 8.9 所示。

品牌标志→思想：将品牌定位到消费者思想中。这种定位必须新颖、独特，与消费者的理性需求和期望相一致。
品牌道德→精神：营销者必须满足企业在品牌定位和差异化过程中提出的主张。品牌道德决定着企业能否实现承诺、能否让消费者信任自己的品牌，其目标是要获得消费者的精神认同。
品牌形象→心灵：要与消费者形成强烈的情感共鸣。企业的品牌价值应当对消费者的情感需求形成吸引力，而不能仅仅停留在满足产品使用功能的水平上。

**图 8.9　通往人文精神营销的转变——3i 模型**

**资料来源：**科特勒，卡塔加雅等著《营销革命 3.0》

## *8.4.3*　品牌的作用

品牌具有如下作用。

① 从消费者角度看，首先，品牌可以帮助消费者识别和购买商品；其次，品牌便于消费者对产品质量进行监督，有效维护自身利益。

② 从销售者角度看，第一，品牌是产品竞争的有力武器；第二，品牌有助于产品促销；第三，注册商标受法律保护，一旦在市场上发现假冒商品，可依法追究、索赔，保护本企业的利益；第四，有助于监督、提高产品质量；第五，好的品牌是企业宝贵的无形资产。

③ 从社会角度看，第一，品牌是公众监督的重要手段，可促使产品质量的不断提高；第二，可增强社会的创新精神；第三，可保护企业间的良性竞争，促使市场经济健康发展。

### 8.4.4　品牌的决策

#### 1. 品牌化决策

企业决定是否给产品起名字、设计标志的活动就是企业的品牌化决策。品牌运营的第一个作业环节就是，决定企业生产经营的产品是否应该有品牌。为了拥有自己的品牌，企业必然要付出相应的费用（包括包装费、法律保护费等），这短期内会增加企业运营总成本，同时也承担着一定的市场风险，但品牌对使用者或营销者的益处更是不可低估的。

实践中有的企业为了节约包装、广告等费用，降低产品价格，吸引低收入群体的购买，提高市场竞争力，也常采用无品牌策略。一般来说，对于那些在加工过程中无法形成一定特色的产品，由于产品同质性很高，消费者在购买时不会过多地注意其品牌的产品，或者对于那些消费者只看重产品的式样和价格而忽视品牌的产品，企业可以实行非品牌化决策。

#### 2. 品牌命名决策

一个好的品牌名称是品牌被消费者认知、接受、满意乃至忠诚的前提，品牌名称在很大程度上会影响品牌联想，并对产品的销售产生直接影响。因此，企业在一开始就要确定一个有利于传达品牌定位方向，且有利于传播的名称。

品牌决策过程如图 8.10 所示。

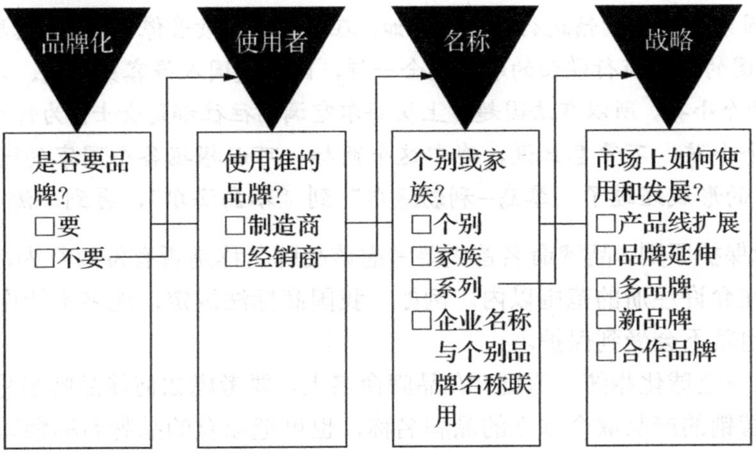


**图 8.10　品牌决策过程**

**同步案例**

**可口可乐——品牌典范**

CocaCola 的英文名字是商品命名成功的典范，尤其是该名字的中文译音“可口可乐”也是出类拔萃的。它不但与英文的译音、音节较为切合，而且其含义与产品的特性切合，既易读易记和朗朗上口，又含义美好，使人觉得喝了它既饱口福，又享受人生之乐。正是因为这个广告名字，该饮料风靡全球华人世界。

以下是品牌命名的一些基本原则。

① 易读、易记原则。品牌命名应努力做到简洁、独特、新颖、响亮、有气魄。

② 暗示产品属性原则。品牌命名应暗示产品的某种性能和用途。例如，999 胃泰暗示该产品在医治胃病上有专长。

③ 启发品牌联想原则。品牌命名应包含与产品或企业相关的寓意，让消费者能从中得到有关企业或产品的愉快联想，进而产生对品牌的认知或偏好。

④ 与标志物相配原则。品牌标志物是指品牌中无法用语言表达但可以被识别的部分，当品牌名称与标志物相得益彰、相映生辉时，品牌的整体效果就会更加突出。例如，麦当劳醒目的黄色 M 等。

笔记

⑤ 适应市场环境原则。品牌命名要适应目标市场的文化价值观念。企业应特别注意目标市场的文化、宗教、风俗习惯及语言文字等特征，以免因品牌命名使消费者产生不良的联想。

**同步案例**

**海尔——世界通用**

“海尔”没有什么具体意思，是中性的东西。海尔在海外销售用的也是“海尔”这个名字，根据各个国家的具体国情进行融入。例如，在美国，其读音像 higher，意思就是“越来越高”，正好与美国的一首流行歌曲的歌词完全一样，因此美国人很容易接受。又如，在法国，其主要体现为两个小孩，所以在法国超市上买海尔空调的往往都是女士。为什么呢？因为她们非常喜欢那两个小孩。不管怎么说，海尔这个商标，可以根据各个国家的国情进行融入。其实，“海尔”的形成经过了“琴岛-利勃海尔”到“琴岛海尔”，再到“海尔”。

⑥ 受法律保护原则。品牌命名首先要考虑该品牌名称是否有侵权行为，其次要注意该品牌名称是否在允许注册的范围以内。例如，我国商标法规定，地名不能作为商标名称进行注册，当然也就不会受到保护。

⑦ 本土化与全球化相统一原则。在品牌命名上，要考虑如何使品牌名称适合当地——既可以为当地营销的产品取个独立的品牌名称，也可把原有的品牌名称翻译成适合当地的名称，如 NIKE——耐克、SONY——索尼、Goldlion——金利来等。

### 3. 品牌归属决策

所谓品牌归属决策，是指企业在决定使用品牌之后，就产品品牌归属问题所做的决策。品牌的归属有以下 3 种选择。

① 制造商品牌。这是指制造企业采用自己的品牌。

② 中间商品牌，又叫经销商品牌。这是指制造企业把产品批发给中间商，由中间商使用自己的品牌把产品推销出去。

③ 混合品牌。这是指企业一部分产品采用自己的品牌，另一部分则采用中间商的品牌。

企业选择制造商品牌或中间商品牌，要全面考虑各相关因素，综合分析得失，最关键的问题是要看制造商和中间商谁在这个产品分销链上居主导地位、拥有更好的市场信誉和拓展市场的潜能。

### 4. 品牌统分决策

企业决定所有的产品使用一个或几个品牌，还是不同产品分别使用不同的品牌，这就是品牌统分决策。它大致包含以下 4 种决策模式。

① 统一品牌。这是指企业所有的产品（包括不同种类的产品）都统一使用一个品牌。采用统一品牌策略，能够降低新产品宣传费用；可在品牌已赢得良好市场信誉的情况下顺利推出新产品；同时有助于显示企业实力，塑造企业形象。不过，不可忽视的是，如果某一种产品因某种原因出现问题，就可能使其他种类产品受牵连而影响全部产品和整个企业的信誉。

② 个别品牌。这是指企业对各种不同的产品分别使用不同的品牌。这种品牌策略可以保证企业的整体信誉不会受某种商品声誉的影响，便于消费者识别不同质量、档次的商品，同时也有利于企业的新产品向多个目标市场渗透。当然，促销费用较高也是不可忽视的。

③ 分类品牌。这是指企业在对产品进行分类的基础上，对各类产品使用不同的品牌。例如，企业可以把自己生产经营的产品分为厨具类产品、妇女服装类产品、主要家庭设备类产品，并分别赋予其不同的品牌名称及品牌标志。这实际上是对前两种做法的一种折中。

④ 企业名称加个别品牌。其做法是，企业对其各种不同的产品分别使用不同的品牌，但须在各种产品的品牌前面冠以企业名称。这种做法可以使新产品与老产品统一化，进而享受企业的整体信誉。与此同时，各种不同的新产品分别使用不同的品牌名称，又可以使不同的新产品各具特色。

拓展

**案例：**李宁品牌起死回生，吸引到了谁？

### 5. 品牌延伸决策

这是指企业利用其成功品牌的声誉来推出改良产品或新产品，即新产品借助成功品牌的市场信誉在节省促销费用的情况下顺利地进入市场。例如，以雀巢咖啡成名的“雀巢”商标，被扩展使用到奶粉、巧克力、饼干等产品上。值得注意的是，品牌延伸决策是一把双刃剑，如果延伸不当，会冒一定的风险，企业应根据实际情况谨慎行事。

### 6. 多品牌决策

多品牌决策是指企业同时为一种产品设计两种或两种以上互相竞争的品牌的做法。这种决策由宝洁公司（P&G）首创并获得了成功。运用多品牌决策可以在产品销售过程中占有更大的货架空间，进而压缩或挤占竞争者产品的货架空间，为获得较高的市场占有率奠定基础。而且还应看到，多种不同的品牌代表了不同的产品特色，多品牌可吸引多种不同需求的顾客，提高市场占有率。在运用多品牌决策时，要注意各品牌市场份额的大小变化趋势，适时撤销市场占有率过低的品牌，以免造成自身品牌过度竞争。

**同步观察**

#### 宝洁公司的多品牌决策

将多品牌决策发挥到极致的当属宝洁公司。从洗发护发产品到纸尿布、从个人洁肤产品到美容护肤品、从洗衣粉到食品，宝洁一直实行着“一种产品对应一个品牌”的策略。就洗发水来说，宝洁公司从洗发水的功能出发及时地向市场上推出了不同功能和不同品牌的洗发水，可以满足不同目标市场上消费者的不同需求。不同品牌的洗发水沿着各自的路子走入市场。我国消费者熟悉的“潘婷”“飘柔”“海飞丝”三大洗发护发品牌都是宝洁的产品。这3个品牌分别吸引3类不同需求的消费者，从而使得它在中国的洗发护发产品市场占有率为第一，这显然是宝洁公司成功运用多品牌决策的成果。

### 7. 品牌重新定位决策

品牌重新定位决策也称再定位决策，是指根据经营条件的变化，企业全部或者部分调整或改变品牌原有市场定位的做法。

**你知道吗？**

今天的李宁品牌，长啥样

## 任务 8.5　制定包装策略

**营销观察**

据调查，我国超市中62.6%的顾客是在没有购买计划的情况下购物的，而全国有这种购买习惯的人又占54.9%。也就是说，“无意注意”是我国消费者的主要购买心理。在这种情况下包装促销功能将大有作为。

根据杜邦公司的“杜邦定律”，63%的消费者是凭商品的包装装潢做出购买决策的。美国著名的包装设计公司普里莫安得公司也有这样一个座右铭：消费者一般都分不清产品与包装。对多数产品来说，产品即包装，包装即产品。包装是商品的影子，在缺乏参考信息或是在质量、价格大致相同的情况下，独特的包装可以吸引消费者的视线和兴趣，进入消费者的选择范围。

### 8.5.1　包装的含义

产品包装包含两层含义：一是指采用不同形状的容器或者物品对产品进行盛装或捆扎；二是泛指盛装产品的容器或包裹物。这是产品整体概念中的一个重要组成部分，常被人们比喻为“沉默的推销员”。其重要性远远超出了作为容器保护商品的本身，已成为企业开展市场营销活动时刺激消费需要、开展市场竞争的重要手段。

作为包装物意义上的包装是指对某一品牌商品设计并制作容器或包装物的一系列活动。产品包装一般包括 3 个层次：一是内包装，这是产品的直接容器，如牙膏的软管、啤酒的瓶子等；二是中层包装，其作用是保护产品和促进销售，如牙膏管外的纸盒；三是储运包装，也称外包装，其作用是便于储存、搬运和辨认产品，如装运牙膏的纸板盒。

此外，标签也是包装的一个组成部分。在标签上一般都印有包装内容和产品所包含的主要成分、品牌标志、产品质量等级、生产厂家、生产日期和有效期、使用方法等，有些标签上还印有彩色图案或实物照片，以促进销售。

笔记

### 8.5.2　包装的作用

作为整体产品的组成部分，包装的意义已经远远超出了作为容器保护商品的范畴，而逐步成为树立企业形象、促进扩大商品销售的重要因素之一。包装的作用主要体现在以下几个方面。

① 保护商品。有效的包装可以起到防潮、防热、防冷、保险、防破碎等系列保护产品的作用。这是包装的最初作用。

② 提供便利。良好的包装既便于卖方对产品的运输、储存和管理，也便于消费者对产品的识别、购买、携带和使用，便利了整个交易活动。

③ 促进销售。“包装是立在货架上的广告”，它不仅能够保护产品便于出售，而且能够传递产品的有关信息，具有识别、传递信息、诱发购买的功能。

④ 增加利润。除了通过促进销售增大企业利润之外，包装不仅降低了产品在流通中的损耗率，而且其本身能够提高产品的附加值，顾客因此而愿意支付的价格远远高于包装的附加成本，从而大幅度提高企业的利润水平。

**营销观察**

**过度包装**

现实生产经营活动中，不少商品的包装已经背离了其应有的功能。

有的商品故意增加包装层数，在内包装和外包装间增加中包装，外观漂亮，产品粗陋，名不副实；有的商品包装体积过大，实际商品很小，喧宾夺主；还有的商品采用过厚的衬垫材料，保护功能过剩；在月饼的包装中，很多采用实木、金属制品，大大增加了包装成本；盲目采用上好包装原材料，有的甚至还在商品中附加几倍甚至几十倍于商品价值的礼品，提升产品价格。诸多包装的耗材过多、分量过重、体积过大、成本过高、装潢过于华丽、说辞过于夸张等现象，被统称为过度包装。包装过度现象在保健品、食品及化妆品中尤为突出。

笔记

### 8.5.3 包装的设计

#### 1. 包装的设计内容

包装的设计内容如下。

① 包装材料的选择。一是要考虑方便用户使用；二是要考虑节省包装费用；三是外观装饰要考虑符合人们的审美情趣；四是包装材料的选用要考虑有利于环保。

② 包装标签的设计。包装标签是指附着或系挂在商品销售包装上的文字、图形、雕刻及印制的说明。它一般应包括：制造者或销售者的名称和地址、商品名称、商标、成分、品质特点、包装内商品数量、商品使用方法及用量、编号、储藏应注意的事项、质检号、生产日期和有效期等内容。

③ 包装标志的设计。包装标志是在运输包装的外部印制的图形、文字和数字，以及它们的组合，主要有运输标志、指示性标志、警告性标志3种。

#### 2. 包装的设计原则

包装的设计原则如下。

① 安全。

② 适用。

③ 美观大方，突出特色。

④ 造型别致，图案生动，色彩协调。

⑤ 包装与产品价值和质量水平相匹配。

⑥ 尊重消费者的宗教信仰和风俗习惯。

⑦ 符合法律规定，兼顾社会利益。

### 8.5.4 包装策略

#### 1. 类似包装策略

这是指企业生产经营的所有产品在包装外形上都采取相同或相近的图案、颜色等共同的特征，使消费者容易意识到是同一企业产品的策略。

类似包装策略不仅可以节省包装设计成本、树立企业整体形象、扩大企业影响，而且可以充分利用企业已经拥有的良好声誉，从而有助于消除消费者对新产品的不信任感，进而带动新产品销售。它适用于质量水平相近的产品，但由于类似包装策略容易对优质产品产生不良影响，所以对于大多不同种类、不同档次的产品一般不宜采用这种包装策略。

笔记

#### 2. 等级包装策略

该策略是指企业对自己生产经营的不同质量等级的产品分别设计和使用不同的包装。显然，这种按产品等级来配比设计包装的策略可使包装质量与产品质量等级相匹配，对高档产品采用精致包装，对低档产品采用简略包装，其做法适应不同需求层次消费者的购买心理，便于消费者识别、选购商品，从而有利于全面扩大销售。当然，该策略的实施成本高于类似包装策略也是显而易见的。

#### 3. 分类包装策略

分类包装策略是根据消费者购买目的不同，对同一种产品采用不同的包装。例如，如果购买商品用作礼品赠送亲友，则可精致包装；如果购买者自己使用，则可简单包装。这种包装策略的优点与等级包装策略相同。

#### 4. 配套包装策略

配套包装策略是指企业将几种有关联性的产品组合在同一包装物内的做法。这种策略能够节约交易时间，便于消费者购买、携带与使用，不仅有利于扩大产品销售，还能够将新旧产品组合在一起，使新产品顺利进入市场。

#### 5. 再使用包装策略

再使用包装策略也称双重用途包装策略，是指包装物在被包装的产品消费完毕后还能移为他用的做法。由于这种包装策略增加了包装的用途，可以刺激消费者的购买欲望，因此有利于扩大产品销售，同时也可使带有产品说明的包装物在再使用过程中起到延伸宣传产品的作用。

#### 6. 附赠品包装策略

附赠品包装策略是指在包装物内附有赠品以诱发消费者重复购买的做法。在包装物中的附赠品既可以是玩具、图片，也可以是奖券。该包装策略对儿童和青少年及低收入者比较有效。这也是一种有效的营业推广方式。

7. 更新包装策略

更新包装策略是指企业包装策略随着市场需求的变化而改变的做法。一种包装策略无效，按照消费者的要求更换包装，实施新的包装策略，可以改变产品在消费者心目中的地位，进而收到迅速恢复企业声誉的良好效果。

## 拓展训练

互联网时代拉近了消费者和生产者之间的距离，农产品也通过“去中间化”，缩短了供应链，降低了流通成本。但与此同时，也带来了新的挑战。ZX新农业发展有限公司要经营农副产品、果蔬的种植、研发及销售，目前依托地域农产品优势，准备通过互联网渠道销售樱桃、苹果、猕猴桃等水果，然而无论哪个品类的竞争都非常激烈，需要进行创新性的产品策略设计。

1．训练内容

请你为该公司制定一项创新性产品策略，完成策略报告并提交。

2．训练目的

帮助学生学会识别整体产品概念，进而帮助学生学会应用品牌、包装等策略和方式，指导产品方案的有效制定。

3．训练要求

① 小组学习，共同关注、调查、研讨鲜果产品开发所处的营销环境，选择合适的创意。

② 要求学生认真学习并明确新产品创意的采集来源渠道。

③ 要求教师在实战前给予必要的指导，并在学生相互交流的基础上给予点评。

4．训练步骤

① 把学生分成若干小组。

② 案头搜索鲜果产品国内生产状况。

③ 实地调查地域鲜果或相关替代品的销售现状和消费者反应。

④ 小组研讨创意，撰写考察报告，展示、陈述、答辩相关考察结论。

5．训练考核

（1）理念与技能

考察对产品、新产品的理解，新产品创意的信息渠道，品牌内涵及命名的原则。

（2）逻辑与规范性

逻辑合理，格式规范，礼仪得体。

## 任务实施评价

完成本任务的“工作任务卡”“应知应会”“拓展训练”等学习任务后，按照如表8.3所示的测评项目，给出本任务的自主学习个人最终成绩与评价。

**表 8.3　任务 8——实施评价与职业能力测评**

完成时间：　　　年　　月　　日

| 学　生 | | 学　号 | | 班　级 | |
|---|---|---|---|---|---|
| 小　组 | | 小组长 | | 个人成绩 | |

| 多元评价 | 信息能力（15%） | 表达与沟通能力（25%） | 专业能力（35%） | 职业操守（15%） | 团队协作能力（10%） |
|---|---|---|---|---|---|
| 自我评价（10%） | | | | | |
| 小组评价（25%） | | | | | |
| 组间评价（25%） | | | | | |
| 教师评价（40%） | | | | | |
| 总　评 | | | | | |

**说明：该实施评价与职业能力测评表是根据原劳动和社会保障部职业技能鉴定中心《职业核心能力培训测评标准》所列文献相关内容提炼，并结合营销职业能力构成及营销课程过程性实施特点编制而成的。**

# 模块5 传递价值，贴近市场

## 模块导引

请小组研讨：线下购物，线上淘宝，你更倾向于哪一种？实体店有无未来？

通过消费体验、情境观察、分享研讨、角色扮演、实战模拟等方式，思考并领会：白菜与汽车的定价有什么不同？羽绒服在初冬和盛夏可否制定同一个价格？服装适合采用成本导向定价法吗？“看客下菜碟”的需求导向定价法，何种情况不下适用？新款鞋子上市不打折还会不会有人买？互联网产品定价的权、利有哪些体现？现如今，还有什么东西是网上买不到的？同一品牌的线上线下渠道冲突有哪些表现？

本模块引领你理解定价与渠道对传递产品和品牌价值的作用，助推你树立多方共赢的定价原则和全网渠道意识，建构、形成恪守职业道德、营销伦理和企业社会责任的定价与全网渠道构架思维，能综合分析相关影响因素，有效确定定价与渠道目标，有针对性地为企业制定线上线下融合、多方利益相关者利益兼顾的定价与渠道策略，并能够随着市场的变化及时做出调整，打造和提升产品价格与渠道竞争力。

你需要面对和思考的主要问题，包括但不限于：

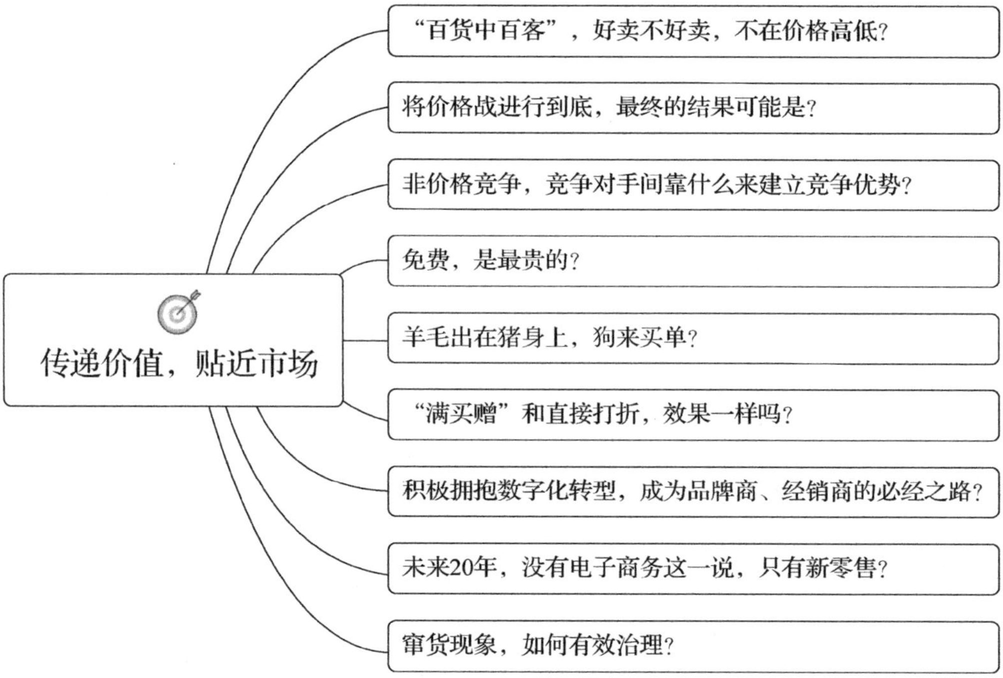

# 任务9

# 制定多方共赢的定价策略



没有降价两分钱抵消不了的品牌忠诚。

——[美] 菲利普·科特勒

## 学习目标

**职业操守**

◆ 善于根据市场环境变化，制定有利可图的定价策略。

◆ 正确平衡道德与利润最大化的关系，树立利用正当的定价手段参与竞争的职业操守。

**应知应会**

◆ 领会影响企业定价的各种因素。

◆ 熟悉和了解定价的一般方法。

◆ 明确并掌握定价的策略。

**走进职场**

能有效地分析影响定价的因素，具有分析、比较各种定价方法与策略优缺点及适用性的能力，能根据具体情况选择最优定价方法和策略。

## MARKETING 任务导入

### 农产品的价格变动

农产品价格是影响物价的关键因素，也是最受社会关注的经济热点话题之一。受各种因素影响，2019 年以来猪肉价格飞涨，10 月猪肉价格同比上涨 101.3%，连带牛羊肉、鸡蛋等畜禽产品价格不同程度上扬。随着国家宏观调节与市场调节相结合，以及农业农村部稳定生猪产能政策的落实，全国猪肉价格后期已经回落，降幅超过 20%。

粮价是百价之基。稳定的粮价不仅让消费者心里踏实，也默默支撑着物价的平稳走势。10 月份，稻谷、小麦、玉米 3 种粮食集贸市场均价每斤约为 1.2 元，同比跌 1.0%。粮食市场平稳运行的最根本原因是粮食连年丰收，主要粮食品种库存充足。2019 年产量有望连续第 5 年稳定在 1.3 万亿斤以上，为经济持续健康发展和社会大局稳定提供有力支撑。

“压舱石”虽稳，但农资、人工等种粮成本不断上涨，种粮比较效益低影响了农民种粮的积极性。稳住粮食生产这个“定盘星”，一方面要向规模化、专业化要效率和收益，另一方面要围绕市场推进农业供给侧结构性改革，调整种植结构和品种，推动实现优质优价。2019 年以来，围绕保障粮食安全的政策和举措频频出台，为促进 2020 年丰收稳价奠定了基础。

**议一议**

① 猪肉上涨和下降的原因有哪些？粮食价格稳定的原因是什么？

② 由此看来影响定价的因素是什么？

## 任务实施

CS 集团主要拥有海洋捕捞、水产品加工等六大产业，是国家级农业产业化龙头企业。顺应市场需求，CS 集团旗下的子公司最近开发了一系列麻辣小海鲜，准备正式上市，需要确定销售价格。请你分析在市场营销中，定价需要考虑的影响因素有哪些，并选择合适的定价方法，为 CS 集团旗下的麻辣小海鲜系列产品设计产品规格、种类和定价策略。

1. 打开淘宝，搜索销量最高的麻辣小海鲜种类，了解其市场竞争情况及销售价格，并做好记录。

2. 学习相关知识，选择定价方法，为企业规划产品、规格，制定定价策略，完成工作任务卡 9，如表 9.1 所示。

**表 9.1　工作任务卡 9——选择定价策略**

完成时间：　　年　　月　　日

| | | | |
|---|---|---|---|
| 分析定价影响因素 | | | |
| 定价方法选择 | | | |
| 产品名称 | 规　格 | 定　价 | 竞争品价格 |
| 例：麻辣鱿鱼嘴 | | | |
| | | | |
| | | | |
| | | | |
| | | | |
| | | | |
| | | | |
| | | | |
| 定价策略选择 | | | |

应知应会

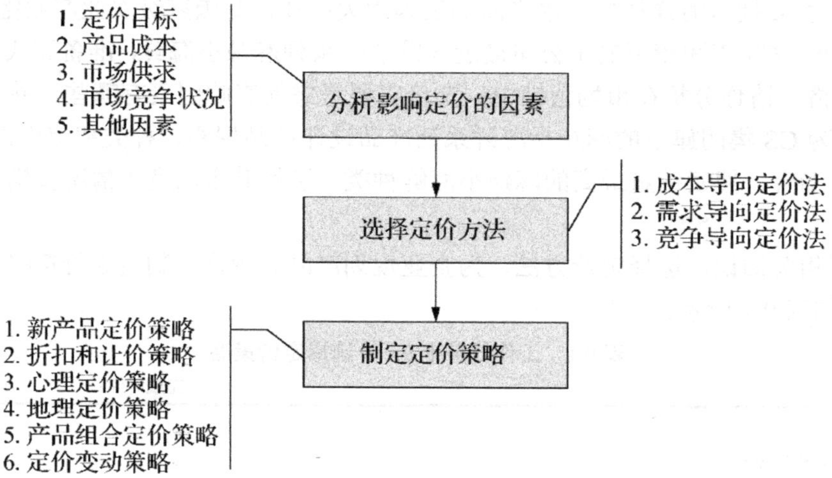


DNA集团总裁丹尼尔·艾尔玛指出："定价的目的不在于收回成本，而是掌握消费者心目中的产品价值。"价格是市场营销组合因素中最活跃的因素，直接关系到市场对产品的接受程度，影响市场需求和企业利润。它涉及生产者、经营者、消费者等各方的利益，同时也是企业的一种重要的竞争手段。因此，制定合适的价格非常重要。

# 任务 *9.1* 分析影响定价的因素

营销观察

**后电商时代的产品定价**

电商的"上半场"是用以低价为特征的快消品开路，向广大用户推广电商及电商平台。以往一个商品从制造商生产出来，到用户手里至少要经过3至5个层级，电商和电商平台的出现，大大减少了商品的流通环节，也在某种意义上降低了产品的销售价格。

从现在开始，电商可以说是进入到了"下半场"。后电商时代，电商平台提供的不单单是商品，更重要的是提供了具有一定社会属性的价值观。"下半场"的定价策略也从以低价格推动转向以技术颠覆，为了做到合理定价，品牌商需要利用数据驱动洞察、深挖相关产品品类消费者的真正诉求。品牌商可以通过直达消费者（DTC）渠道或天猫品牌数据银行等平台工具，即时利用所搜集的消费者数据。品牌商还应建立内部分析团队，聘请数据科学家、数据分析师和数据翻译师，将搜集到的数据转化为洞察，帮助完善定价策略。

**议一议**

① 你认为目前从电商平台购物的价格还是低于实体店吗？请举例说明并分析原因。

② 你认为影响定价的因素有哪些？

③ 后电商时代产品价格的制定有什么特点？

定价不是一门精确的科学，因为它受到复杂的市场营销环境和参与市场交换的各方的人为的影响。价格后面有很多因素。定价决策总会受到一些不确定因素的影响，不管这些因素是来自渠道、竞争对手还是顾客。因此，一个公司的定价决策，既受到公司内部因素的影响，也受到外部环境因素的影响。内部因素包括公司的营销目标、营销组合策略、成本和定价组织等，外部因素包括市场和需求的性质、竞争和政府等。

笔记

**知识拓展**

**什么是价格**

从狭义上说，价格（price）就是为了获得某种产品或服务所付出的金额。从广义上讲，价格是消费者为了获得拥有或者使用某种产品或服务的收益而支付的价值。在过去，价格是影响买房购买决策的主要因素。最近几十年，非价格因素对买房购买决策的影响越来越大，但价格仍然是决定公司市场份额和盈利水平的最重要因素。

### 9.1.1　定价目标

定价目标是企业在对其生产或经营的产品制定价格时，有意识地要达到的目的和标准。它是指导企业进行定价决策的主要因素。

定价目标取决于企业的总体目标。不同行业的企业、同一行业的不同企业，以及同一企业在不同的时期、不同的市场条件下，都可能有不同的定价目标。

#### 1. 以获取利润为目标

利润目标是企业定价目标的重要组成部分，获取利润是企业生存和发展的必要条件，是企业经营的直接动力和最终目的。因此，利润目标为大多数企业所采用。由于企业的经营理念及营销总目标的不同，所以这一目标在实践中有两种形式。

① 以追求最大利润为目标。最大利润有长期和短期之分，还有单一产品最大利润和企业全部产品综合最大利润之别。一般而言，企业追求的应该是长期的、全部产品的综合最大利润，这样企业就可以取得较大的市场竞争优势，占领和扩大更多的市场份额，拥有更好的发展前景。当然，对于一些中小企业、产品生命周期较短的企业、产品在市场上供不应求的企业等，也可以谋求短期最大利润。

道德聚焦

### 企业如何平衡道德与利润最大化的关系

西方人有句话叫"好的伦理为经营之道"，企业竞争不只是策略、技术和创新的竞争，最后决定胜负的关键往往掌握在道德手上。这也恰如中国的那句话："小胜凭智，大胜靠德。"企业说到底是一个追求利润的组织，不管企业如何宣扬自己的道德诉求，它必须能够以利润回报股东和员工，否则就无法生存。但同时大量的案例也告诉我们，以追求利润最大化为最高目标的企业，不可能成为伟大的企业，也不可能成为行业的排头兵。

我们必须考虑到，企业的竞争是激烈的，在利润面前有时候"道德"会变得不堪一击。企业的道德标准不是追求完美与高尚，而是恪守原则，如"诚信""尊重客户"等。如果能切实做好这些核心的标准，就已经很不错了。但如果一个企业没有自己的道德底线，就很容易丧失立场，做出一些违反自己倡导的"道德"的事，那么所谓的企业道德不过是一个漂亮的肥皂泡而已。

企业道德与企业经营是一场博弈，优秀的企业能够很好地去平衡。但可以肯定的是，如果人和人之间缺乏信赖和信任，则企业和员工之间就无法形成合力、企业无法取得股东和顾客的信赖，因此不可能永续经营。

② 以获取适度利润为目标。这是企业在补偿社会平均成本的基础上，适当地加上一定量的利润作为商品价格，以获取正常情况下合理利润的一种定价目标。

采用适度利润目标有各种原因：以适度利润为目标使产品价格不会太高，从而可以避免激烈的市场竞争，或者由于某些企业为了协调投资者和消费者的关系，树立良好的企业形象，而以适度利润为其目标。

拓展

**案例**：Q3手机大数据：Mate 30成最受关注机型苹果低价策略收效

#### 2. 以提高市场占有率为目标

市场占有率也称市场份额目标，即把保持和提高企业的市场占有率作为一定时期的定价目标。市场占有率是一个企业经营状况和企业产品在市场上竞争能力的直接反映，关系到企业的兴衰存亡。较高的市场占有率可以保证企业产品的销路、巩固企业的市场地位，从而使企业的利润稳步增长。

当然，一味利用价格作为工具来赢得市场占有率，有时会带来价格战的风险。尽管如此，企业确信赢得最高市场占有率之后将享有最低的成本和最高的长期利润。

#### 3. 以产品质量领先为目标

质价相符是定价的一般原则。一些企业为了在市场上树立一个产品质量最优的形象，往往在生产成本、产品开发研究等方面做了较大的投入。为了补偿这些支出，它们往往给自己的产品或服务制定较高的价格；反过来，这种较高的价格又进一步提高了产品的优质形象，增加了对高收入消费者的吸引力。海尔集团就是这方面的典范，它建立了海尔冰箱高质量的形象并提供优质服务。

4. 以维持生存为目标

当由于生产能力过剩、市场竞争激烈，或者顾客需求发生变化，造成产品积压、资金周转困难而影响企业生存时，企业就应该为其产品制定较低的价格，以求收回成本，使企业得以继续经营下去。这时生存比获利更重要，但这只能作为企业面临困境时的短期目标，一旦出现转机，应马上选择其他的定价目标。因为从长期来看，企业必须获取利润，才能得到发展。

## *9.1.2* 产品成本

商品的价值是构成价格的基础。根据统计资料显示，目前工业产品的成本在产品出厂价格中平均约占 70%。显然，对企业的定价来说，成本是一个关键因素。企业产品定价以成本为最低界线，产品价格只有高于成本，企业才能补偿生产上的耗费，从而获得一定盈利。但这并不排斥一段时期在个别产品上价格低于成本。

笔记

**同步提示**

一般来说，产品的价格是按成本、利润和税金三部分来制定的。成本又可分解为固定成本和变动成本。产品的价格有时是由总成本决定的，有时又仅由变动成本决定。成本有时又分为社会平均成本和企业个别成本。就社会同类产品市场价格而言，主要是受社会平均成本的影响。在竞争很充分的情况下，企业个别成本高于或低于社会平均成本，对产品价格的影响不大。

但是，企业在定价时，不应将成本孤立地对待，而应与产量、销量、资金周转等因素综合起来考虑。价格如果过分高于成本会有失社会公平，价格如果过分低于成本则不可能长久维持。成本因素还要与影响价格的其他因素结合起来考虑。无论从哪种角度和视野来发现和识别竞争者，都要注意两点：一方面要避免将目光仅仅局限在现有市场上生产相同产品的行业内现有竞争者，而要善于遵从市场导向发现、有效识别可能出现的潜在竞争者；另一方面注意力又不要过于分散，避免分析防范的范围过大，草木皆兵，造成人力、财力、物力的极大浪费，从而使企业压力太大，惶惶不可终日。

## *9.1.3* 市场需求

成本决定了制定价格的下限，而市场需求却是制定价格的上限。无论是个人消费者还是生产消费者，都会将一项产品和服务的价格与他们所得的利益进行对照，权衡得失。因此，营销者必须了解价格与其产品需求之间的关系。

**知识拓展**

价格与需求的关系

不同的价格会导致不同的需求量。对大多数产品来说，价格上涨，需求下降；价格下降，需求上涨。当然，需求曲线也会受到价格以外的多种因素的影响。例如，除了价格之外，消费者趣味和需求的改变，也会使一种产品的需求量增加或减少。

然而，并非所有的产品都与上述“典型的”描述一致。对于一些知名产品，消费者认为更高的价格代表了更好的质量。或者，有些产品深受消费者心理因素的影响，具有很强的身份感。它们也可能会显示出一种相反的价格–需求曲线：价格越高，需求量反而越大。当然，这种产品仍然会有一个最高价格限度，超过这个限度，价格过于昂贵，顾客也会因此而放弃。

### 9.1.4 市场竞争状况

价格是市场竞争中最重要的手段和方式。因此，处在激烈市场竞争环境中的企业常常以应付或防止竞争为定价目标。企业的定价是一种竞争行为，任何一次价格的制定或调整均会引起竞争者的关注，并可能导致竞争者采取相应的对策。同时，竞争者的定价行为也会影响本企业产品的定价，迫使本企业做出相应的反应。

笔记

### 9.1.5 其他因素

企业的定价策略除了受定价目标、产品成本、市场需求及市场竞争状况的影响之外，还受其他多种因素的影响。

#### 1. 政府政策法规或行业组织干预

政府为了维护经济秩序，或者为了其他目的，可能通过立法或其他途径对企业的定价策略进行干预。政府的干预包括规定毛利率，规定最高、最低限价，限制价格的浮动幅度或规定价格变动的审批手续，实行价格补贴等。

**知识拓展**

**关于“经营者的价格行为”法规**

《中华人民共和国价格法》第二章“经营者的价格行为”条文中有如下规定。

第六条　商品价格和服务价格，除依照本法第十八条规定适用政府指导价或者政府定价外，实行市场调节价，由经营者依照本法自主制定。

第七条　经营者定价，应当遵循公平、合法和诚实信用的原则。

第八条　经营者定价的基本依据是生产经营成本和市场供求状况。

第九条　经营者应当努力改进生产经营管理，降低生产经营成本，为消费者提供价格合理的商品和服务，并在市场竞争中获取合法利润。

……

#### 2. 消费者心理和习惯

价格的制定和变动在消费者心理上的反应也是定价策略必须考虑的因素。面对不太熟悉的商品，消费者常常从价格上判断商品的好坏，从经验上把价格与商品的使用价值挂钩。

### 3. 企业理念或形象

有时根据企业理念和企业形象设计的要求，企业需要对产品价格做出限制。

**同步观察**

**现象级飞天茅台的价格困境**

在中国，有一个“现象级”产品，那就是53度500 mL装飞天茅台（仅指53度500 mL装）。官方定价为1 499元的飞天茅台，在全国各地市场价一路飞涨，一段时间内，在北京、深圳等地已高达3 000元。厂家不喜反忧，使出了各种平抑价格的手段，都没有奏效。

那么，如果供货量充足，用1 499元随时都能买到，是否就不会出现加价卖的情况了？是厂家不想敞开供应吗？对于茅台价格高涨的原因，茅台集团负责人分析说，原因很复杂：第一，供需矛盾突出，这是最主要的因素；第二，收藏投资所致，茅台既有金融属性，又有投资属性；第三，选择销售时机带来的囤货惜售；第四，固定渠道销售，让市面上看不到茅台，造成一瓶难求的现象愈演愈烈。

有品质做基础、有品牌做支持、有政商界顶级圈层的消费者认可，又有金融属性、收藏价值，还有人囤积炒作，飞天茅台需求量旺盛。

但是，飞天茅台因其特殊的工艺要求，必须在特定水土气候的茅台镇核心区生产。不但生产地受限，还有1年一个生产周期、5年基酒储存的时间限制。

产能受限，这就是为什么飞天茅台无法敞开供应的原因。

**拓展**

**案例：**为冲击行业三甲，泸州老窖再次清理品牌并重新定价

## 任务 9.2　选择定价方法

**营销观察**

商品最终如何定价？我们可以从零售端来看一个相对简单的问题。假如张芸是一家服装店的老板，最近进了一批新款T恤衫。这批T恤衫有100件，每件的进货价格是50元，总运费200元，这家店每月的租金、人员费用、水电和其他杂费大约4 000元。虽然商店还有其他货品，但张芸对新货的款式非常有信心，她觉得这件新品会大受欢迎，打算制定较高的价格来缓解前阵子货品积压所导致的资金压力。几天后，她忽然发现，就在自己商铺的斜对面，另外一家服装商店也有这件新货，价格为150元，她又想制定较低的价格去对抗邻近的商店。如果你是张芸，你会怎么办？

影响企业定价的因素很多，但主要的因素有产品成本、市场需求和市场竞争状况3个。产品成本规定了价格的下限；市场需求或顾客对企业产品独特性的评估，规定了价格的上限；竞争者产品的价格和替代品的价格，规定了企业产品价格在最高价格和最低价格之间

的标价点。因此，从这 3 个因素来分析，企业的定价方法一般可以分为 3 类：成本导向定价法、需求导向定价法和竞争导向定价法。

### 9.2.1 成本导向定价法

成本导向定价法就是以产品的成本作为定价的基本依据，定价时较少考虑市场需求和市场竞争状况。

#### 1. 成本加成定价法

成本加成定价法是指企业根据所确定的加成率（毛利率）和单位产品的总成本来制定产品的单价。定价时，首先确定单位变动成本，再加上分摊的固定成本，构成单位产品总成本，在此基础上加一定的毛利率，计算出产品的价格。（$P$ 表示定价，下同）

成本加成定价法：（顺加法）

$P$=单位产品总成本×（1+成本加成率）

成本加成率=（售价-进价）÷进货成本×100%

**同步提示**

**成本加成定价法的适用范围**

成本加成定价法应用广泛，生产者、中间商及建筑业、科研部门、农业部门经常使用这种定价方法。它的优点是计算简便易行，计算出来的价格能保证获得预期的利润；缺点是忽视了市场需求的变化和竞争的影响，缺乏灵活性，而且只是从卖方的角度来考虑，不一定切合实际。在产销量与产品成本相对稳定、竞争不太激烈的情况下，可以采用这种方法。

#### 2. 目标利润定价法

目标利润定价法又称盈亏平衡定价法，是指根据企业的总成本和确定的目标利润来制定产品价格，确保企业收支平衡。它的具体做法是：首先预计未来时期的销量，计算出在这个预计销量下的总成本，再结合企业确定的目标利润计算出产品的价格。其计算公式为：

$P$=（总成本+目标利润）÷预计销量=单位产品成本+目标利润÷预计销量

**同步提示**

**目标利润定价法的适用范围**

这种方法计算简便，如果企业能按制定的价格实现预计的销量，就能达到预期的目标利润。但它没有考虑价格和需求之间的关系及竞争者产品的价格等因素对企业产品销量的影响，如果在目标期内实际销量少于预期销量，那么目标利润就很难实现。因此，这种方法适用于市场占有率较高或带有垄断性的企业。

### 3. 边际贡献定价法

边际贡献定价法是指企业仅计算变动成本，而暂不计算固定成本，也就是按变动成本加预期的边际贡献来制定产品的价格。边际贡献是指产品销售收入与产品变动成本的差额，如果边际贡献弥补固定成本之后有剩余，就形成企业纯收入，否则企业将发生亏损。在企业经营不景气、销售困难、生存比获利更重要，或者企业生产能力过剩，只有降低售价才能扩大销售时，就可以采用边际贡献定价法。其计算公式为：

$P$=（总的变动成本+边际贡献）÷总产量=单位产品变动成本+单位产品边际贡献

边际贡献定价法的原则是，产品单价高于单位变动成本时，就可以考虑接受。因为不管企业是否生产、生产多少，在一定时期内固定成本都是要发生的，而只要产品单价高于单位变动成本，这时销售收入弥补变动成本后的剩余部分就可以弥补固定成本，以减少亏损或增加企业的盈利。

笔记

## 9.2.2 需求导向定价法

需求导向定价法以购买者对产品价值的认知和需求差异作为定价依据，其具体形式主要有认知价值定价法和需求差异定价法两种。

### 1. 认知价值定价法

认知价值定价法就是企业根据购买者对产品的认知价值来制定价格的一种方法。认知价值的关键在于准确地估计购买者对产品的认知价值。为此，企业应当做好产品的市场定位，突出产品的特性，综合运用各种营销手段提高产品的知名度，使购买者感到购买这些产品能够获得更多的相对利益，从而提高他们接受价格的限度。

**同步思考**

**产品的认知价值**

现在列举几种产品：食盐、笔记本电脑、奢侈品包。这3种商品一种是必需品，一种是办公用品，一种是奢侈品。那么，你觉得哪一种商品的价格是远远大于它的价值的？如果你是这3种产品的购买者，你能够接受的认知价值是多少？

需要注意的是，有些商品的价格尽管远高于它的价值，但是它除了功能价值，还包括附加价值。每一件商品的价值除了功能价值，还应该有社会价值、情感价值、知识价值、情境价值。你能列举出这3种产品的附加价值吗？

### 2. 需求差异定价法

需求差异定价法又称需求差别定价法，是指根据销售的对象、时间、地点的不同而产生的需求差异，对相同的产品采用不同价格的定价方法。

① 基于顾客差异的差别定价。这是根据不同顾客的消费性质、消费水平和消费习惯等差异，制定不同的价格。

② 基于不同地理位置的差别定价。由于地区间的差异，同一产品在不同地区销售时，可以制定不同的价格。

③ 基于产品差异的差别定价。质量和规格相同的同种产品，虽然成本不同，但企业在定价时，并不根据成本不同按比例定价，而是按外观和式样不同来定价。这里定价所考虑的真正因素是不同外观和式样对顾客的吸引程度。

④ 基于时间差异的差别定价。在实践中往往可以看到，同一产品在不同时间段里的效用是完全不同的，顾客的需求强度也是不同的。在需求旺季时，可以提高价格；需求淡季时，可以采取降低价格的方法吸引更多顾客。

**营销观察**

**书画作品的定价**

书画作品的价格在商品中可以说是非常悬殊的了，按幅来计，有的几千万元或数亿元一幅，有的几百元都没人要；按时代来说，同是当代画家，有的几十万元或是几百万元一平方尺，有的几元或几十元一平方尺还是没人接手。为什么会这样呢？

首先，成本导向定价法在书画艺术品生产和流通中是不适用的，也没有多少书画作者和流通者愿意用（除了极少数较低端的行货流通生产者和销售商）。事实上，书画作品主要的定价方法如下。

① 竞争导向定价法。为了实现书画生产者的定价目标和总体经营战略目标，谋求书画作者的利益最大化，书画作者可以在其他营销手段的配合下，将价格定得高于或低于竞争者的价格，并不一定要求与竞争对手的产品价格完全保持一致。

② 需求差异定价法。这是指书画作品按照购买者的心理需求而定价。假设甲作者今年以每平方尺2万元的价格出售给乙方一定数量的作品，为了满足乙方及其他人的心理愿望，那么甲作者明年的作品可能就会以每平方尺2.5万元的价格出售。事实上，书画作品主要都是以这种方法定价。这也是最适合书画作品的定价方法，一是因为对书画艺术价值的理解因人而异，很难取得同一标准；二是这样可以把书画艺术的价值最大化。

### 9.2.3 竞争导向定价法

竞争导向定价法以市场上相互竞争的同类产品价格作为定价基本依据，并随竞争状况的变化确定和调整价格水平。其具体形式主要有随行就市定价法和密封投标定价法。

#### 1. 随行就市定价法

随行就市定价法是指企业按照行业的现行平均价格水平来定价。

企业采用这种定价方法的主要原因是：行业平均价格水平在人们观念中常被认为是“合理价格”，易被购买者接受；试图与竞争者和平相处，避免激烈的价格竞争；行业平均价格一般能为企业带来合理、适度的利润。

### 2. 密封投标定价法

密封投标定价法，是指卖方在买方的招标期限内，根据对竞争者报价的估计来相应制定竞争报价的一种定价方法。

拓展

**案例：** 高铁动车票价浮动，实质是"随行就市"

企业参加投标的目的是中标，所以它的报价会低于竞争者的报价。一般来说，报价高，利润大，但中标机会小，如果投标失败则利润为 0；反之，报价低，中标机会大，但利润低。因此，报价时既要考虑目标利润，又要考虑中标概率。最佳报价应是使预期利润达到最高水平的价格，这里的预期利润是指企业目标利润与中标概率的乘积。

**同步提示**

**企业定价的一般步骤**

1．确定定价目标

要确定产品的价位，企业首先要明确定价目标，即通过产品定价公司要达到什么目的。

2．估算成本

成本是价格的底线。企业明确了定价目标之后，接下来要做的就是估算成本，包括固定成本和变动成本。但是需要注意的是，成本估算固然是定价过程中的一个重要环节，但切忌忽视市场需求和市场竞争状况而单纯根据成本确定价格。

3．估计市场需求

估计市场需求主要是需求价格弹性预测，即价格变动对需求的影响（需求变动百分比 ÷ 价格变动百分比）。如果需求价格弹性较大，则表明消费者对价格比较敏感，高价会抑制购买欲望，而低价则会刺激消费，因此价格不宜过高，而且应与同品质竞争产品的价格相当；反之，如果需求价格弹性较小，则说明价格不是影响销量的主要因素，此时可以考虑制定较高的价格以实现较大的利润，但还要考虑竞争者的价格。

4．分析竞争者的产品和价格

分析竞争者的产品和价格无疑是定价之前的一个必要环节。了解竞争者的产品，企业就可以进行比较，明确自己产品的相对地位，从而为产品确定合理的价格范围。

5．选择适当的定价方法

定价方法与定价目标是密切相关的，但定价方法更为具体。在特定的定价目标指导下，依据对产品成本、市场需求及市场竞争状况等的研究，企业可以选择合适的定价方法。

6．选定最后价格

在经过上面 5 个环节之后，企业就大致可以为产品确定一个合理的价格水平。需要注意的是，价格确定之后并非是一成不变的，企业需要根据市场变化（如需求变动、原材料价格变动等）和竞争者的反应及时调整自己的价格。但是无论是提价还是降价，都应向消费者或客户说明调价原因，以避免因误解带来的负面影响。

# 任务 9.3　制定定价策略

营销思维

互联网规模的发展带来的网络效应正在潜移默化地改变着我们的社会。网络环境下商品市场的新变化，直接反映在价格波动上。信息技术的发展，使得网络市场中商品定价更复杂，如何制定出一个合理的、有效率的价格是让商品生产者头痛的问题。随着商品标准化和个性化的双向变动，价格问题日益突出。新的定价策略和方法也伴随着时代的发展不断涌现，定价策略已经成了商品生产者重要的竞争战略。

定价策略会大大影响顾客和企业本身，营销者需要在追求短期获利能力和长期获利能力的定价策略之间权衡。因此，营销者必须清楚地了解本企业的营销目标，以便使自己的定价目标能与企业的营销战略相一致。

笔记

企业按照定价方法确定了产品的基本价格后，在营销活动过程中，还应根据产品特点、消费者心理、销售条件和环境变化等，运用灵活的定价策略、技巧对产品的基本价格进行修正，以促进销售、增加盈利。定价策略是企业制定和调整价格的技巧，是在具体场合将定价的科学性与艺术性相结合的体现。

## 9.3.1　新产品定价策略

新产品定价是企业定价策略的关键环节，对新产品能否及时打开销路、占领市场关系重大。一般有 3 种策略可供选择。

### 1. 撇脂定价策略

这是指在新产品上市之初，将产品的价格定得很高，以攫取高额利润，力求在短时间内收回全部成本，以后再随着销量的扩大、成本的降低，逐步降低价格。而每次降价前，企业都已从不同层次的顾客身上获取了利润。这种定价策略就像从奶油中撇取油脂一样，所以称为撇脂定价策略。

同步提示

**撇脂定价策略的优缺点及适用范围**

撇脂定价策略的优点如下。

① 易于企业实现预期的利润。

② 掌握市场竞争及新产品开发的主动权。

③ 树立高档名牌产品形象。

④ 便于价格调整，因为一开始的高价为后面降低价格留有充分的余地。

它的缺点是：在高价抑制下，销路不易扩大；高价厚利极易诱发竞争，使企业获得高额利润的时间较短。

这种策略适宜的条件是：市场上无类似的替代品，需求相对无弹性，市场生命周期短；花色式样变化快的产品或产品具有明显的优势且短期内不易消失；顾客主观上认为该产品具有很高的价值；在高价情况下仍然独家经营，无别的竞争者，有专利保护的产品尤其如此。

**同步案例**

1945 年圣诞节即将来临时，为了欢度战后第一个圣诞节，美国人急切希望能买到新颖别致的商品作为圣诞礼物。当年 6 月份，美国有一位名叫朵尔顿·雷诺兹的企业家从阿根廷引进了当时美国人根本没有见过的圆珠笔，取名为“原子笔”。

当时，这种圆珠笔生产成本仅为 0.8 美元，但雷诺兹却果断地将售价抬高到 20 美元，因为只有这个价格才能让人们觉得这种笔与众不同，配得上“原子笔”的名称。1945 年 10 月 29 日，金贝尔百货公司首次销售雷诺兹圆珠笔，竟然出现了 3 000 人争购“奇妙笔”的壮观场面。由于人们以赠送和得到原子笔为荣，所以一时间新颖、奇特、高贵的原子笔风靡美国，大量订单像雪片一样飞向雷诺兹的公司。短短半年时间，雷诺兹生产圆珠笔所投入的 2.6 万美元成本竟然获得了 150 多万美元的利润。等到其他对手挤进这个市场“杀价竞争”时，雷诺兹已赚足大钱，抽身而去。

### 2. 渗透定价策略

这是指把新产品的价格定得相对较低，以吸引顾客、扩大销售、提高市场占有率，实现盈利目标。在某种情况下，渗透定价策略可紧随撇脂定价策略，即企业可对新产品制定一个较高的初始价格，以吸引对价格不敏感的消费者，收回初期的投入后，就接着运用渗透定价策略，以吸引对价格敏感的消费者，并提高市场份额。

**同步提示**

**渗透定价策略的优缺点及适用范围**

渗透定价策略的优点如下。

① 迅速打开销路，提高市场占有率。

② 树立良好的企业形象。

③ 阻止竞争者进入，便于企业长期占领市场。

它的缺点是：本利回收期长，企业在市场竞争中价格变动余地小，难以应付短期内骤然出现的竞争和需求的变化。

这种策略适宜的条件是：适用于需求弹性大、市场寿命长、潜在市场容量大的产品；较低的初始价格足以阻止竞争者进入该市场，带来较高的行业进入壁垒；消费者的市场需求对价格极为敏感，低价会刺激市场需求的迅速增长。

笔记

#### 3. 满意定价策略

满意定价（neutral pricing）也称温和定价或君子定价，是介于撇脂定价和渗透定价之间的一种中间定价，因价格水平适中，生产者、中间商及消费者各方面都能顺利接受。这种定价策略比较稳妥，价格稳定，利润平稳，一般能使企业收回成本和取得适当盈利；不足之处是比较保守，有可能失去获得高利的机会。一般产品都适宜采取这种定价策略。

### 9.3.2 折扣和让价策略

企业为了鼓励顾客的某些行为，如提早付款、批量购买、淡季购买等，会对基本价格进行修订，实行价格折扣和让价。其主要有以下几种方式。

笔记

#### 1. 现金折扣

这是指对提前付款的顾客给予一定的价格折扣。其目的在于鼓励顾客提前支付贷款，加速资金周转，减少呆账风险。

#### 2. 数量折扣

这是指根据顾客购买数量的多少给予一定的价格折扣。

#### 3. 功能折扣

功能折扣又称交易折扣，是指依据各类中间商在市场营销中担负的功能不同，给予不同的价格折扣。折扣水平要依中间商的性质、所承担的风险、提供的职能（如储存、顾客服务、推销）等来定，一般给予批发商的折扣较大、零售商的折扣较小。其目的在于鼓励中间商充分发挥自己的能力，调动其积极性。

#### 4. 季节折扣

这是指给予提前购买季节性强的商品的顾客一定的价格折扣，目的在于鼓励顾客淡季购买，以减少企业仓储压力，实现均衡生产和上市。

#### 5. 让价策略

让价也叫折让，是根据价目表给予减价的一种让价形式。它没有规定一定的减价比例，有时也没有明确规定减价金额，而要根据具体情况来确定。

### 9.3.3 心理定价策略

心理定价策略是指根据消费者不同的购买心理，采用不同的定价技巧。它通常被零售商所采用。其主要有以下几种策略。

#### 1. 尾数定价策略

尾数定价策略又称非整数定价，即对多数日用品或低档商品在定价时，保留价格尾数，用零头数标价，如定 9.98 元，而不定 10 元，使消费者产生一种便宜的感觉。在消费者看来，带尾数的价格是经过精心计算得来的，是比较准确的，给人以真实感、信赖感，可以满足顾客的求实心理，使其感到物美价廉。

**同步提示**

布拉特堡和奈斯林（Blatterg and Neslin）在 1990 年发现，只要产品的价格尾数是 9，就可以提高销量。看起来，似乎消费者认为以 9 结尾的价格是低价格，觉得提供这种价格的零售商对消费者来说更划算。而且，如果让消费者在一段时间后回忆这些价格，以 9 结尾的价格会使消费者通常记得比实际价格更低。

### 2. 整数定价策略

对一些高档耐用消费品，特别是一些消费者不太了解的商品，消费者往往以价格高低来衡量产品质量的优劣。对这些商品，企业在定价时合零凑整，采用整数定价，利用“一分钱一分货”的心理，使价格上升到较高一级档次。

### 3. 如意数字定价策略

如意数字定价策略又称吉祥数字定价策略，是指利用人们求吉祥如意的心理，在定价时采用一些吉祥的数字来给产品标价，如 8、9、6 或偶数，以及 118 元、148 元、188 元等。

**同步观察**

**吉祥号，吉祥价？**

2018 年 5 月，宁波的一个手机号码开价 268 万元，并揭开了收号、养号、专业炒号的交易链条。请进行拓展阅读并思考，你如何看待吉祥数字定价？这体现了消费者的什么特征？

**拓展**

阅读：宁波一个吉祥号开价 268 万元，手机靓号真那么值钱吗？

### 4. 声望定价策略

企业利用消费者仰慕名牌和“价高质必优”的心理，对在消费者心目中享有声望的产品制定较高的价格，如一些名牌产品（名烟、名酒）、有名望的商店（老字号）、标志性高级消费品（高级轿车、钻石、香水、精美瓷器、水晶、珍珠）等。这一方面显示了商品的档次和企业的声望，另一方面又迎合了消费者的求名心理，满足了较高收入消费者的需求。

**同步观察**

**白酒的高毛利**

北京市场上的飞天茅台市场价一路飙升，直逼 2 000 元，仍然一瓶难求。茅台卖的到底是什么？同为高端酒，五粮液“输”在哪里？白酒的根本属性是作为精神消费的载体。精神消费载体的核心是不以成本加成定价，而以消费心理定价。因此，茅台包装成本加上酒的成本60多元，1 000元的出厂价毛利率有94%，能卖到1 700多元的市场价格，核心在于消费心理溢价。

无论是从国内还是国外的历史经验来看，白酒行业在总产量上肯定会慢慢减少，尤其是一个好的、高端龙头品牌，产量还是稀缺的。这个行业的本质决定了要做这个生意，就不能靠打价格战，必须以精神消费为着力点，讲差异化的各种各样的故事。显然，这个行业里，茅台讲故事讲得最好。白酒行业的第二个特点是品牌壁垒太强，行业毛利率太高，基本上都是50%以上，到80%、90%。这决定了这个行业的品牌不容易死掉。白酒行业的第三个特点是酒有存货增值的属性，资产随着时间的价值而增长，变成一个有投资性质的品种。它跟通胀结合得比较紧密，通胀如果往上走，利润就往上走。

想一想，白酒厂商是如何定价的？是否越贵越好？白酒的高毛利来自哪里？激烈竞争的护城河是什么？

笔记

#### 5. 招徕定价策略

招徕定价策略也称特价品定价策略、牺牲品定价策略，是指企业利用消费者的求廉心理，在一定时期内有意识地将某几种商品的价格定得特别低以招徕顾客借以带动和扩大其他正常价格产品的销售。

#### 6. 习惯定价策略

有些商品在消费者心目中已经形成了一个习惯价格，对于这类商品，企业在定价时要按照消费者已经形成的习惯心理，力求维持产品价格不变，避免价格波动带来不必要的麻烦。当必须变价时，应同时改变包装或品牌，避开习惯价格对新价格的影响，引导消费者逐步形成新的习惯价格。

### 9.3.4 地理定价策略

地理定价策略是指依据消费者所在地理位置的不同，考虑运输、仓储、装卸、保险等费用的差异，决定在将产品卖给这些不同地区的消费者时，是执行同样的价格还是执行不同的价格。

#### 1. 原产地定价策略

原产地定价策略又叫离岸（FOB，Free on Board）定价策略，是指生产企业对不同地区的消费者制定统一的价格。企业负责将产品装运到产地的某种运输工具上，并承担交货前的一切风险和费用，交货后的风险和费用则由买方负担。

#### 2. 统一运送定价策略

统一运送定价策略又称邮资定价策略，这种定价策略与原产地定价策略刚好相反，企业对处于不同地理位置的消费者都实行同样的价格，即按出厂价加上平均运费定价。这种定价策略可能会失去附近消费者的生意，但却会得到远方消费者的欢迎，而且便于管理，也便于做全国统一价格的广告宣传，以巩固成熟市场和开拓边远市场。

#### 3. 分区运送定价策略

分区运送定价策略介于原产地定价策略和统一运送定价策略之间，是指企业先将自己产品的销售市场划分为几个区域，在同一区域内执行相同的价格，离企业越远的区域价格定得越高。

#### 4. 基点定价策略

基点定价策略是指企业选定一些中心城市作为定价的基点，然后按一定的出厂价格，加上从基点城市到消费者所在地的运费来定价，而不管产品实际上是否由该城市起运。有的企业为了加大灵活性，选取许多基点城市，按离消费者最近的基点来计算运费。

#### 5. 运费补贴定价策略

运费补贴定价策略是指当企业急于和某个顾客达成交易或急于进入某一地区市场时，会为顾客负担部分或全部运费的定价方法。

### *9.3.5*　产品组合定价策略

如果企业生产经营多种产品，而且这些产品之间存在某种联系时，定价就应综合考虑。其一般有如下几种情况。

#### 1. 产品线定价策略

一个企业通常都不仅仅销售一个产品，而是销售系列产品，这时企业应适当地确定产品线中相关产品之间的价格差异。这就是产品线定价策略。

#### 2. 任选品定价策略

许多企业在提供主要产品的同时，还提供与主要产品密切相关，但又可独立使用的产品。企业既可将选购品的价格定得很低以吸引消费者，也可将其定得很高来获取利润。这就是任选品定价策略。

#### 3. 附带产品定价策略

附带产品又叫互补产品，是指必须与主要产品一起使用的产品。企业往往将主要产品的价格定得较低，将附带产品的价格定得较高，通过低价促进主要产品的销售，以此带动附带产品的销量。这就是附带产品定价策略。

#### 4. 副产品定价策略

肉类加工和化工等企业在生产过程中往往会有副产品，只要消费者愿意支付的价格大于企业储存和处理这些副产品的费用，就可以接受。这就是副产品定价策略。这样能够减少企业的支出，从而为主要产品制定更低的价格，进而增强竞争能力。

#### 5. 组合产品定价策略

企业可以将相关产品组合在一起，为它制定一个比分别购买更低的价格，进行一揽子销售。这就是组合产品定价策略。

### 9.3.6 定价变动策略

企业处在一个不断变化的环境之中，为了生存和发展，有时候主动降价或提价，有时候必须对竞争者的变价做出适当的反应。

#### 1. 降价

(1) 降价原因

企业在如下几种情况下，必须降价：生产能力过剩，须扩大销售，而通过改进产品、加强促销等手段都达不到目的；企业面临激烈的价格竞争且市场占有率正在下降，为了增强竞争能力，维持和提高市场占有率，如彩电市场的价格调整；企业的成本低于竞争者，但在市场上并未处于支配地位，为了提高企业的市场占有率，并进一步降低成本，形成良性循环。

(2) 降价策略

一是直接降低产品的价格；二是增加免费服务项目，如送货上门、免费安装等；三是随产品赠送优惠券或馈赠礼品，达到暗中降价的效果；四是增加单位产品的含量；五是改进产品的性能和质量、增加折扣种类等，以此来实际降低产品价格。

#### 2. 提价

(1) 提价原因

提价一般会引起消费者和中间商的不满，但在有些情况下，企业不得不考虑提价：通货膨胀引起成本增加，企业无法在内部自我消化；企业产品供不应求，通过提价抑制部分需求；补偿产品改进费用；出于竞争需要，将产品价格提到同类产品之上，以树立高档产品的形象。

企业决定提价时，还必须考虑是一次大幅度提价还是多次小幅度提价。消费者可能更容易接受后一种方式。

(2) 提价策略

一是直接提高产品的价格；二是减少免费服务项目或增加收费项目；三是减少价格折扣；四是使用便宜的材料和配件作为替代品，或者采用廉价的包装材料；五是减少产品的功能、服务和分量等。

**同步观察**

**羽绒服售价普遍提高，这个冬天你还能实现“保暖自由”吗**

随着天气越来越冷，购买羽绒服的人逐渐多了起来。不少人发现，今年羽绒服的价格普遍比往年高了。请进行拓展阅读并思考影响产品价格提高的因素有哪些？企业在什么情况下会进行价格变动？消费者对调价会有什么样的反应？

拓展阅读：羽绒服售价普遍提高 这个冬天你还能实现“保暖自由”吗？

### 3. 消费者对企业调价的反应

消费者对企业调价的反应将直接影响产品的销售。因此，应进行认真的分析研究，采取恰当的对策。

企业降价时消费者做出的有利反应是企业让利于消费者。其不利的反应是：产品卖不出去了；质量有问题；产品已经老化，很快会被新产品所替代；产品价格可能还要降低，等等再买；企业可能经营不下去了，要转行，将来售后服务没有保证，等等。

企业提价时消费者做出的有利反应是：企业产品质量好，价格自然高；产品畅销，供不应求，以后价格可能还要涨，应及早购买。其不利的反应是：厂家想多赚钱、随便乱涨价等。

### 4. 竞争者对企业调价的反应

竞争者的反应也是企业调价时所要考虑的重要因素。竞争者对企业降价可能做出不同的理解：一是该企业想与自己争夺市场；二是该企业想促使全行业降价来刺激需求；三是该企业经营不善；四是该企业可能即将推出新产品。

竞争者对本企业降价的不同认识将导致其采取不同的行动。例如，本企业降价时，如果竞争者不降价，企业产品的销量会上升，市场占有率也会提高。当然，竞争者也可能采用非价格手段来应对企业的降价。但更多的情况是，竞争者会追随企业降价，企业间进入新一轮的价格竞争。

## 拓展训练

小 C 想在校内开一家快饮店，她联系了 YDD 快饮连锁店加盟。经过考察后，小 C 对这家店的质量和配方还有做法都非常满意。但是校内现在已经有一家蜜雪冰城的连锁店，YDD 的质量决定了价格要稍高于蜜雪冰城。同时，校内几大餐厅还有价格非常便宜的佐餐饮品。小 C 对未来的定价有些迷惑。请在校内实地调查竞争者的价格，分析影响定价的因素、定价目标及定价方法，完成一份定价策略报告并提交。

1．训练内容

① 选择校内及周边 3 家快饮店，关注饮品菜单及价格。

② 考察、分析影响餐饮企业定价的因素，制定合理的饮品种类及价格。

2．训练目的

帮助学生学会分析影响企业定价的因素，进而使学生能够利用不同的定价方法，制定对消费者有吸引力并有利可图的价格。

3．训练要求

① 小组学习，共同关注、研讨，完成快饮店定价分析报告。

② 要求学生认真学习并明确各种影响企业定价的因素。

③ 要求学生运用市场营销相关基本原理，对不同的定价方法和定价策略进行分析，比较各种方法的优缺点，以及适用范围。

④ 要求教师在实战前给予必要的指导，并在学生相互交流的基础上给予点评。

4．训练步骤

① 把学生分成若干小组。

② 案头搜索，浏览、关注快饮店特点。

③ 到当地超市，实地调查快饮店销售现状和消费者反应。

④ 小组研讨，撰写考察报告，展示、陈述、答辩相关考察结论。

5．训练考核

（1）理念与技能

考察企业定价的主要考虑因素，不同定价方法和定价策略的优缺点及适用范围。

（2）逻辑与规范性

逻辑合理，格式规范，礼仪得体。

笔记

### 任务实施评价

完成本任务的“工作任务卡”“应知应会”“拓展训练”等学习任务后，按照如表 9.2 所示的测评项目，给出本任务的自主学习个人最终成绩与评价。

**表 9.2 任务 9——实施评价与职业能力测评**

完成时间： 年 月 日

| 学　生 | | 学　号 | | 班　级 | |
|---|---|---|---|---|---|
| 小　组 | | 小组长 | | 个人成绩 | |
| 多元评价 | 信息能力（15%） | 表达与沟通能力（25%） | 专业能力（35%） | 职业操守（15%） | 团队协作能力（10%） |
| 自我评价（10%） | | | | | |
| 小组评价（25%） | | | | | |
| 组间评价（25%） | | | | | |
| 教师评价（40%） | | | | | |
| 总　评 | | | | | |

**说明**：该实施评价与职业能力测评表是根据原劳动和社会保障部职业技能鉴定中心《职业核心能力培训测评标准》所列文献相关内容提炼，并结合营销职业能力构成及营销课程过程性实施特点编制而成的。

# 任务10

# 建立快捷便利的全网营销渠道策略



营销渠道决策是企业管理层面临的最重要的决策。公司所选择的渠道将直接影响所有的其他营销决策。我们必须根据它们的效率、贡献能力和适应能力来选择渠道。

——[美] 菲利普·科特勒

## 学习目标

**职业操守**

◆ 善于在互联网时代设计和管理企业的渠道策略。

◆ 树立遵守渠道管理规范的职业操守。

**应知应会**

◆ 领会市场营销渠道的影响因素。

◆ 掌握选择市场营销渠道的模式和方法。

◆ 学会筛选中间商。

◆ 掌握如何管理与控制营销渠道。

**走进职场**

能运用市场营销渠道设计的原理和方法做出渠道设计方案。

MARKETING任务导入

拓展

观察：房产销售渠道战

渠道战利刃出鞘

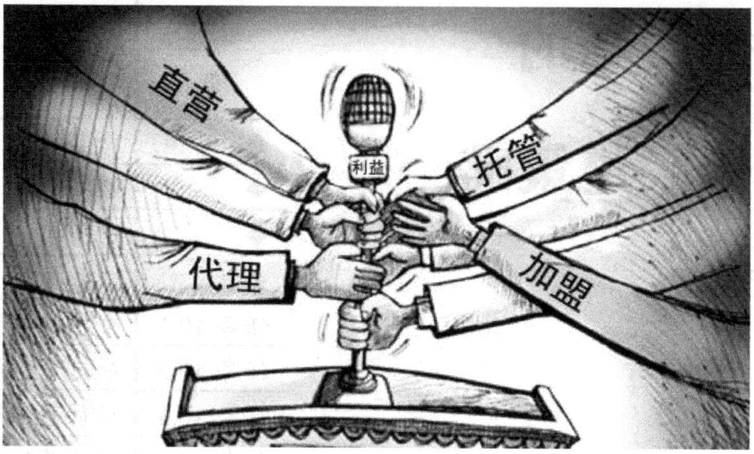


岁末将近，在房地产市场的下行周期中，泰山压顶般的业绩压力，迫使房地产企业使出浑身解数加快销售回款，而作为房产销售中的一环，渠道再次得到重视，佣金也水涨船高。

目前，国内新房市场主要有两种销售渠道：一是房地产企业自建团队从事楼盘销售；二是委托地产代理商进行对外销售，客户可通过代理商购买新房，成交后，代理商获得相应佣金，即渠道营销。渠道营销本是帮助开发商增加成交量的利器，而随着房地产企业对外部渠道的依赖加重，渠道逐渐出现寡头垄断的趋势。同时，高额的渠道费挤压着项目的利润，并与房地产企业不断收紧的成本形成对立。房地产行业正面临成本之考，如何审视渠道在营销中所起到的作用成为目前房地产企业需要思考的问题。

**议一议**

① 房地产企业面临的渠道状况是由哪些因素造成的？
② 房地产企业应该如何管理销售渠道？
③ 目前，房地产企业的渠道选择有哪些？
④ 请为房地产企业设计一套渠道策略。

## 任务实施

随着啤酒市场竞争的白热化，啤酒行业已进入微利时代，啤酒行业的特点决定了渠道就是啤酒厂家的生命线。啤酒属于笨重的快速消费品，且中、低端产品包装物以塑料箱装为主，包装物的退换给产品物流配送提出了特殊要求。啤酒企业的经销商不但需要充足的资金进行周转，而且需要承受繁重的体力劳动。A 企业是 W 市的区域性啤酒企业，作为老式国有小企业，面对激烈的市场竞争，深知渠道的好坏直接影响到企业的收益与发展。A 企业根据自身特点和“敌强我弱”的竞争环境，决定在生产基地 200 千米范围内，分阶段、分步骤地开展渠道网络改造运动，将产品的渠道、储存设施和运输工具等方面的混乱、弱势局面来个大扭转。

1. 根据 A 企业目前所面临的渠道状况，请分析影响 A 企业进行渠道选择和改造的因素有哪些？

2. 除了传统的销售渠道，A 企业要扩大销量，还可以采用哪些渠道？说明原因，并为该企业设计一套线上渠道方案。

3. 完成工作任务卡 10，如表 10.1 所示。

笔记

**表 10.1 工作任务卡 10——设计啤酒市场销售渠道**

完成时间：　　　　年　　月　　日

| | |
|---|---|
| W 市啤酒市场行情分析 | |
| 影响渠道设计的因素 | |
| A 企业竞争品分析 | |
| 产品竞争优势 | |
| 渠道网络设计 | |
| A 企业<br>渠道管理要点 | |

**应知应会**

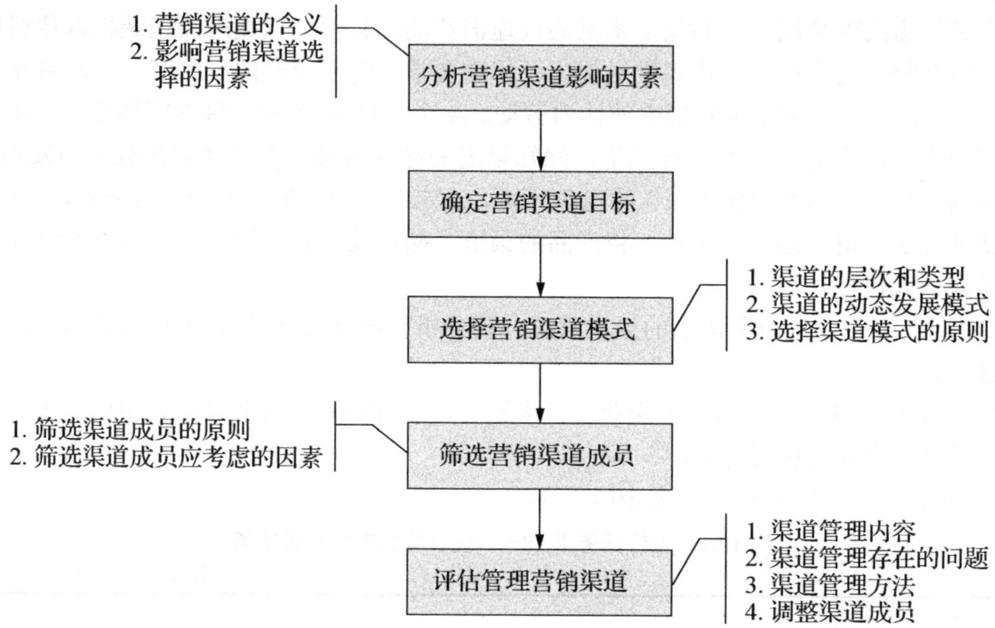


营销渠道是市场营销 4PS 的要素之一，对企业的营销决策起着关键性的作用。在商业流通领域，有种说法是“成也渠道，败也渠道”。在同质化竞争成为基本竞争形态的今天，从某种程度上说，渠道竞争的成败决定着企业营销的成败。抢占渠道制高点、提升渠道竞争力几乎成为所有企业的基本选择。同时，互联网技术的飞速发展，使得新的网络营销渠道越来越引人注意。网络营销渠道能满足网络时代中消费者对营销渠道便捷、互动、超时空的要求，增强了企业与消费者的互动沟通，加强了企业对渠道的控制。电子商务时代，企业的渠道变革不可避免，设计出适应企业营销环境的、快捷便利的新型渠道就显得更加重要。

# 任务 *10.1*　分析营销渠道影响因素

**营销观察**

**消费者正在成为全渠道购物者**

麦肯锡全球研究院近日发布报告指出，数字化浪潮正在重新定义零售行业的消费者体验。在消费与零售行业，高达 85%的中国消费者已成为全渠道购物者，对购物体验的期望水涨船高。品牌商和零售企业应注重打造全渠道体验。

与以往相比，消费习惯正在改变，消费场景日益多元化和分散。对消费者来说，实体店不再是唯一购物场景，当前出现越来越多的购物终端——电脑、手机、平板、智能音箱、智能电视、智能手表、虚拟现实设备等，消费者正拥有无数的购物场景和入口。

**议一议**

① 你多长时间去一趟实体店？你一般通过哪些渠道完成购物行为？你的父母呢？

② 全渠道时代，影响企业渠道设计的因素应该有哪些？

③ 手机、零食、食盐、汽车4种产品的渠道是否有所不同？

### *10.1.1* 营销渠道的含义

营销渠道也称**市场营销渠道**（marketing and sales channel），是指配合起来生产、分销和消费某一生产者的产品与服务的所有企业及个人。它包括供产销过程中的所有有关企业和个人，如供应商、生产者、中间商、辅助商及最终消费者。

渠道也称**分销渠道**（distribution channel）或销售渠道，是指某种产品和服务在从生产者向消费者转移过程中，取得这种产品和服务的所有权或帮助所有权转移的所有企业及个人。因此，渠道包括了商人中间商和代理中间商，此外还包括处于渠道起点和终点的生产者与最终消费者或用户，但是不包括供应商、辅助商。

**知识拓展**

**如何理解全网深度营销**

随着网络营销的高速发展，全网深度营销是一个非常火的词，很多企业都想做全网深度营销。全网深度营销包含全员营销、全渠道营销、全时段营销等多个维度。

1．全员营销

在一家公司，做销售绝不仅仅是销售员干的事情，后台人员也可以做销售，技术人员也可以做销售。可以向所有部门的人员下达任务，让他们主动联系身边的人进行垂直营销。

2．全渠道营销

未来商家能够存活而且存活得好，一定要走全渠道营销。传统的线下渠道有门店、电话、小区、拦截、家装、老客户介绍、异业联盟等，线上渠道有搜索引擎、微信公众号、社交微博、社群、短视频、信息流广告等。当然不一定要求所有品牌走所有渠道，但是一定要线上线下有两三个稳定的客户来源渠道，不要把所有客户来源压在一个渠道上，一定要有多个稳定的客户来源渠道才可以对抗风险。

3．全时段营销

销售不只是上班的8小时才可以做，任何时间段都可以做。首先说线下，所有参与人员每人每次与陌生人接触的时候，都可以做好销售；其次，线上考虑网络渠道的用户习惯，营销网站最好全天候都有客服，如果有热点事件和行业动态，也需要及时做出线上的营销策略及相关调整。

### 10.1.2 影响营销渠道选择的因素

在选择营销渠道时，必须对下列几方面的因素进行系统的分析和判断，才能做出合理的选择。

#### 1. 产品

① 产品价格。一般来说，产品单价越高，越应注意减少流通环节，否则会造成销售价格的提高，从而影响销路，这对生产者和消费者都不利。而单价较低、市场较广的产品，则通常采用多环节的间接渠道。

② 产品的体积和重量。产品的体积和重量直接影响运输和储存等销售费用。过重的或体积大的产品应尽可能选择最短的渠道，对于那些超限（由运输部门规定超高、超宽、超长、超重）的产品尤其应该组织直达供应；小而轻且数量多的产品，则可考虑采用间接渠道。

**拓展**

**观察**：平凡的“地摊经济”，会因为被“看见”而变得不平凡吗？

③ 产品的易毁性或易腐性。产品有效期短、储存条件要求高或不易多次搬运者，应采取较短的渠道，尽快送到消费者手中，如鲜活品、危险品等。

④ 产品的技术性。有些产品具有很高的技术性或经常需要技术服务与维修，应由生产者直接销售给消费者，这样可以保证向消费者提供及时、良好的销售技术服务。

⑤ 定制品和标准品。定制品一般由产需双方直接商讨规格、质量、式样等技术条件，不宜通过中间商销售。标准品具有明确的质量标准、规格和式样，渠道可长可短，有的用户分散，宜由中间商间接销售；有的则可按样本或产品目录直接销售。

⑥ 新产品。为尽快把新产品投入市场，扩大销路，生产者一般重视组织自己的推销队伍，直接与消费者见面，推介新产品和搜集消费者意见。如果能取得与中间商的良好合作，也可考虑采用间接渠道。

**你知道吗？**

如图10.1所示的LOGO代表的是什么？它们各自有什么特点与优势？

图10.1 相关快递企业LOGO

#### 2. 生产者本身状况

① 资金能力。如果企业本身资金雄厚，则可自由选择渠道——直接渠道或间接渠道；如果企业资金匮乏，必须依赖中间商进行销售和提供服务，则只能选择间接渠道。

② 销售能力。生产者在销售能力、储存能力和销售经验等方面具备较好的条件，则应选择直接渠道；反之，则必须借助中间商，选择间接渠道。

③ 可能提供的服务水平。中间商通常希望生产者能尽可能多地提供广告、展览、修理、培训等服务项目，为销售产品创造条件。如果生产者无意或无力满足这方面的要求，就难以达成合作，迫使生产者选择直接渠道；反之，提供的服务水平高，中间商则乐于销售该产品，生产者可选择间接渠道。

④ 发货限额。生产者为了合理安排生产，会对某些产品规定发货限额。发货限额高，选择直接渠道较好；发货限额低，选择间接渠道较好。

### 3. 市场

① 购买批量大小。购买批量大，多采用直接渠道；购买批量小，除通过自设门市部出售外，多采用间接渠道。

② 消费者的分布。某些商品消费者比较集中，适合采用直接渠道；反之，适合采用间接渠道。工业品销售中，本地消费者产需联系方便，因而适合采用直接渠道；外地消费者较为分散，采用间接渠道较为合适。

③ 潜在需求的数量。如果消费者的潜在需求多，市场范围大，需要中间商提供服务来满足潜在需求，宜选择间接渠道；如果潜在需求少，市场范围小，生产者可选择直接渠道。

④ 消费者的购买习惯。有的消费者喜欢到生产者处买商品，有的消费者喜欢到商店买商品。因此，生产者既应采用直接渠道，也应采用间接渠道，以满足不同消费者的需求，增加产品销量。

笔记

**知识拓展**

**构建合作伙伴型整合营销渠道**

通过互联网实现的从生产者到消费者的网络营销渠道，使传统中间商的职能发生了改变，由过去的环节中间力量变成为网络营销渠道提供服务的中介机构，如提供货物运输配送服务的专业配送公司、提供货款网上结算服务的网上银行，以及提供产品信息发布和网站建设的互联网服务提供商（ISP）与电子商务服务提供商。网络营销渠道的建立使得生产者和最终消费者直接连接与沟通，既节省了传统渠道中昂贵的人力资源成本，同时给消费者提供了更大的选择、对比、了解购买信息的空间，实现了传统渠道、网络营销渠道和消费者三方的共赢。

### 4. 政策规定

生产者选择渠道必须符合国家有关政策和法令的规定。某些按国家政策应严格管理的商品或计划分配的商品，生产者无权自销和自行委托销售；某些商品在完成国家指令性计划任务后，生产者可按规定比例自销，如专卖制度（烟）、专控商品（控制社会集团购买力的少数商品）。另外，税收政策、价格政策、进出口法律法规、商品检验规定等也都影响渠道的选择。

### 5. 竞争状况

生产者的渠道选择还受到竞争者所使用的渠道的影响，因为某些行业的生产者希望在与竞争者相同或相近的经销处与竞争者的产品抗衡。例如，食品生产者就希望其品牌和竞争品牌摆在一起销售。而有时，竞争者所使用的渠道是生产者所避免使用的渠道。

### 6. 经济收益

不同分销渠道经济收益的多少也是影响渠道选择的一个重要因素。对于经济收益的分析，主要考虑的是成本、利润和销量 3 个方面的因素。

### 7. 中间商特性

① 中间商的类型不同对生产者渠道的影响。一般来说，一个企业可以选择多个不同类型的中间商，如各类批发商和零售商等。

② 中间商的数目不同对生产者渠道的影响。按中间商数目的多少，可选择密集分销、选择分销、独家分销。

### 8. 互联网

移动互联网的发展给企业渠道的选择带来深刻变化，2013 年 O2O（Online to Offline，线上线下）营销模式开展得如火如荼，线上线下同步让互联网成为线下交易的前台，线下服务可以用线上来揽客，消费者可以用线上来筛选服务，成交可以在线结算。同时，对企业物流的建设与运营提出了前所未有的挑战。

互联网时代的渠道发展模式如图 10.2 所示。

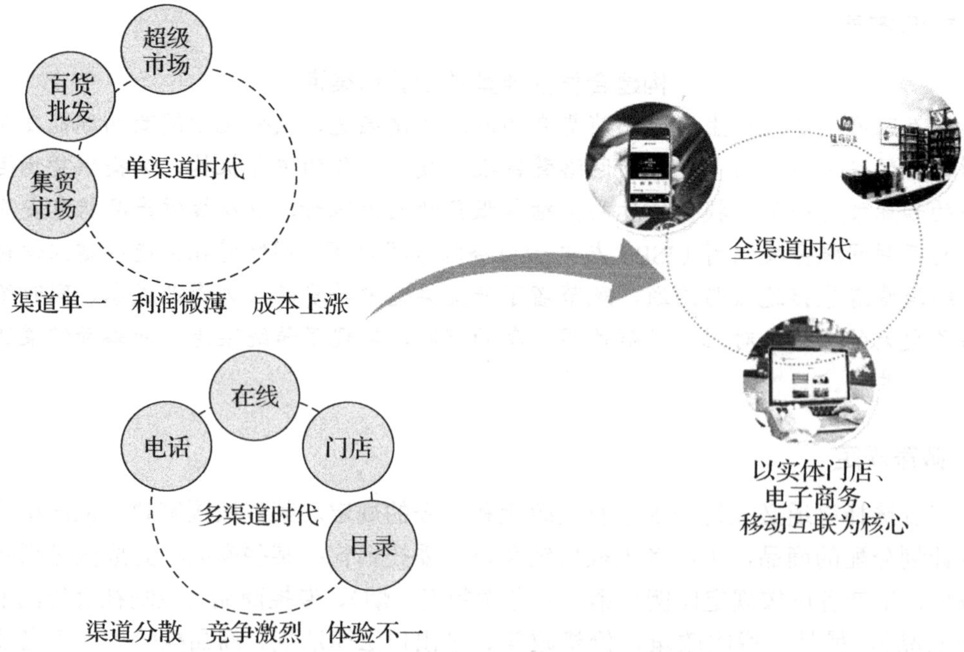


**图 10.2　互联网时代的渠道发展模式**

# 任务10.2　确定营销渠道目标

情境思辨

**三只松鼠的全渠道销售**

2019年11月11日24时，"国民零食第一股"三只松鼠"双十一"全渠道销售额定格在10.49亿元，同比增长54%，天猫单店4.67亿元，喜获"八连冠"。线上渠道累计销售额突破9.23亿元，包揽天猫旗舰店、天猫超市、京东超市、京东旗舰店、社交电商、苏宁易购旗舰店、唯品会、考拉海购、当当等九大平台第一。

三只松鼠全渠道销售排名前三的分别是天猫旗舰店、京东超市和天猫超市，销售额分别为4.36亿元、1.49亿元和8 928万元。

线下渠道方面，三只松鼠累计销售额1.26亿元，同比增幅226%。96家投食店参与"双十一"，销售同比增幅89%；147家松鼠小店参与"双十一"，销售同比增幅超9 539%；新分销同比增幅185%，零售通平台全品类第一。

从2017年"黑色双十一"的几乎滞涨到2018年恢复元气，以2019年的"双十一"为节点，三只松鼠正式踏上高速发展的二次征程，成为淘系中首个在停止增长之后重新实现持续增长的自主品牌。根据此前信息披露，以此次"双十一"为节点，三只松鼠将正式开启"大联盟"时代，以产业共同体的联盟商业模式向制造端全面渗透，实现对需求端的快速柔性供给，持续为消费者提供质高价优、新鲜、丰富、便利的快乐零食，奔向千亿松鼠梦想之路。

**议一议**

① 三只松鼠的渠道运营有什么特点？

② 应如何看待三只松鼠线上线下整合营销渠道目标的实现数据？

**拓展**

**案例**：三只松鼠"双十一"全渠道销售额破10亿元大关，提前锁定百亿元目标

渠道目标是企业在全面分析相关影响因素、正确评估企业实力与条件的基础上，对渠道功能与效果应达到的水平提出的预期。一般来说，渠道设计的目标主要有如下几个。

① 分销顺畅。保证产品以最短的时间送到消费者手中，直接渠道或短渠道为宜。

② 流量最大化。追求铺货率，长而宽的渠道为宜。

③ 分销便利。社区便利店、自动售货机等，最大限度地满足消费者空间便利需求。

④ 拓展市场。结合企业自身实力，选择直接渠道或间接渠道。

⑤ 提高市场占有率。相对市场总需求和一定的竞争压力而言，如果企业获得较高的市场占有率，就说明渠道满足了较多的市场需求，其中渠道维护与保养是保障。

⑥ 扩大品牌知名度。通过渠道服务，展示、贯彻、提升品牌价值。

⑦ 经济性。低成本分销策略可使企业赢得需求弹性大的市场。例如，企业通过自动化订货、仓储，租用低租金展厅、仓库，或者对运输、安装和维修收取额外费用，将提供给顾客的服务减至最少等方法，都能降低成本。

⑧ 市场覆盖率目标。长而宽的密集型渠道为宜。

⑨ 渠道控制。直营或所有权式的垂直渠道结构，渠道控制能力相对较强。

# 任务 10.3 选择营销渠道模式

营销观察

**A企业的渠道变革**

A企业在分析了产品、竞争状况和企业本身状况等方面因素之后，决定采取以下渠道策略。针对竞争品继续完善其强势的品牌代理和区域分销模式。A企业在区域内市场采取渠道扁平、网络下沉的渠道模式。其渠道改革的目的就是把渠道网络的力量最大化，为企业的发展争取时间和空间，即采取密集分销的宽渠道策略。

密集分销不等同于深度分销，也不等同于深度营销。而A企业的渠道扁平、网络下沉，作为市场细分及渠道变革的一种方式，其核心在于企业对产品销售加强分销面的扩张，让更多销售点出售自己的产品。密集分销保证了A企业产品在一定的区域市场上依靠经销商的力量，达到最大的铺货率和最有效的销售。A企业在渠道网络改造的当年取得了销量翻番的业绩。

请分析：A企业选择渠道模式的原则是什么？最终A企业为什么采取密集分销的宽渠道策略？

渠道可根据其渠道层次的数目来分类。在产品从生产者转移到消费者的过程中，任何一个对产品拥有所有权或负有推销责任的机构，都可视为一个渠道层次。生产者和消费者也参与了将产品及其所有权转移到消费领域的工作，因此也被列入每一渠道中。但是市场营销学却以中间机构层次的数目表述渠道的长度。

## 10.3.1 渠道的类型和层次

### 1. 渠道的类型

按流通环节的多少，可将渠道划分为直接渠道与间接渠道。直接渠道与间接渠道的区别在于有无中间商。

（1）直接渠道

直接渠道是指生产者不通过中间商环节，直接将产品销售给消费者。直接渠道是工业品分销的主要类型。例如，大型设备、专用工具及技术复杂需要提供专门服务的产品都采用直接渠道，消费品中有一部分也采用直接渠道，如鲜活商品等。

（2）间接渠道

间接渠道是指生产者通过中间商环节把产品传送到消费者手中。间接渠道是消费品分销的主要类型，工业品中有许多产品，诸如化妆品等采用间接渠道。

**2. 渠道的层次**

按渠道的长短可以将渠道分为长渠道和短渠道，具体包括以下4层，如图10.3所示。

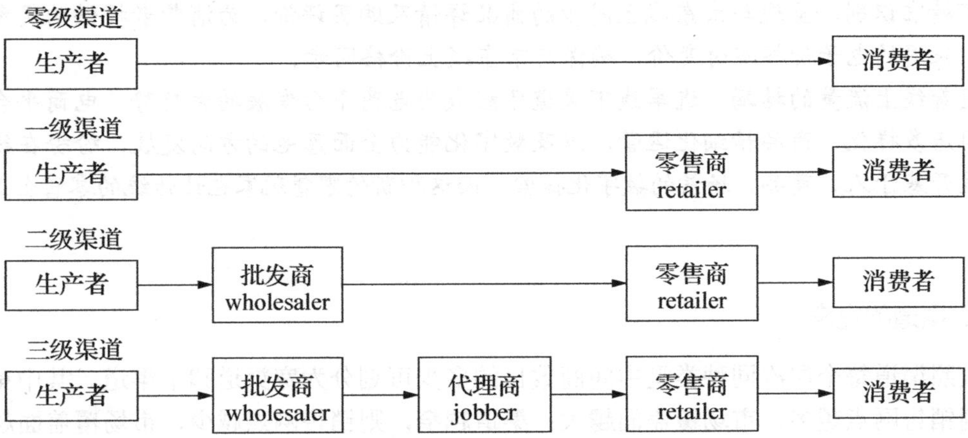


**图10.3　渠道的层次**

（1）零级渠道

生产者—消费者又称直接渠道，是指产品在从生产者流向最终消费者的过程中不经过任何中间商转手的渠道。直接渠道主要用于分销产业用品。这是因为，一方面，许多产业用品要按照消费者的特殊需要制造，有高度技术性，生产者要派遣专家去指导消费者安装、操作、维护设备；另一方面，消费者数目较少，某些行业工厂往往集中在某一地区，这些产业用品的单价高，消费者购买批量大。

（2）多层渠道

① 一级渠道：生产者—零售商—消费者。在消费者市场，这个中间商通常是零售商；在产业市场，则可能是销售代理商。

② 二级渠道：生产者—批发商—零售商—消费者。在消费者市场，这个中间商通常是批发商和零售商；在产业市场，则通常是销售代理商和批发商。

③ 三级渠道：生产者—批发商—代理商—零售商—消费者。肉食类食品及包装类产品的生产者通常采用这种渠道分销其产品。在这类行业中，通常有一专业代理商处于处理商和零售商之间，该专业代理商从批发商进货，再卖给无法从批发商进货的零售商。

**案例观察**

**京东的全渠道零售战略**

作为京东全渠道零售战略的一部分，京东之家在全国已经有90多家门店。随着线上流量的增长放缓，电商企业布局线下的速度在加快。此前的一天，苏宁易购正式完成对家乐福中国股权的收购，随后200多家入驻到家乐福门店的苏宁易购电器店将开业。

电商企业开的线下门店有什么不同？区别于传统3C零售门店产品数量少、品类单一的特点，京东之家的产品品类更丰富，四川首家京东之家有600多种产品品类。更大的不同在于看不到的部分。与此前阿里巴巴各类线下门店一样，京东之家也依托京东线上大数据的技术能力进行选址和选品。每一个门店摆放的产品都不大一样，这是由大数据推荐的结果。此外，京东也会提供供应链方面的支持。在京东之家，“take技术”让消费者在拿起商品时可精准识别，呈现与京东线上同步的商品详情及购买评价，为消费者提供购买参考。此外，采用的电子价签实时变价，确保与京东线上价格同步。

随着线上流量的枯竭，进军线下渠道已经成为电商平台发展的大趋势。电商平台都在朝着门店多样化、商品精细化运营，以及数字化能力全面落地的方向发展，纷纷在线下各领域展开基于人、商品、场景的数字化探索。而这种新的零售玩家也让传统的零售企业面临挑战。

笔记

#### 3. 渠道的宽窄

按照渠道每个层次同种类型中间商数目的多少可划分为宽渠道和窄渠道。其中渠道越宽，则销售网点越多，市场覆盖面越大；渠道越窄，则销售网点越少，市场覆盖面越小。按渠道的宽度可分为3种分销策略。

（1）密集分销

密集分销又称广泛分销、开放性分销，是指生产者尽可能地发展批发商和零售商，以尽可能多地销售产品。生产者对渠道的控制能力弱。这种策略适用于食品、日用品等生活必需品和便利品。

（2）选择分销

选择分销是指生产者根据自己设定的交易基准和条件精心挑选最合适的中间商销售其产品。生产者对渠道的控制能力强。这种策略适用于消费品中的选购品和特殊品。

（3）独家分销

独家分销是指生产者在某一地区仅使用一家中间商销售其产品。生产者对渠道控制能力很强。

#### 4. 渠道的广度

渠道的广度是指多样化整合营销渠道模式。现实中，很少有企业只采用单一的渠道模式，大多数企业都采用了混合渠道模式来进行销售。例如，有的企业针对大的行业客户，成立大客户部直接销售；针对数量众多的中小企业客户，则采用广泛的渠道；针对一些偏远地区的消费者，则可能采用邮购等方式来覆盖。

而如今，移动互联网使实体货品或服务的移动与消费者的移动的相关性越来越强，O2O营销模式开展得如火如荼，企业除了选择和建立传统的渠道结构之外，从褚橙、柳桃、潘苹果，到汽车、房产、珠宝，几乎所有的产品与服务都在“触网”，力图实现渠道实体空间与虚拟空间的立体突围，如图10.4所示。当然，这必然对企业物流的建设与运营提出前所未有的挑战。

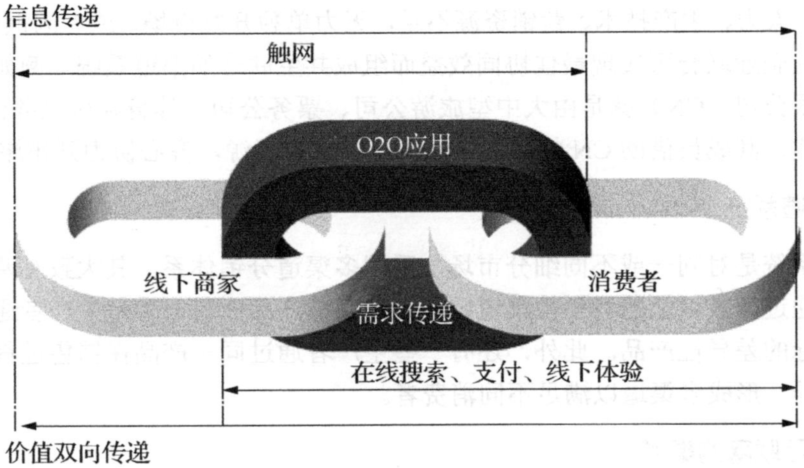


**图10.4 O2O应用**

笔记

## 10.3.2 渠道的动态发展模式

随着信息时代的到来，互联网渗透到人们生活中的方方面面，也给企业渠道模式的创新带来了机会。一些不同于传统渠道的新渠道模式开始出现。

### 1. “直销”

传统意义上的直销是生产者直接将产品销售给消费者，但目前的“直销”是生产者或经销商绕过一些中间环节，直接供货给零售终端，并非直接向最终消费者销售。直接控制零售终端是生产者提高市场辐射力和控制力的关键。

### 2. 垂直渠道网络

垂直渠道网络是将生产者由松散的利益关系变为紧密型战略伙伴关系；由平行关系变为垂直、利益一体化关系；由简单的无序放射状分布变为真正的网络分布；由简单的契约型变为管理型、合作型、公司型。

在实际操作中，垂直渠道网络的形成方式有以下几种。

① 非常紧密型。由生产者双方相互投资组成销售公司或营销配送中心，直接向零售终端供货。

② 较紧密型。以独家代理、独家经销的方式，双方适当持有股份。

③ 管理型。由双方共同组建营销配送中心，双方人员参与管理，以管理契约加强合作。

④ 松散的联盟型。由生产者组织联盟会，选择渠道领袖管理。

⑤ 较松散的捆绑型。生产者和一级经销商形成明确的利益捆绑关系，共同管理二级批发商与终端零售商。

#### 3. 水平渠道系统

这是由两家或两家以上的企业横向联合，共同开拓新的营销市场的渠道系统。这些企业或因资本、人力、生产技术、营销资源不足，无力单独开发市场，或者因惧怕承担风险，或者因与其他企业联合可实现最佳协同效益而组成共生联合的渠道系统。例如，日本共同网络股份有限公司（CN）就是由大中型旅游公司、票务公司、体育娱乐服务公司等 27 家企业出资组建，其成员借助 CN 的共同信息网享用信息资源，齐心协力开拓旅游市场。

#### 4. 多渠道系统

多渠道系统是对同一或不同细分市场，采用多渠道分销体系。其大致有两种形式：一种是生产者通过两条以上的竞争性渠道销售同一商标产品；另一种是生产者通过多条渠道销售不同商标的差异性产品。此外，还有一些生产者通过同一产品在销售过程中服务内容与方式的差异，形成多渠道以满足不同消费者。

#### 5. 基于互联网的渠道

基于互联网的渠道是指应用互联网提供商品和服务，使用计算机或其他技术手段的目标客户通过电子手段进行、完成交易。在互联网环境下，渠道不再仅仅是实体的，而是虚实结合，甚至完全虚拟。在线销售、网上零售、网上拍卖、网上采购、网上配送等新的分销形式，使渠道多元化，由宽变窄，由实变虚，由单向、静止变互动。

### *10.3.3* 选择渠道模式的原则

渠道管理人员在选择具体的渠道模式时，无论出于何种考虑，从何处着手，一般都要遵循以下原则。

#### 1. 畅通高效原则

这是渠道选择的首要原则。畅通高效的渠道应以消费者需求为导向，将产品尽快、尽好、尽早地通过最短的路线，以尽可能优惠的价格送达消费者方便购买的地点。

#### 2. 覆盖适度原则

企业在选择渠道模式时，还应考虑及时准确地送达的商品能不能销售出去，是否有较高的市场占有率足以覆盖目标市场。因此，不能一味强调降低分销成本，这样可能导致销售量下降、市场覆盖率不足的后果。

#### 3. 稳定可控原则

企业一般不会轻易更换渠道成员，更不会随意转换渠道模式。只有保持渠道的相对稳定，才能进一步提高渠道的效益。畅通有序、覆盖适度是渠道稳固的基础。

#### 4. 协调平衡原则

企业在选择、管理渠道时，不能只追求自身的效益最大化而忽略其他渠道成员的局部利益，应合理分配各个成员间的利益。

### （五）发挥优势原则

企业在选择渠道模式时为了争取在竞争中处于优势地位，要注意发挥自己各个方面的优势，将渠道模式的设计与企业的产品策略相结合。对于生产者来说，制定渠道策略的重要内容之一就是选择合适的渠道模式。

生产者选择不同渠道模式的利弊如图 10.5 所示。

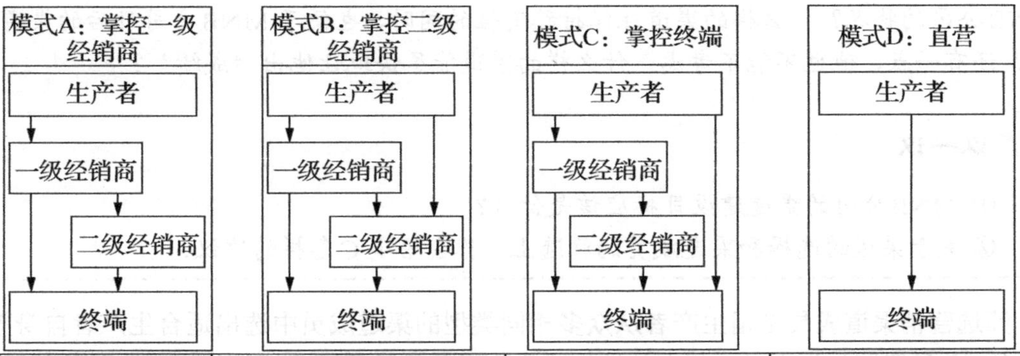


| | | | | |
|---|---|---|---|---|
| 利 | • 低成本：较短的信贷期限，低坏账风险<br>• 有可能利用经销商拥有的客户网络 | • 市场下沉至二级经销商，展开协销，把市场做深做透<br>• 一级经销商承担分销顾问职能，与企业一起，对二级经销商进行协销 | • 直接掌控核心终端<br>• 有利于市场真正做透 | • 更好地控制存货，防止断货，更好地控制对终端的服务<br>• 更好地发展与终端的客情关系 |
| 弊 | • 失去对终端的控制<br>• 自满的合伙人可能会忽视对下游的零售商和下级经销商的推动 | • 一级经销商会有抵触情绪，不愿意被“架空”<br>• 三方协作的管理较难 | 直销和经销商之间存在窜货和冲突的风险 | • 高成本、更长的信贷期限、后勤/支持人员及设备、仓储费用<br>• 增加坏账的风险<br>• 销售队伍管理的复杂性提高 |

图 10.5　生产者选择不同渠道模式的利弊

## 任务 10.4　筛选营销渠道成员

**营销观察**

小 C是 MNB床上用品公司（以下简称 MNB公司）的销售部经理，有一句话可以形容他这几天的心事，那就是正在为渠道的问题大伤脑筋。MNB公司的前身是一家面料厂，出于“看厌了服装厂的脸色，干脆自己做成品”的初衷，不久前改制为一家生产、销售高档床上用品和布艺饰品的公司，小C受聘为销售部经理。前身的面料厂，作为半成品供应商所留下的资源，除了技术开发和生产管理方面尚能借鉴外，其余对MNB公司来说作用不大，特别是渠道这一块，一切都要重新建立。

现在，小C的烦恼是他需要尽快为这个新公司拿出渠道规划方案并制定相关政策。而就这个问题，销售部门内部讨论的结果就有5种完全不同的意见，更不要说来自其他部门的了。

小C必须做出判断：什么样的渠道最适合销售高档床上用品？什么样的渠道最适合MNB公司的状况？什么样的渠道在保持稳定性的同时，也便于MNB公司日后的渠道改进？还有一点，他也不能不考虑：什么样的渠道能尽快地让他出“成绩”？

**议一议**

① MNB公司的渠道建设目标应该是什么？

② 关于渠道的选择和渠道成员的筛选上，你会给小C怎样的建议？

筛选营销渠道成员是指生产者从众多相同类型的渠道成员中选出适合生产者自身渠道结构的，并且能够与生产者一起有效地完成生产者制定的营销目标的渠道合作伙伴的过程。

能否筛选出合适的营销渠道成员作为生产者的合作伙伴，将直接影响生产者生产的产品是否能够及时地、准确地转移到消费者手中，影响生产者分销的成本和生产者的服务质量，影响生产者制定的营销目标能否顺利实现，影响产品及生产者在消费者心目中的形象。营销渠道成员筛选的重要性与生产者选择的分销密度高度相关。分销密度越小，如选择独家分销，则渠道成员的选择越重要；反之，分销密度越大，如选择密集分销，则渠道成员选择的重要性就相应地减小。

### 10.4.1 筛选渠道成员的原则

在筛选渠道成员之前，生产者应该首先确立一套筛选渠道成员的原则及标准，这是至关重要的。总的说来，生产者选择渠道成员，需要遵循如下一些基本原则。

#### 1. 相互认同原则

这是最基本的原则。生产者和渠道成员之间的合作前提在于生产者和渠道成员之间的相互认同。

#### 2. 进入目标市场原则

这是最重要的原则。为了让生产者的产品迅速地进入目标市场，以方便目标市场的消费者就近购买本生产者的产品，要求渠道经理、渠道总监或其他决策者在选择渠道成员时注意该渠道成员当前是否在目标市场拥有分销渠道及拥有销售场所等。

#### 3. 产品销售原则

这是最核心的原则。生产者选择渠道成员的核心目的在于通过渠道成员帮助生产者完成营销目标，因此生产者在选择渠道成员作为合作伙伴的时候，通常都比较注重渠道成员的实际销售能力。

### 4. 形象匹配原则

这是最普遍的原则，也就是我们通常所说的“门当户对”。一个渠道成员的形象必然代表着生产者的企业形象。对于拥有卓越品牌的生产者来说，尤其要重视渠道成员的形象。通常情况下，知名生产者总是与资金实力雄厚、商誉好的渠道成员结为合作伙伴或战略合作伙伴。

**同步观察**

**奢侈品的渠道成员筛选**

2018年10月，意大利奢侈品品牌GUCCI CEO马可·比扎里（Marco Bizzarri）公开指责中国假货多，GUCCI在中国市场不愿与阿里和京东运营的中国电商平台合作。GUCCI的电商策略是独立运营自己的电商平台，其指责中国电商的目的在于把消费者从中国电商平台上迁移到自己的官方平台上来。

而阿里安全的一名“小二”表示，阿里对任何假冒商品始终持零容忍态度，并一直联合执法机构和广大品牌方务实围剿假货源头。对于GUCCI这样的品牌和商品，阿里会尽最大努力帮助其打假，解决其自身难以解决的问题。

同时，GUCCI的经销商却表示：GUCCI假货全球泛滥、其自身渠道管控能力不足早已是不争的事实，很多时候，GUCCI商品的销售商家都没有办法辨别真伪。

**拓展**

**案例：**GUCCI产品全球乱象：渠道管控混乱，无法自解，假货全球泛滥

## 10.4.2 筛选渠道成员应考虑的因素

一般来说，生产者在进行渠道成员筛选时考虑的主要因素如下。

### 1. 中间商的信誉

中间商信誉的高低直接关系到生产者产品销量的大小，中间商的信誉越高，商品销量越大。因此，生产者应将信誉较高的中间商作为自己的选择对象。

### 2. 中间商的实力

中间商的实力包括资金、人员素质、营业面积、仓储和运输能力等。一般来说，中间商的实力越强，销售成功的概率也就越大。生产者应优先选择实力较强的中间商。

### 3. 对生产者产品的熟悉程度

这是指中间商对生产者产品的性能、用途、保养等方面知识的了解程度。中间商越熟悉生产者的产品，就越可能在经营中取得成功。在同等条件下，生产者应考虑使用对自身产品熟悉程度较高的中间商。

#### 4. 预期合作程度

中间商与生产者合作关系处理的好坏，直接影响生产者产品的销售。中间商如能与生产者密切合作，将会大大提高产品销量。生产者在挑选中间商时，应重视这个因素。

从生产者的角度要求，合格的渠道成员还应具备下列条件。

① 接近所期望的目标市场。选择批发商或零售商，最重要的应考虑其服务的对象是否是生产者所要发展的市场。

② 地理位置。零售商应在顾客流量大的地区，批发商应具有较好的交通运输和储存条件。

③ 商品经营范围。应选择经营相互连带需要的中间商。生产者一般不愿意将其产品交给仅有竞争品的中间商销售，如果要将其产品交给经营竞争品的中间商销售，则应考虑与竞争品的品质、价格不要过于悬殊。

笔记

④ 促销措施。一般来说，拥有独家经销权的零售商，均要求负责部分广告活动，或者与生产者合作共同担负其他促销活动与费用。

⑤ 对顾客提供的服务。生产某些产品的生产者，往往把中间商能否提供各种服务，如代客送货、技术指导、换配零件、维修保养等，作为选择个别中间商的因素。

⑥ 运输与储存措施。某一类产品的生产者，对于中间商的运输工具与运输能力及其储存设备甚为重视，往往将之作为选择中间商的重要因素。

⑦ 中间商的财务状况。每一家生产者均应调查与了解可能被选择为合作伙伴的中间商的财务状况。毫无疑问，所有的生产者都期待中间商能及时结清货款，有些经济力量较弱的生产者，还希望能预收货款。

⑧ 企业管理能力。要了解中间商领导人员的才能、经营能力、组织机构和人员配备，这对经营成败关系极大。

**同步延伸**

### 企业有效招商“四步法”

第一步，规划核心市场

结合人力、物力、财力、市场经验、目标市场潜力、产品导入阶段等因素，选择单点市场突破抢占，还是全国市场覆盖等进行合理布局，根据自身产品品牌定位锁定主力消费群体市场，进行核心主打市场规划。

第二步，筛选合适的中间商

中间商大致分为两类：一类为专职中间商，它们拥有一定资金、经销经验等资源，熟悉当地市场，具有一定品牌忠诚度；一类为投资中间商，同样具有一定资源，但品牌忠诚度较低，急于收回投资，不利于企业品牌的长远建设。在选择中间商时，应从中间商的经营理念、经销经验、资金、人才梯队等方面看其是否与本企业发展的需求相匹配。

第三步，使用恰当的招商方式

针对招商目标市场营销环境、市场成熟度、市场容量、信息传播环境等实际情况，企业可整合广告招商、会议招商、人员招商、网络招商等多种招商方式。

第四步，打造"硬实力与软支持"

企业硬实力直接体现为品牌影响力、产品力。它们既是中间商能够直接感知体验的，也是一定市场空间、持续良好盈利模式的有力保证。企业的软支持，即为丰富的招商政策支持，如产品线规划推广、终端维护管理、销售团队培训、促销支持等一系列营销手段。在经销合同签订完、货物进入仓库后，才是企业与中间商真正合作的开始。企业的营销团队应根据当地市场情况，如消费意识、消费行为、消费潜力等指导、协助中间商进行产品经销、市场运作。

### 10.4.3 筛选渠道成员的方法

笔记

筛选渠道成员的方法有很多，这里重点介绍以下 3 种。

#### 1. 销量评估法

销量评估法是通过实地考察有关中间商的顾客流量和销售情况，并分析其近年来销售额水平及变化趋势，在此基础上，对有关中间商的实际分销能力（尤其是可能达到的销量水平）进行估计和评价，然后筛选最佳合作成员。

#### 2. 加权评分法

加权评分法就是对拟选择作为合作伙伴的每位中间商，就其从事商品分销的能力和条件进行打分。先根据不同因素对渠道功能建设重要程度的差异分别赋予一定的权数，然后计算每位中间商的总得分，从中选择得分较高者。

#### 3. 销售成本评估法

利用中间商经销商品是有成本的，主要包括市场开拓费用、让利促销费用、因延迟货款支付而带来的收益损失、谈判和监督履约的费用等。这些费用构成了销售费用或流通费用，减少了企业的净收益。企业可以通过控制销售费用来提高渠道的效益，进而增加净收益。因此，企业也可以把预期销售费用看作选择中间商的一种指标。其常用的方法有以下 3 种。

（1）总销售成本比较法

在分析有关中间商的合作态度、营销战略、市场声誉、顾客流量、销售记录的基础上，估算各个候选人作为渠道成员，在执行分销功能过程中的销售费用。然后，选择其中费用最低的中间商。

（2）单位商品销售成本比较法

销售费用一定时，销量越多，则单位商品的销售成本越低，渠道成员的效率就越高。因此在评价有关中间商的优劣时，需要把销量与销售成本两个因素联系起来综合评价：就是将中间商的预期总销售成本与该中间商能够实现的商品销量（或销售额）的比值，即单位商品销售成本（或单位商品销售额）做比较，选出比值最低者作为渠道成员。

(3) 成本效率分析法

这就是以销售业绩与销售费用的比值作为评价依据，选择最佳中间商。与前者不同的是，此方法采用的比值是某中间商能够实现的销售业绩（销量或者销售额）除以该中间商总销售费用，称为成本效率。

# 任务 *10.5* 评估管理营销渠道

营销观察

笔记

**A企业渠道管理问题**

A企业通过渠道改革，采取密集分销的宽渠道策略取得了业绩的提升。然而，随着时间的推移和竞争态势的变化，A企业渠道扁平的问题也暴露出来。A企业变革渠道的初衷是希望通过渠道网络的改造，缩短产品到达最终消费者的距离，同时更好地掌控终端。改革前的渠道模式：A企业—总经销—一级经销商—二级经销商—终端场所。改革后的模式不设置区域总经销，直接把原一、二级经销商中优秀的客户发展成公司的一级合同客户，由这些新成长起来的合作伙伴直接把产品送到分散在各地的面对消费者的终端场所中。经过几个月的对经销商的筛选后，A企业在Y区域内建立起了庞大的经销商队伍。

追逐利润是经销商的天性，它们在疯狂地争夺地盘、抢夺终端资源之时，杀价窜货也就成了家常便饭。由于这些新成长的一级合同客户的势力和能力都还需要时间培养，而A企业希望得到的重要的终端资源却一直没有经销商涉足。但此时，竞争者的经销商却以其强势老到仍处于该领域的绝对优势地位。

尽管A企业改造渠道网络后客户数量增加了，但客户质量却下降了。而A企业依靠人海战术，尽管取得了销量上的猛增，但却面临着渠道内部的同室操戈。A企业的渠道变革进入了痛苦的阵痛期。在战略相持阶段，A企业必须积极调整和完善渠道网络，以迎接新一轮的战斗。

请分析：面对渠道内部的混乱情况，A企业应该如何处理？

渠道管理是指生产者为实现公司分销目标而对现有渠道进行管理，以确保渠道成员间、公司和渠道成员间相互协调和通力合作的一切活动。

## *10.5.1* 渠道管理内容

### 1. 对经销商的供货管理

保证供货及时，在此基础上帮助经销商建立并理顺销售子网，分散销售及库存压力，加快商品的流通速度。

### 2. 加强对经销商广告、促销的支持

减少商品流通阻力；提高商品的销售力，促进销售；提高资金利用率，使之成为经销商的重要利润源。

### 3. 对经销商负责

在保证供应的基础上，对经销商提供产品服务支持。妥善处理销售过程中出现的产品损坏变质、顾客投诉、顾客退货等问题，切实保障经销商的利益不受无谓的损害。

### 4. 加强对经销商的订货处理管理

减少因订货处理环节中出现的失误而引起发货不畅的现象。

### 5. 加强对经销商订货的结算管理

规避结算风险，保障公司的利益，同时避免经销商利用结算便利制造市场混乱。

### 6. 其他管理工作

其他管理工作包括对经销商进行培训，增强经销商对公司理念、价值观的认同，以及对产品的认识。还要负责协调公司和经销商之间、经销商和经销商之间的关系，尤其对于一些突发事件，如价格涨落、产品竞争、产品滞销及周边市场冲击或低价倾销等扰乱市场的问题，要以协作、协商的方式为主，以理服人，及时帮助经销商消除顾虑、平衡心态，引导和支持经销商向有利于产品营销的方向转变。

笔记

**同步观察**

#### 窜货之殇

自大家电窜货已成为常态后，大厨电渠道“窜货热潮兴起”。受房地产精装修、电商渠道紧逼等因素的影响，厨电行业从同质化量销升级为高端智能产品，引起多个一线大牌销量、销售额同比下滑，一场史无前例的窜货热潮就这样兴起了。多位业内专家表示“家电厨电窜货已升级到无可救药自毁渠道的地步”。

“窜货”是正规授权实体店渠道经销商最不希望发生的，“窜货”是非地区正规授权零售商的需求，两者在本地大厨电市场本就相互冲突，受到最大影响的主要是地区正规授权经销商，窜货商通过非正规渠道的进货价格甚至低于本地正规品牌经销商的进货价格。当下的大厨电与大家电窜货渠道可以说无孔不入，可以在任何时间任何地点全国发货，且保证正品，甚至窜货产品与正规渠道销售的产品享有同样的售后保修服务。

在我国整个家电厨电品牌阵营中，95%以上的家电厨电品牌依靠实体店从小做到巨头、从小微走向全国知名企业，而实体店是品牌最深厚的根基。随着时代发展，行业不断升级、零售渠道越来越多，多个品牌在不断牺牲实体店利益，追求多元渠道。此举破坏了品牌在终端市场的声誉，也大大减少了品牌在渠道市场的影响力与综合竞争能力，2019 年多地区

曝出一线大牌厨电、橱柜、大家电经销商倒闭，换了一个又一个新经销商。

窜货影响了正规授权经销商的利益，导致了渠道管理混乱。但是通过窜货，企业的产品销量也很高，对此你有什么看法？你认为应如何对待窜货问题？

### 10.5.2 渠道管理存在的问题

#### 1. 渠道不统一引发厂商之间的矛盾

企业应该解决由于市场狭小造成的企业和中间商之间的冲突，统一企业的渠道政策，使服务标准规范。例如，防止窜货应该加强巡查，防止倒货应该加强培训，并建立奖惩措施，通过人性化管理和制度化管理的有效结合，培育最适合企业发展的厂商关系。

拓展

**阅读：**红木家具营销渠道管理的“五大罪证”

#### 2. 渠道冗长造成管理难度加大

应该缩短货物到达消费者的时间，减少环节降低产品的损耗。企业应有效掌握终端市场供求关系，减少企业利润被分流的可能性。

#### 3. 渠道覆盖面过广

企业必须有足够的资源和能力去关注每个区域的运作，尽力提高渠道管理水平，积极应对竞争者对薄弱环节的重点进攻。例如，海尔与中间商合作的方式主要有店中店和专卖店，这是海尔营销渠道中颇具特色的两种形式。

#### 4. 企业对中间商的选择缺乏标准

在选择中间商的时候，不能过分强调中间商的实力，而忽视了很多容易发生的问题。选择渠道成员应该有一定的标准，如经营规模、管理水平、经营理念、对新生事物的接受程度、合作精神、对顾客的服务水平、其下游客户的数量，以及发展潜力等。

#### 5. 企业不能很好地掌控并管理终端

有些企业自己经营了一部分终端市场，抢了二级经销商的生意，使其销量减少，逐渐对本企业的产品失去经营信心。同时，它们会加大对竞争品的经销量，造成传统渠道堵塞。

#### 6. 忽略渠道的后续管理

很多企业误认为渠道建成后可以一劳永逸，不注意与渠道成员的感情沟通与交流，从而出现了很多问题。

#### 7. 盲目自建网络

很多企业，特别是一些中小企业不顾实际情况，一定要自建销售网络，但是由于专业化程度不高，致使渠道效率低下。由于网络太大，反应缓慢，管理成本较高，人员开支、行政费用、广告费用、推广费用、仓储配送费用巨大，给企业造成了很大的经济损失。另外，自建渠道的关键是规模经济，必须达到一定的规模，企业才能实现整个配送和营运成本的最低化。

#### 8. 新产品上市的渠道选择混乱

任何一个新产品的成功入市，都必须最大限度地发挥渠道的力量，特别是与中间商的紧密合作。企业在推广新品上市的过程中，应该重新评价和选择中间商：一是对现有的中间商大力强化网络拓展能力和市场操作能力，新产品交其代理后，企业对其全力扶持并培训；二是对没有改造价值的中间商坚决予以更换；三是对于实力较强的二级经销商可委托其代理新产品。

### 10.5.3 渠道管理方法

企业可以对其渠道实行 3 种不同程度的管理与控制，即高度控制、低度控制和渠道绩效评估。

#### 1. 高度控制

企业能够选择负责其产品销售的中间商类型、数目和地理分布，并且能够支配这些中间商的销售政策和价格政策，这样的控制称为高度控制。高度控制对某些类型的企业有着很大的益处，对特种商品来说，利用高度控制维持高价格可以维护产品的优良品质形象，因为如果产品价格过低，会使消费者怀疑产品品质低劣而将其淘汰。另外，即使对一般产品，高度控制也可以防止价格竞争，保证良好的经济效益。

#### 2. 低度控制

如果企业无力或不需要对整个渠道进行高度控制，往往可以通过对中间商提供具体支持协助来影响中间商。这种控制的程度是较低的，大多数企业的控制都属于这种方式。低度控制又可称为影响控制，这种控制包括以下一些方式。

（1）向中间商派驻代表

大型企业一般都派驻代表到经营其产品的中间商中去亲自监督商品销售。企业代表也会给中间商提供一些具体帮助，如帮助中间商训练销售人员、组织销售活动和设计广告等，通过这些活动来掌握它们的销售动态。企业也可以直接派人支援中间商，如目前流行的专柜销售、店中店等形式，多数是由企业派人开设的。

（2）与中间商多方式合作

企业可以利用多种方法激励中间商宣传商品。例如，与中间商联合进行广告宣传，并由企业负担部分费用；支持中间商开展营业推广、公关活动；对业绩突出的中间商给予价格、交易条件上的优惠；对中间商传授推销、存货销售管理知识，提高其经营水平。通过这些办法，调动中间商推销产品的积极性，达到控制网络的目的。

#### 3. 渠道绩效评估

渠道绩效评估是指企业通过系统化的手段或措施对其渠道系统的效率和效果进行的客观地考核和评价的活动过程。渠道绩效评估的对象既可以是渠道系统中某一层级的渠道成员，也可以是整个渠道系统。

在营销实践中，不少企业同时对某个层级的渠道成员及整个渠道系统进行评估。尤其是在渠道扁平化的发展趋势下，企业更多地加强了对渠道系统中具体渠道成员的绩效评估，以利于企业决定是否对某些层级的渠道成员进行扁平化管理。下面从 5 个方面来阐述企业对渠道系统的评估。

（1）渠道系统管理组织评估

渠道系统管理组织评估包括两个方面的内容：一是要考察渠道系统中销售经理的素质和能力；二是要考察企业分支机构对零售终端的控制能力。例如，在企业分支机构是否有自控的零售终端，如果有，自控零售终端的销售额占企业分支机构所在地销售的比例如何？该比例越高表明该分支机构在做市场而不是在做销售的概率更大。

（2）客户管理评估

这里的客户是相对而言的，客户管理评估包括 3 个方面的内容：一是最终客户；二是组织客户，或者称商业客户；三是渠道成员的业务人员。

（3）渠道成员铺货管理评估

渠道成员铺货管理评估分为两个步骤。第一步是对构成渠道系统相关层级的渠道成员的信用状况进行评估。这一步至关重要，直接关系到后面的铺货风险问题。根据对评估下来的渠道成员信用等级情况，确定是否铺货或铺多少货等。第二步是控制铺货金额。

（4）渠道成员沟通评估

渠道成员沟通评估主要通过企业对渠道成员的培训来间接考察。在该项评估上，可以通过考察参加培训的渠道成员占企业渠道系统所有渠道成员的比例、接受企业规定的渠道成员占企业渠道系统所有渠道成员的比例，以及参加企业员工活动的渠道成员占企业渠道系统所有渠道成员的比例 3 项指标来衡量。

笔记

（5）市场促销活动评估

无论是由企业自身组织、渠道成员辅助实施，还是由渠道成员自身组织、企业辅助实施的市场促销活动，通常情况下一般需要在促销目的、促销原则、促销中间环节及促销切入点等方面达到一定的要求。

### 10.5.4 调整渠道成员

在渠道管理过程中，由于情况的变化，有时需要增加或减少渠道成员、局部修正某些渠道成员，或者全面修正渠道系统。这种调整属于比较重大的决策，应慎重进行，通常由企业的最高管理层做出。

**拓展训练**

XDF户外用品有限公司（以下简称 XDF公司）是本地生产各种冲浪板、运动艇等产品的公司，主营产品是冲浪板。其主要渠道原本依赖于一般贸易，随着中国市场需求的不断攀升，这家公司转而开始设计和建设国内线上线下渠道。针对冲浪板这种产品的特点，其渠道应有独有的特征。分析该公司的产品特点和市场行情，找到竞争品进行对比，为其重新选择国内目标市场，完成一项渠道设计方案并提交。

1．训练内容

① 浏览关注冲浪板这个类目渠道建设方面的资料。

② 结合所学知识，充分分析所有资料，为 XDF公司制订出今后的营销渠道构建方案，

并在此基础上进行中间商拜访模拟训练。

2．训练目的

帮助学生学会分析影响企业渠道建设的因素，进而帮助学生学会应用渠道建设的步骤和方法，筛选和管理渠道成员，制定快捷便利的营销渠道策略。

3．训练要求

① 小组学习，共同关注、研讨，完成冲浪板产品市场分析报告。

② 要求学生认真学习并明确影响企业渠道建设的因素。

③ 要求学生运用市场营销相关基本原理，对企业目前的渠道建设情况进行分析，能够在此基础上制订出渠道开发计划。

④ 要求教师在实战前给予必要的指导，并在学生相互交流的基础上给予点评。

4．训练步骤

① 把学生分成若干小组。

② 案头搜索，搜集冲浪板类目渠道建设方面的相关资料，初步分析出营销渠道构建方案。

③ 根据企业渠道建设的要求，详细制订一份XDF公司今后的渠道开发计划。

④ 以渠道开发计划为基础，进行中间商的拜访模拟演练。

5．训练考核

（1）理念与技能

考察影响企业渠道建设的各种因素、企业渠道建设和筛选渠道成员的方法与步骤，以及当前市场环境下企业管理和激励中间商的策略。

（2）逻辑与规范性

逻辑合理，格式规范，礼仪得体。

笔记

## 任务实施评价

完成本任务的“工作任务卡”“应知应会”“拓展训练”等学习任务后，请按照如表10.2所示的测评项目，给出本任务的自主学习个人最终成绩与评价。

**表10.2　任务10——实施评价与职业能力测评**

完成时间：　　年　　月　　日

| 学　生 | | 学　号 | | 班　级 | |
|---|---|---|---|---|---|
| 小　组 | | 小组长 | | 个人成绩 | |
| 多元评价 | 信息能力（15%） | 表达与沟通能力（25%） | 专业能力（35%） | 职业操守（15%） | 团队协作能力（10%） |
| 自我评价（10%） | | | | | |
| 小组评价（25%） | | | | | |
| 组间评价（25%） | | | | | |
| 教师评价（40%） | | | | | |
| 总　评 | | | | | |

说明：该实施评价与职业能力测评表，是根据原劳动和社会保障部职业技能鉴定中心《职业核心能力培训测评标准》所列文献相关内容提炼，并结合营销职业能力构成及营销课程过程性实施特点编制而成的。

# 模块6 传播价值，直击市场

## 模块导引

请小组研讨：社交媒体时代，你通常会在朋友圈晒哪些内容？为什么晒或不晒？

通过消费体验、情境观察、分享研讨、角色扮演、实战模拟等方式，思考并体会："两微一抖"是你每天的打卡必刷课吗？今天作为"网络公民"的你，哪些消费生活是被新媒体改变的？今天的消费者，很多时候会成为消费商吗？消费者，可以成为传播者吗？生活方式创造商业价值，移动互联网时代如何有效引导消费者生活方式？传统硬广彻底退出历史舞台了吗？你喜欢微商吗？因与其追求的商业利益之间存在矛盾，媒体可以忽略企业社会责任吗？

本模块引领你明确社交媒体时代整合营销传播的现状与趋势，助推你提高新媒体传播素养，提升媒商，建构、形成恪守职业道德、营销伦理和企业社会责任的整合营销传播思维；能根据相关影响因素，选择合适的传播媒介，进行内容创造与生产，把组织、产品或服务的价值信息有效地整合营销传播，精准送达目标市场。

你需要面对和思考的主要问题，包括但不限于：

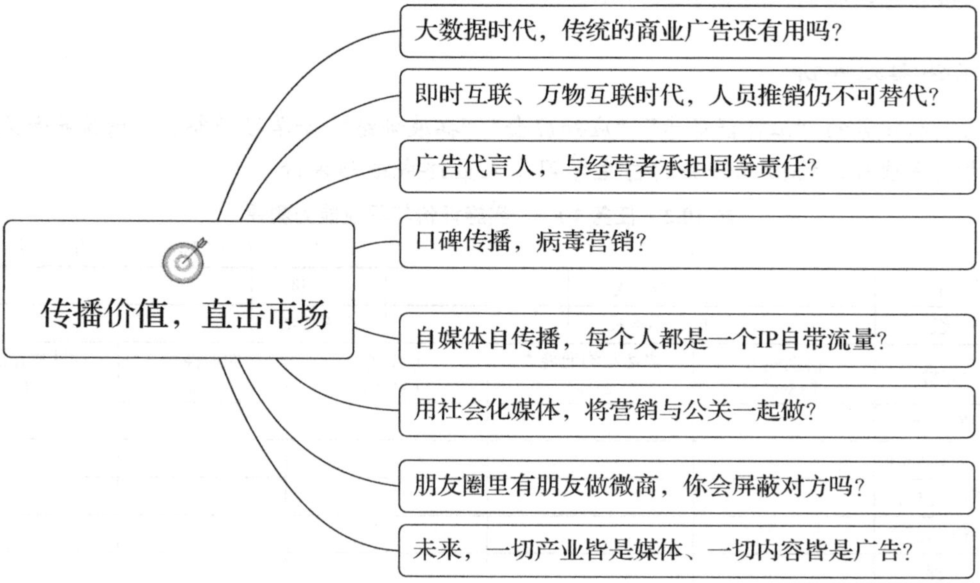

# 任务 11

# 实施全媒体触达的整合营销传播策略



为了赚钱而鼓励顾客多买商品，那你只是一个沿街叫卖的小贩。为顾客的利益而宣传商品，那你已是一个推销的行家。

——[美]齐格·齐格勒

## 学习目标

**职业操守**

◆ 树立内容为王、用社会化媒体将营销与公关一起做的整合营销传播思维。

◆ 恪守营销伦理与道德，不过度打扰、侵犯消费者生活。

**应知应会**

◆ 认知整合营销传播及其多种促销方式。

◆ 理解整合营销传播的影响因素。

◆ 掌握如何有效制订营销传播方案。

◆ 掌握开展整合营销传播活动的流程与步骤。

**走进职场**

能够根据相关影响因素，为组织、产品或服务的价值传播选择合适的传播媒介，制定有效的整合营销传播策略，有效实施整合营销传播活动，全媒体触达目标受众。

拓展

观察：停更“双微一抖”

拓展

阅读：停更“双微一抖”？新媒体人有话说

## 任务导入

### 停更“双微一抖”？甲方所要面临的选择

新媒体改变了信息交互的模式，而抖音改变了新媒体！

抖音的迅速蹿红，所代表的不仅是以短视频为内容的新媒体的兴起，更是企业在新媒体时代中的品牌策略、交互策略及营销策略的改变。娱乐至上的时代，如果仍然一味强调品牌高大上、产品专业、服务值得信赖，你的品牌很可能会与互联网消费群体产生代沟。

从2018年开始，“两微一抖”就已经成了各大企业品牌营销的热点渠道。广告主可以建立抖音企业账号，通过视频与年轻消费者沟通，传递品牌趣味化、实用化、娱乐化的一面，加速品牌方年轻化进程。

但2019年2月12日业界一篇《停更“双微一抖”》的公众号文章，刷屏了营销圈。该文向业界发问“你制造的到底是广告内容还是社交垃圾？你做的事情是消耗品牌，还积累品牌？”认为当今“双微一抖”的日常运营是跟风式焦虑与幸存者偏差所致，品牌戏份超越了品牌角色本身，是消费者对品牌热情的消耗。此文主张应该从传播战役化、品牌内容标签化、口碑公关化3个方面去做品牌社交媒体传播，提出甲方停更“双微一抖”。

关于这场“停更‘双微一抖’”的辩论，业界有人认为无效的品牌社交营销不如停更。还有人认为，内容就是个有门槛的活儿，品牌运营并非是平台问题，甲方的“双微一抖”所要面临的选择不是停更，而是要破除妄念。

**议一议**

① 在这场停更“双微一抖”辩论中，你认为品牌传播“内容”与“平台”孰轻孰重？

② 要胜任当今企业新媒体传播岗位，你认为需要具备哪些知识、技能与人文素养？

## 任务实施

假如你有亲人在家乡郊区经营着一家农家乐，滴翠的 5 月即将到来，眼看草莓、樱桃（或其他主打农产品）等应季水果将陆续上市，他计划以草莓、樱桃采摘方式，将园里的草莓、樱桃推向市场。这条活动传播信息，应该包含哪些信息诉求？通过什么信息渠道和方式，会使广告成本最低、效果最好？如何进行传播？

1. 打开百度或其他搜索引擎，搜索考察你的家乡农家乐市场行情。

2. 走进你亲人经营的这家农家乐，现场考察该农家乐市场实况。

3. 学习本任务“应知应会”，了解整合营销传播影响因素，掌握制定整合营销传播策略的步骤和内容，领会内容为王、用社会化媒体将营销与公关一起做的整合营销传播思维，为这家郊区农家乐应季采摘活动，制定一份有效触达目标消费群体的整合营销传播方案，完成工作任务卡 11，如表 11.1 所示。

**拓展**

**阅读**：给 0～1 岁的新媒体人：最全行话科普贴

**表 11.1　工作任务卡 11——策划家乡郊区农家乐整合营销传播活动**

完成时间：　　　年　　月　　日

| 内容名称 | | 内容描述 | 你需解决的问题 | 你解决的结果 |
|---|---|---|---|---|
| 整合营销传播影响因素 | 产品特点 | | | |
| | 生命周期阶段 | | | |
| | 口碑现状 | | | |
| | 竞争分析 | | | |
| 整合营销传播目标 | 目标受众 | | | |
| | 需求痛点 | | | |
| | 传播诉求 | | | |
| | 传播内容 | | | |
| 媒介选择 | 线上媒介 | | | |
| | 传统媒介 | | | |
| | 其他媒介 | | | |
| 整合营销传播活动预算 | | | | |
| 整合营销传播活动实施 | | | | |
| 整合营销传播活动效果预估 | | | | |

## 应知应会

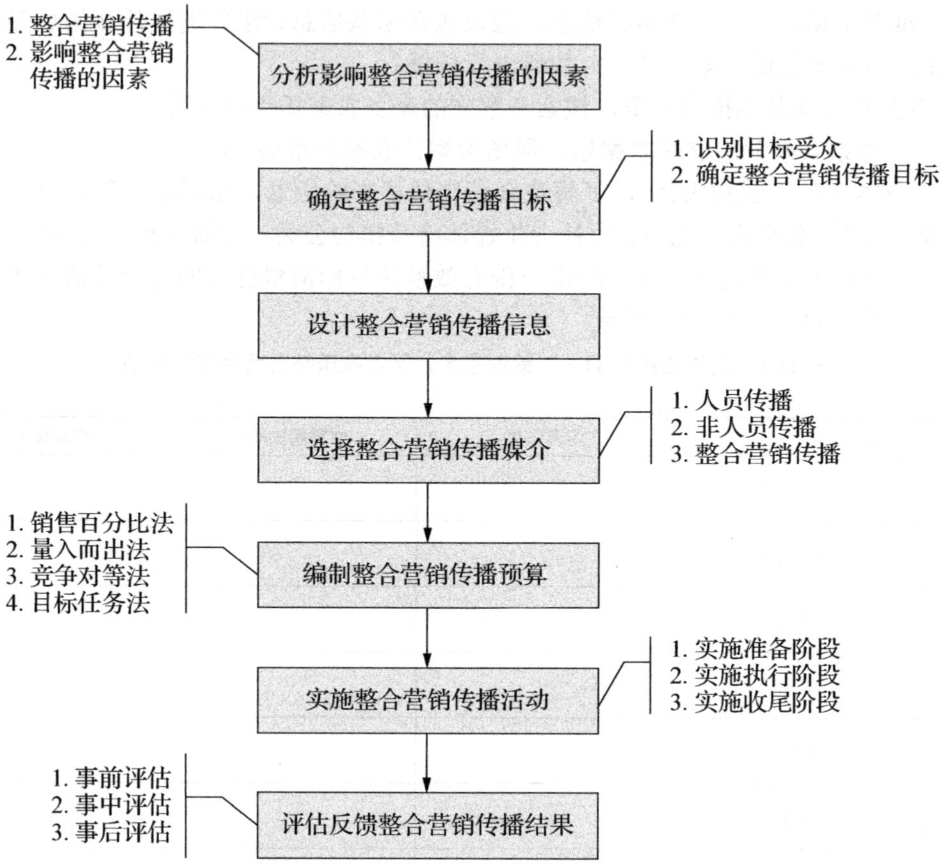


好酒还怕巷子深，企业要求得在市场上的成功，不仅需要开发出能有效满足需求的产品，为它制定有吸引力的价格，还必须善于向目标消费群体进行价值传播，必须在传播什么、对谁传播、怎么传播、何时传播等诸多方面创造性地开展整合营销传播，让品牌、产品的价值更有效地触达和影响目标市场。

# 任务 *11.1* 分析影响整合营销传播的因素

**情境思辨**

**数字媒体，还是传统媒体**

现如今，智能手机在你的生活中扮演了哪些角色？平常你还看电视吗？每天你刷手机的时间大约为几个小时？你对于自己所处的这个世界的消息主要来源于哪些信息渠道？电视、广播、电脑、手机、户外广告、杂志、报纸，还是其他什么？

几个主要因素正在改变今天的营销传播面貌。

首先，社交网络、网络视频、博客、品牌网站等数字时代滋生的一大批新的信息和传播工具，使营销者可以通过互动、有趣的方式接触到更小的消费群体，而不是像以前那样去打扰消费者，强迫他们接受大众传播信息。

第二，消费者在改变。在这个数字、无线的时代，消费者掌握更多的信息，并且能够接触更多的传播渠道。他们运用互联网或其他技术可以自主搜寻信息，而不是依赖营销者提供的信息，并且可以很容易地向其他消费者分享与品牌相关的信息，甚至去创造自己的营销信息。

第三，营销战略在改变。随着大众市场的分化，营销者正在远离大众化营销。他们越来越多地采用聚焦营销方案，可以与消费者在更细微的细分市场中建立更紧密的关系。

尽管正在逐步向新的数字媒体转变，传统的大众媒体似乎依然占绝大多数主要营销公司促销预算的最大份额。不管是传统媒体还是数字媒体，最关键的都是找到传播品牌信息和增强用户品牌体验的最佳媒体组合。

## *11.1.1* 整合营销传播

**整合营销传播**（Integrated Marketing Communication，IMC）是指企业协调使用、有机结合各种不同的传播手段，将与企业进行市场营销有关的广告、营业推广、公关、直销、企业形象识别、搜索引擎营销（SEM）、内容营销、包装、新闻媒体等一切试图直接或间接向目标受众告知、说服和提醒关于组织及产品的可信的、具有竞争力的信息传播活动一元化的过程。整合营销传播也被称为 Speak With One Voice（用一个声音说话），即营销传播的一元化策略。

整合营销传播的实质是在企业和利益相关者之间建立与进行快捷有效的信息沟通。整合营销传播的内涵具体表现在：以消费者为中心，整合各种传播手段塑造一致性“形象”。实施整合营销传播，就是塑造品牌、建立品牌影响力和提高品牌忠诚度的过程。

常见的营销传播平台如表11.2所示。

**表11.2　常见的营销传播平台**

| 广　告 | 促　销 | 事件体验 | 公关、公共宣传 | 直销、互动营销 | 口碑营销 | 人员推销 |
|---|---|---|---|---|---|---|
| 印刷 | 竞赛、游戏 | 体育 | 新闻发布会 | 产品目录 | 人对人 | 销售陈述 |
| 广播 | 抽奖、彩票 | 娱乐 | 演讲 | 邮件 | 聊天室 | 销售会议 |
| 外部包装 | 优惠 | 节庆 | 讲座 | 电话销售 | 微博 | 激励计划 |
| 说明书 | 赠品 | 艺术 | 年报 | 电视购物 | 微信 | 样品 |
| 电影院 | 样品 | 公益 | 慈善捐赠 | 传真 | 抖音 | 交易会 |
| 宣传手册 | 交易会 | 参观工厂 | 出版物 | 电子邮件 | 贴吧 | 贸易展 |
| 海报 | 贸易战 | 公司博物馆 | 社区关系 | 语音邮件 | | |
| 传单 | 展览 | 街头活动 | 游说 | 公司博客 | | |
| 目录 | 演示 | | 公司杂志 | 网站 | | |
| 广告软文 | 优惠券 | | | | | |
| 广告牌 | 返点 | | | | | |
| 展示标志 | 低息融资 | | | | | |
| 售点展示 | 抵换折让 | | | | | |
| | 定期订货协议 | | | | | |
| | 搭售 | | | | | |

**同步**

**聚焦：**人民网发布《2019中国媒体融合传播指数报告》

**知识拓展**

**利用SNS（社会性网络服务）社区做口碑营销，营造病毒式传播**

“金杯银杯不如老百姓的口碑，金奖银奖不如老百姓的夸奖。”口碑的重要性不言而喻。在网络连接一切的今天，口碑营销从原来传统的人们直接的口头交流传播方式开始着力于互联网的用户习惯和网络意识变得更加多元化。通过在网络社区上引导人们毫无顾忌地分享他们的意见、体验或对某个产品的热情，就可能创造病毒式口碑效应。

互联网使传播模式由AIDMA模型向AISAS模型转变，如图11.1所示。

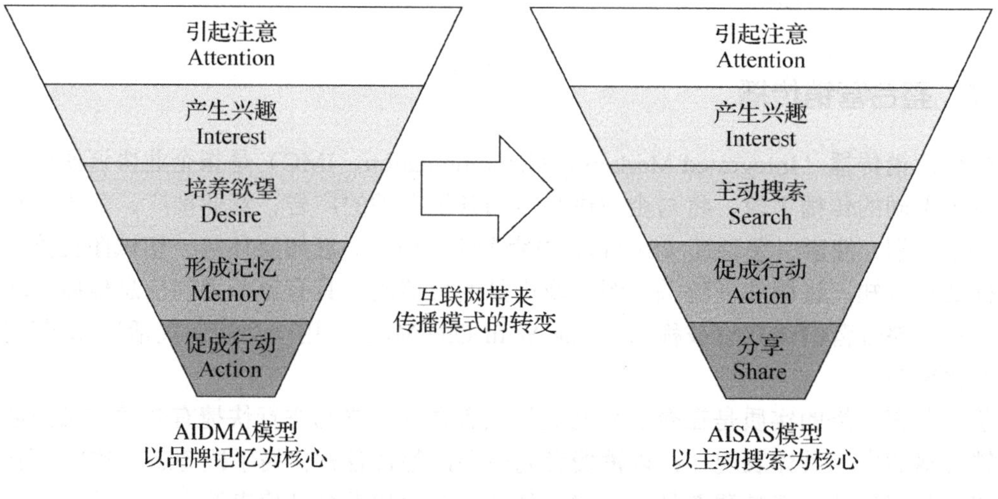


**图11.1　互联网使AIDMA模型向AISAS模型转变**

移动互联网时代电子商务基于 AISAS 模型的信息化管理步骤如图 11.2 所示。

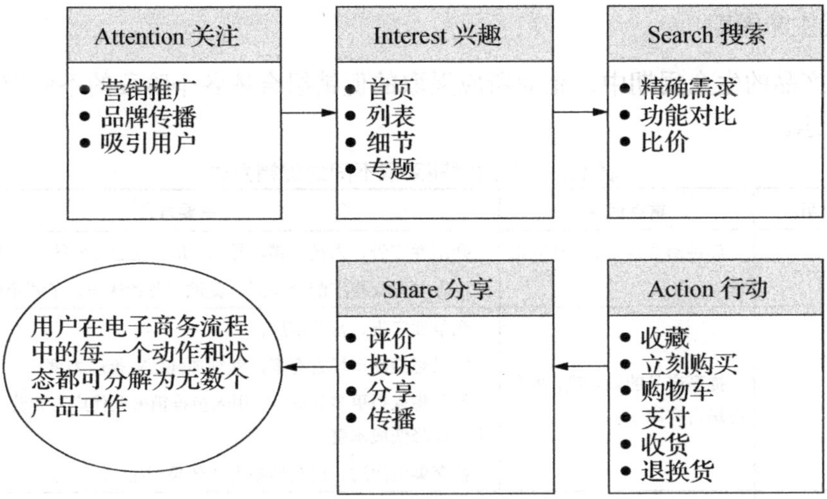


**图 11.2　移动互联网时代电子商务基于 AISAS 模型的信息化管理步骤**

## *11.1.2*　影响整合营销传播的因素

### 1. 营销传播环境

21 世纪，随着网络即时沟通交流工具的普及，全球加速进入公民社会时代，社会正在从传统媒体主导的大众传播向新媒体主导的自媒体传播转变，公众在决定接受何种传播及如何与他人交流使用产品和服务的经验方面有着更多的选择权与话语权。企业必须善于与顾客进行双向互动交流。

### 2. 营销传播目标

如果要刺激短期销售，营业推广是首选形式；如果谋求建立关系，则公关是首选；如果想在短时间内提高知名度，网络传播、广告可能效果更好；如果想快速打开市场，人员推销、广告、公关、营业推广、网络营销同时使用，肯定比单一方式效果好，当然成本也高。

### 3. 企业资源情况

如果企业资源有限，那就不可能选择全国性广告，只能选择一些更廉价的营销工具。

### 4. 客户信息需求

如果客户需要复杂的技术说明，那么显然人员推销面对面交流的传播效果要好于广告。

### 5. 市场规模和市场集中度

小而集中的市场，人员推销是首选；大而分散的市场，广告或直销可能是更好的选择。

### 6. 产品性质

在消费品市场，更多地采用拉式策略，尤其以广告和营业推广形式促销为多；在工业品市场，则以人员推销为主要形式。

### 7. 产品生命周期

在整个产品的生命周期中，企业所应采取的促销组合依各个阶段的不同而有所不同，如表 11.3 所示。

表 11.3　不同时期采取不同的促销方式

| 产品生命周期 | 重点目标 | 主要方式 |
| --- | --- | --- |
| 介绍期 | 促进消费者知晓，打开市场 | 介绍性广告、人员推销、导入 CIS（企业形象统一）策略；<br>广告与营业推广配合使用，促进消费者认识、了解企业产品 |
| 成长期 | 提高产品的知名度，提升市场占有率 | 竞争性广告、营业推广；<br>如果想提高市场占有率，就须加强营业推广力度；<br>如果想取得更多利润，则用人员推销来取代广告和营业推广的主导地位，以降低成本费用；<br>社交渠道沟通、口头传播方式效果明显 |
| 成熟期 | 增加产品的信誉度，维持既有市场占有 | 提示性公关；<br>为了保持已有的市场占有率，企业必须增加促销费用。如果发现了现有产品的新用途，或者推出了改良产品，运用赠品等促销工具诱发购买兴趣比广告更为有效 |
| 衰退期 | 维持信任、偏爱 | 营业推广为主，辅以提醒性广告、减价等 |
| 市场生命周期各阶段 | 消除顾客不满意度，提升美誉度，增加品牌黏性 | 广告、营业推广、人员推销、公关配合使用；<br>线上线下传播渠道共同发力；<br>善于用社会化媒体，将营销与公关一起做 |

### 8. 推式策略和拉式策略

**推式策略**是指生产者将产品积极推到批发商手上，批发商又积极地将产品推给零售商，零售商再将产品推向消费者；**拉式策略**是指企业针对最终消费者，花费大量的资金从事广告及消费者促销活动，以增进产品的需求，反向拉动零售商会向批发商要求购买该产品，而批发商又会向生产者要求购买该产品。通常，快速消费品多使用拉式策略，而工业品常使用推式策略。

移动互联网时代 AISAS 模型传播模式的可视化、信息化管理过程如图 11.3 所示。

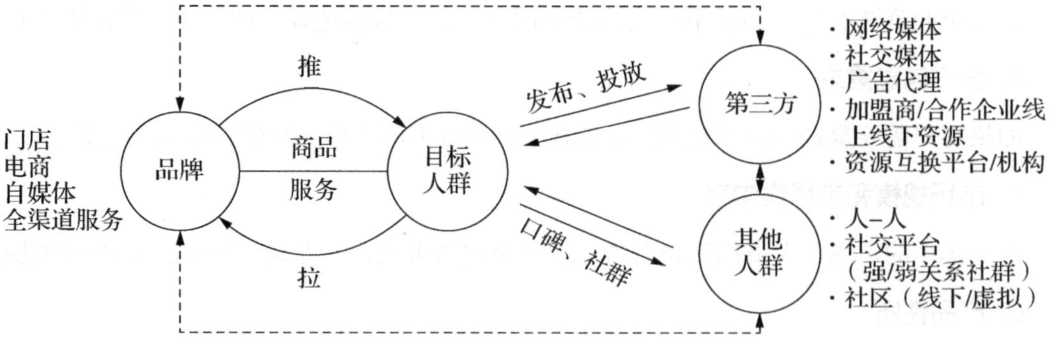


图 11.3　移动互联网时代 AISAS 模型传播模式的可视化、信息化管理过程

知识拓展

**内容营销，是拉，不是推**

内容营销正在成为营销创意的新舞台：“内容”的形式从传统的文字、图片到视频短片、微电影，或者网络游戏，但凡能融入品牌信息的内容介质都可被采用；“内容”的传播平台从纸媒、电视、网络到手机、Pad等移动端，但凡能传递信息的渠道，无所不用。

传统广告是将产品信息“推”给消费者，而内容营销是通过有价值的内容将消费者“拉”过来；传统广告强调产品，内容营销则给消费者带去价值。

拓展

观察：《网络直播营销行为规范》2020年7月1日起施行

### 9. 法律法规

“特价商品概不退换”“商场拥有活动最终解释权”是商家常用的手段。由国家商务部、发改委、公安部、税务总局、工商总局五部门联合颁布并于2006年10月15日起施行的**《零售商促销行为管理办法》**规定：零售商开展促销活动，应在经营场所的显著位置明示促销内容，包括促销原因、促销方式、促销规则、促销期限、促销商品的范围，以及相关限制性条件等。

新消保法等相关法律，对虚假广告等不法营销传播行为，也分别有相关规定。

### 10. 其他

其他有关整体经济环境、互联网使用环境、行业与企业舆情环境、企业营销风格、竞争态势等状况，都会不同程度地影响着整合营销传播方式的决策。

## 任务 *11.2* 确定整合营销传播目标

同步观察

**你为什么促销**

你打8折我就打7折，你买100送60，我就买100送100，但为什么我也宣传了、钱也投了，顾客却反应平平呢？最主要的原因是促销活动内容严重同质化、不是打折就是送礼等。种种现象表明，对于“视觉疲惫”的顾客来说，这些都已经吸引不了他们了。如果只是按照固有的习惯模式去做促销，而没有按照自己区域市场的实际需求来开展促销活动，促销目标不明确，就会造成知促销而不知其所以促销，这当然达不到预期效果了。

### *11.2.1* 识别目标受众

就是要清晰地确定产品或服务针对的目标受众，通常包括企业产品或服务的潜在购买者、现有用户、决策者或有影响力的人，以及个人、团体、特定受众或一般公众。目标受众对向谁说、说什么、怎么说、何时说、何地说等营销传播决策至关重要。

### 11.2.2 确定整合营销传播目标

通常企业可以通过整合营销传播实现如下目标。

① 提升品牌购买意愿，告知产品或服务的信息，促进产品或服务的销售。

② 培植市场，寻找潜在顾客，引起目标顾客对产品或服务的兴趣。

③ 刺激短期购买，强化销售，提高销售额或销量。

④ 开发目标市场，打入某一特定的细分市场或区域市场。

⑤ 推介新产品，宣传新产品或新产品组合，增加特殊产品或服务的销售。

⑥ 提升知名度，使顾客对公司产生意识或认知。

互联网用户消费决策过程如图 11.4 所示。

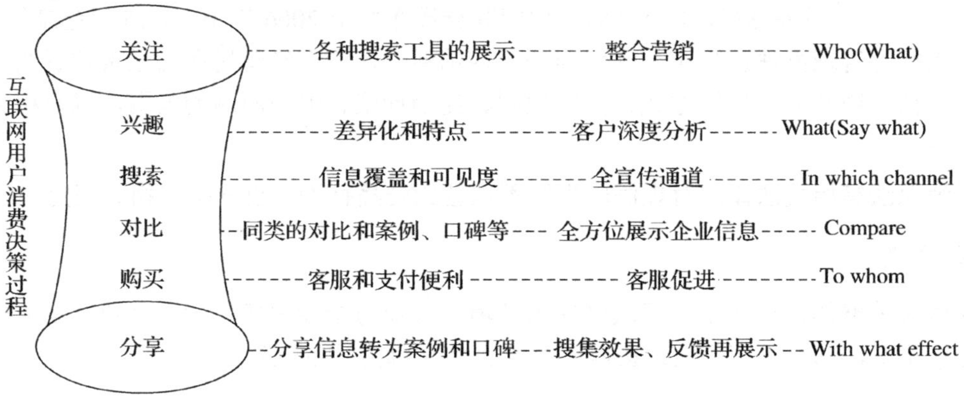


**图 11.4 互联网用户消费决策过程**

## 任务 11.3 设计整合营销传播信息

**拓展**

**观察**：消费节、直播带货、全员营销……企业如何 get 这些营销新玩法，提升品牌力？

**情境观察**

**广告代言人和经营者承担同等责任**

据中国青年报报道，因认为自己购买的汤臣倍健鱼油软胶囊存在虚假宣传问题，2014 年 5 月，北京市民冯长顺将经销商北京百姓阳光大药房有限公司汤臣倍健代言人姚明告上法庭，该案已正式立案。姚明因作为新消保法生效后涉嫌虚假代言的第一位名人明星，被消费者起诉，也被法院以新消保法的规定等予以立案，打响了新消保法治理名人明星虚假代言、维护消费者权益的第一枪。

整合营销传播信息设计需要解决说什么、如何说、谁来说这3个问题。

### 1. 明确说什么

营销人员需要确定符合品牌定位并能帮助建立与竞争者有别的差异诉求点或构思，如品牌能够给消费者带来的价值、产品的价廉物美经济性诉求，或者是相关流行元素等。

### 2. 确定如何说

需要了解目标受众的信息需求，恰当选择文字、图片、视频、音频等传播信息的表达形式，并设计传播信息内容的表达逻辑、措辞、语气等。

### 3. 确定由谁来说

通过意见领袖或知名人士来传播信息会获得高关注度，名人代言常被用作广告。

在今天移动互联传播环境下，相互信任度较高的微信、QQ 群、人人网等圈子内的同学、同事、亲戚、朋友等人员关于产品或服务消费经验的即时互动分享，往往会获得传统广告等传播方式所达不到的“病毒式传播”效果。另外，产品的外包装同样可以作为传播信息的载体。

**营销故事**

**峨眉钰泉，@所有人**

**议一议**

① 该品牌@所有人的举动，传播的诉求点是什么？

② 按照该品牌的表达逻辑，请再尝试策划几则你专属的“@所有人”传播内容。

# 任务 11.4　选择整合营销传播媒介

情境思辨

**用社会化媒体，将营销和公关一起做**

如今，通过社会化媒体，每个人都可以创建、评论和添加内容。社会化媒体已经重新组织了人们在社会中的关系，显示出社会化媒体网站的群聚圈子效应。社会化媒体的参与者网民，既是信息的受众，也是信息的创作者，同时更是信息的传播者。每个参与者都对我们的品牌塑造和传播具备价值。社会化媒体将我们传统意义的营销行为延伸了，我们必须重新认识我们与客户的关系，在社会化媒体里建立我们的“品牌触点”，积累我们的品牌资产。社会化媒体下的新规则，是把营销和公关放在了同一条目下而不再分开。

议一议

① 移动互联网时代，哪些传播媒介更有市场？哪些媒介正在迅速被淘汰？

② 大数据时代，传统商业广告还有用武之地吗？

恰当地整合营销传播信息，除了要由合适的人、给予恰当的表达之外，通过何种信息渠道进行信息传递与传播也是决定整合营销传播效果的主要因素。可供选择的常规信息传播渠道一般包括人员传播和非人员传播两大类，如表 11.4 所示。

**表 11.4　整合营销各种传播方式的比较分析**

| 整合营销传播方式 | | 优　点 | 缺　点 |
|---|---|---|---|
| 人员传播 | 口口传播 | 相关群体间的人人传播，可信度高 | 接触面有限 |
| | 人员推销 | 直接沟通信息，反馈及时，可当面促成交易 | 占用人员多，费用高，接触面窄 |
| 非人员传播 | 广告 | 传播面广，形象生动，节省人力 | 只能对一般消费者，难以立即促成交易 |
| | 公关 | 影响面广，信任程度高，可提高企业知名度和声誉 | 花费较大，效果难以控制 |
| | 营业推广 | 吸引力大，激发购买欲望，可促成消费者当即采取购买行动 | 接触面窄，有局限性，有时会降低商品身份 |
| | 网络营销 | 传播面广，传播速度快，互动性强，更懂消费者需求，成本低 | 网络支付与信息安全隐患，网络公信力须提升 |

## 11.4.1　人员传播

人员传播通常是指狭义的人员推销，主要有上门推销、柜台推销、会议推销等方式。

1. 人员推销

人员推销是指企业派出营销代表直接与中间商、现实或潜在顾客进行面对面的接触、洽谈，通过双向的信息沟通和交流，促进产品和服务的销售，并且通过信息的反馈来发现和满足顾客需求的促销方式。与非人员传播方式相比，人员推销在选择目标顾客的针对性和准确性、掌握顾客需求的灵活性、提供服务过程的完整性及与客户建立关系的情感性等方面具有明显的优势和特点。同时，人员推销的缺点也很明显：一是支出较大，单客触达成本较高；二是对推销人员的要求较高，不容易培养和选出理想的推销人员。

2. 人员推销策略

① 试探性策略，又称刺激-反应策略，是指在不了解顾客的情况下，推销人员事先设计好能引起顾客兴趣、能刺激顾客购买欲望的推销语言，通过渗透性交谈进行刺激，在交谈中观察顾客的反应，然后根据其反应采取相应的对策，并选用得体的语言，再对顾客进行刺激，进一步观察顾客的反应，以了解顾客的真实需要，诱发购买动机，引导产生购买行为。

② 针对性策略，又称配方-成交策略，是指推销人员在基本了解顾客某些情况的前提下，有针对性地对顾客进行宣传、介绍，以引起顾客的兴趣和好感，从而达到成交的目的。

③ 诱导性策略，又称诱发-满足策略，是指推销人员运用能激起顾客某种需求的说服方法，诱发、引导顾客产生购买行为。这是一种创造性推销策略，对推销人员要求较高，要求推销人员能因势利导，诱发、唤起顾客的需求，并能不失时机地宣传介绍和推荐所推销的产品，以满足顾客对产品的需求。

**观察与分析**

**推销不出业绩的原因**

市场上有很多推销人员让人看了觉得心疼，他们终日在街头忙碌，衣服湿了又干，干了又湿，可就是不见有进账。其实真正的原因 80%居然就是如下 4 个。

1．拖延，不断地拖延

应该要给客户打的电话拖了又拖，因为不想去面对可能的拒绝，或者客户的抱怨。

2．无意义的拜访

如果你自己都没有准备好，客户感受不到你的用心，为什么要花时间与你谈话呢？

3．一问三不知

推销人员在事前没有做好专业知识的准备，不但没有回答问题的应变能力，也没有回答最基本问题的专业能力。

4．生理的疲惫

疲惫的身体会造成注意力不集中、应对能力变差、两眼无神、气色不好、打哈欠、口臭，这些都会在客户的心目中留下不被尊重、极差的印象。

### 11.4.2 非人员传播

非人员传播通常包括广告、公关、营业推广、网络营销等除了人员推销之外的其他信息传播渠道。

#### 1. 广告

广告是由明确的主办人发起，以付费方式进行的旨在将产品、服务或营销构思的有关信息传递给目标受众的一种大众传播行为。广告是一种经济有效的应用频率最高的信息沟通和传播手段，在沟通产销、激发需求、指导消费、增强效益、美化生活、促进文明等方面都有着其他促销方式所无法比拟的优势。

（1）广告目标

广告目标是指企业在特定时期内，针对特定的对象通过广告活动所要达到的特定信息传播任务。广告目标必须符合先前制定的有关目标市场、市场定位和营销组合等决策。不同的企业在不同时期广告目标又各不相同，通常广告目标可分为告知、劝说、提示三大类。

① **告知性广告**。告知性广告的目的是为产品创造最初的基本需求，常在产品的介绍期用来介绍新产品、开拓新市场，因此又称为创牌广告或开拓性广告。

② **劝说性广告**。劝说性广告是市场激烈竞争阶段企业常用的有力武器，一般多用于成长期和成熟期的产品宣传。企业实行差异性营销策略时也使用劝说性广告。

③ **提示性广告**。提示性广告在产品的成熟期非常有必要，目的是使顾客保持对某品牌产品的记忆，巩固已有的市场阵地，并在此基础上深入开发潜在市场和刺激购买需求。

（2）广告媒体种类

广告媒体种类繁多，各自的性能、传播信息的效果千差万别，主要包括：报纸、杂志等印刷广告媒体；电视、广播、网络等视听广告媒体；建筑物、车站、霓虹灯、路牌等户外广告媒体；张贴在车、船、飞机上的交通广告媒体；设在商场内外的售点广告、橱窗广告等其他 POP（Point Of Purchase，卖点广告）媒体；各类门户网站、各类企业与组织网站，以及微博、微信、QQ、人人网等互联网广告媒体；馈赠广告、赞助广告、体育广告、包装纸广告、购物袋广告等其他广告媒体。

（3）广告媒体组合策略

它包括对广告媒体、投放时间、投放地点、投放频率等内容的整合决策，通常有如下几种。

① **无差别策略**。这是指在目标消费者可能接触到的所有媒体同时展开立体广告攻势，而且不计时间段，甚至不计成本，旨在迅速地、全方位地打开和占领市场，即常见的地毯式广告轰炸。这种策略在保健品、医药行业倍受青睐。

② **差别策略**。这是指确定了符合企业的目标和任务、适合企业资源条件的细分目标市场后，企业有针对性地选择个别媒体做广告的策略。其最终的目的是提高广告媒体的成本效益。

③ **动态策略**。这是指根据广告媒体的传播效果和企业达到目标市场的需求状态，来灵活选择广告媒体的策略。一种是先宽后窄策略，先采用较多媒体大范围地进行广告宣传，掌握了各种媒体的反馈情况之后，再决定下一步的媒体选择目标；另一种被称为先窄后宽

策略，即先投入少量媒体广告以投石问路，然后再决定是启用更多的媒体同时展开广告攻势，还是另择其他媒体从头再来。

**知识拓展**

**广告中的黄金白银法则**

所谓黄金法则，是指美女、动物、婴儿效应，而白银法则则是指名人效应。

运用最多的无疑为美女广告，广告中 50%以上都是美女的面孔。基于人对大自然的亲近渴望，由动物来做广告容易消除受众和广告诉求之间的隔阂，让人产生亲近感，进而加强沟通，达到预期的效果。世界上最伟大的爱就是母爱，而广告人也抓住这一点，让母爱也延伸到产品上。

名人广告不仅时尚，而且古已有之。广告中运用了艺术学、美学、逻辑学、行为科学、商品学等多学科知识，但运用最多的是心理学。名人效应打的就是心理战，利用消费者对名人的信赖或是大众对名人的崇拜、对名人生活方式的向往，从而被名人的广告说服而购买产品。

### 2. 公关

公关是指企业有目的地向目标公众进行的一系列旨在促进和增强公众对企业的认识、理解及支持，树立良好企业形象的一系列信息沟通与交流活动。公关的目的是提高企业信誉度和美誉度，以真诚合作、平等互利、共同发展为基本原则。

（1）建立公关目标

公关的总体目标是塑造企业与品牌形象，具体目标如下。

① 吸引兴趣，提升知名度。

② 建立好感，树立可信度。

③ 影响特定目标群体，刺激销售队伍和经销商。

④ 留住老顾客，创造和维护忠诚顾客。

⑤ 解决特定问题，开展危机公关。

⑥ 建章立制，危机预警，开展日常公关。

（2）选择公关信息载体

① 出版物，包括年度报告、宣传册、文章、视听材料、企业新闻通讯和杂志等。

② 事件，包括新闻发布会、研讨会、讲座、户外活动、展览会、竞赛、周年庆等。

③ 赞助，即通过赞助和宣传体育、文化、养老、教育、助残等公益活动，提升品牌价值。

④ 新闻，即发现或者创造对企业、产品或员工有价值的新闻，吸引媒体注意并接受。

⑤ 演讲，即创造在行业年会、展览会、销售研讨会等场所回答媒体提问或演讲的机会。

⑥ 形象识别应用，即通过企业商标、信纸、名片、制服等展示企业的可视化形象标志。

### 3. 营业推广

营业推广又称销售促进（Sales Promotion，SP），是指企业运用各种短期诱因鼓励消费者和中间商购买、经销或者代理企业产品或服务的促销活动。营业推广主要作用于终端消费者和中间商，企业应根据市场情况、政策、法规、企业性质、产品特点等选择适当的营业推广方式。

(1) 向消费者推广的方式

① 赠送样品，即向消费者免费提供试用的产品。它主要用于新产品推广阶段。

② 优惠券，即在特定时间和地点购买某种指定商品时可以享受一定程度优惠的凭证。

③ 现金折让退款，即消费者购物完毕可凭指定的“购物证明”获得约定的折让现金返还。

④ 特价包装，即以低于正常价格、用特殊包装方式向消费者销售商品的促销方法。

⑤ 赠送礼品，即以较低代价或免费向消费者提供某一物品，以刺激其购买某特定商品。

⑥ 有奖销售，即发给奖券或号码中奖。这是刺激终端消费者的一种比较有效的促销方法。

⑦ 累计购买奖励，即累计购买达到一定量时，可以给予消费者一定比例的现金或其他奖励。

⑧ 产品保证，是指企业承诺购后的相当时间内负责产品的使用、维修等咨询服务。

⑨ 交叉推广，即两个或两个以上的非竞争品牌联合进行促销合作，共同把市场做大。

⑩ 售点陈列，即在销售现场张贴、悬挂、陈列以宣传和促进有关商品的销售。

**同步观察**

**剁手党秒杀购买的原因**

**议一议**

① 你在今年的“双十一”大促中，秒杀到了哪些商品？下单及收到快递后的感觉是什么？

② 观察、分析一下你身边的人是出于何种心理成为秒杀剁手党的。

(2) 向中间商推广的方式

① 商品交易会、展销会。同行业产、供、销三方互通信息，展示商品，宣传品牌。

② 销售竞赛。由中间商和推销人员参加，刺激他们在某一段时间内增加销量。

③ 价格折扣。一般在销售淡季，企业鼓励中间商更多地进货或配销新产品。

④ 促销资金。例如，“你开店，我掏钱”“你选址，我付房租”。

### *11.4.3* 整合营销传播

成功开展整合营销传播，要求企业必须建立动态、完整的客户信息数据库，能够精准定位目标客户，并能定向跟踪和挖掘目标客户行为，进行精准营销传播信息推送和投放，努力实现一对一的营销传播与沟通。因此，传统的人员推销、广告、公关、营业推广等传播渠道和方式必须与线上网络互动营销传播渠道整合使用，线上线下同步开展营销信息传播。

目前，企业线上互动营销传播渠道除了企业自建网站提供丰富的品牌和产品等相关信息外，被广泛应用的主要是**社会化媒体**，即人们彼此在线上聚集，分享见解、信息、思想并建立关系的在线网络交流平台——具有群聚圈子效应，是目前已经存在的和即将诞生的所有网络传播的总称。社会化媒体营销的核心是内容营销。

# 任务 11.5　编制整合营销传播预算

**情境观察**

**网络推广，如何花小钱办大事**

说到网络推广，不少企业可能有话要说。一年烧了大几十万元，但是效果却让企业很“头疼”。像这样的企业不在少数，做搜索引擎营销时，一次需要交纳预存的点击费，不管是无效点击还是同行恶意点击，账户里的钱都是被扣除的。而行业不同，开出的点击费也不同，不少单次点击费可能又大几十元，所以搜索引擎营销烧钱已经是不足为奇的事情了。那么，有没有什么既能保证推广效果又可以省钱的办法呢？

网络推广是门学问，需要从企业预算、需求、目标效果等综合判断，不盲目不跟风，这样才能用最低的成本获得高转化、高回报。

无论采用何种方式，做促销预算都不是一件容易的事情。常用的促销预算方法如下。

### 1. 销售额百分比法

企业以目前或预估的销售额为基准乘以一定的百分比作为促销预算。该方法简单方便，但难以立足，因为它错误地将销售额看成促销的原因，而非促销的结果，因此用销售额百分比法能够获得资金而非机会，可能会否定为扭转下降的销售额所需要的广告支出。

### 2. 量入为出法

企业根据能够负担得起的促销费用为促销预算。小企业通常会采用该法决定预算。该法容易造成促销年度预算多寡不定，给长期市场规划带来困难。

### 3. 竞争对等法

企业以主要竞争者的或平均的促销费用支出为促销预算。企业通常会留意竞争者的广告，或者从刊物和商业协会获得行业促销费用的估计，然后依行业平均水平来制定预算。事实是，没有证据表明基于竞争者的预算能真正防止爆发促销战。

### 4. 目标任务法

符合逻辑的预算编制方法是目标任务法，即企业根据促销要达成的目标制定促销预算。目标任务法编制促销预算包括以下 3 个步骤。

① 确定具体的促销目标。

② 确定实现这些目标所应执行的任务。

③ 估算执行这些任务的成本，成本之和就是预计的促销预算。

目标任务法能使管理层明确费用多少和促销结果之间的关系，然而它却是最难实施的方法，因为通常很难确定哪一个任务会完成特定目标。

# 任务 *11.6* 实施整合营销传播活动

**案例导入**

**三八节买500送帅哥**

三八节又有热闹看了！当商家还在玩“买200送100、180”的数字游戏时，某百货店宣布：买500送帅哥——帅哥上门做3小时家政工。“三八节当天累计消费满500元的女士，都可到茂业5楼帅哥领取处领一个帅哥回家。”帅哥们将到顾客家里免费进行3小时家政服务，如修锁、刷墙、装灯、送水、买米、洗衣服等。

三八节当天，该百货店从商场500名员工中选出60名男性员工，为消费满500元的顾客服务。据称，帅哥都是来自该企业的高层行政管理人员，包括店长在内。人手不够怎么办？该百货店介绍，三八节当天，消费满500元的顾客还可到帅哥领取处预约上门服务，一周之内有效。据采访，所有参与促销的帅哥都是自愿的，商场也没给参加活动的员工额外加薪。该商场一名员工介绍，这样的促销听着都新鲜，为避免老婆误会，“已经提前向家里做了说明”。

**议一议**

① 如果你是顾客，是否愿意接受该商场三八节所实施的“买500送帅哥”促销活动？

② 如果你是自愿参加该活动的男员工妻子，你是否乐意接受？

③ 该商场是否有必要取消或调整该项三八节促销活动？

无论整合营销传播方案制定得多么周密、具体和细致，总免不了与实际情况存在着一定的差异。随着时间的推移、实施的进展、环境的变化，实施过程中还会遇到一些新情况和新问题。传播实施过程的联动性、动态性、创新性等特点决定了实施是整个整合营销传播过程中最复杂，也是最重要的环节，决定着整合营销传播策划创意能否实现，以及实现的程度和范围。有效实施整合营销传播活动，通常包括如下环节。

## *11.6.1* 实施准备阶段

### 1. 成立实施机构，选择实施人员，分配实施任务

一般应按照精简、统一、节约、效能的原则来构建传播实施机构。人员安排方面要“人

人有事做，事事有人管”，无空白点，也无交叉点。谁负责与媒体沟通？谁负责写文案？谁负责现场管理？各个环节都要考虑清楚，以免顾此失彼。

#### 2. 进行人员培训

对相关工作人员进行培训，使他们明确活动的内容、作用、要求，明确自身的工作与责任范围，以及相关工作纪律、考核标准和奖惩办法。还要明确活动所需要的知识、方法与技能，以及在工作能力和心理状态方面都做好准备。

#### 3. 做好财物准备

根据实施需要，做好交通工具、场地布置物品、宣传材料等准备。

#### 4. 对外联络，前期协调各方关系

注意与各种传播媒介等外部公众的联络，及时将传播活动安排和宣传计划告知媒体，并提前联系相关的采访、报道、刊登和播放事宜；提前到相关政府部门办理活动所需要的公务报批手续，确保一切户外活动符合市容、城管、工商等管理规定；要安排一定的人力、物力、财力应对突发事件。

#### 5. 实施试验

为减少和降低传播实施过程中可能会遇到的各种沟通障碍，提高传播效率，传播实施之前有必要将实施方案在一个典型的、较小的公众范围做一些试探性试验，针对试验发现的实施障碍和实施方案的不足，修改、调整、完善传播实施方案。有使用风险的方法要反复模拟演习，把失误率降至最低；很重要的内容实施，应做好预案。

#### 6. 宣传造势

在实力允许的前提下，前期的大规模全方位造势宣传是必不可少的。应注意媒介的选择、媒介展露的频次、成本预算等，以期达到广泛告知的宣传效果。

### *11.6.2* 实施执行阶段

实施执行阶段需要对实施中的各要素及其阶段性实施目标进行目标跟踪过程管理，主要包括以下三方面。

#### 1. 人员管理

一方面要借助相应的规章制度和激励手段去调动人们的工作热情与积极性，监控他们的工作方法、质量；另一方面要通过明确合理的分工安排及合作竞争并行的机制提高工作效率，努力营造团结、和谐、有效的工作氛围。

#### 2. 沟通管理

实施中的传播沟通常常会因为传播沟通工具的运用不当、方式方法不妥和传播渠道不畅而使实施工作发生传播沟通障碍。实施中，一定要认真研究目标公众的生活方式、价值

标准、利用大众传播媒介的习惯等，尽量避免主、客观的干扰因素，并及时针对障碍产生的原因进行疏通，使信息完整、客观、清晰地传递给受众。

### 3. 进程管理

① 时机与进度控制。主要控制和处理流程、时间衔接、操作时机等问题。

② 资金物品管理。安排专人负责并及时登记在册各种物品，特别是贵重器材的保管、发放、使用和回收问题，既要保证满足实施的需要，又要避免不必要的损坏、遗失和浪费。

③ 突发危机事件控制。预先准备危机管理方案，并密切注意实施过程中是否存在各种矛盾和不协调因素，如实施环境有无障碍因素、新闻传媒有无不利报道、工作方法是否存在较大的风险、竞争对手有无对抗行为等，并及时加以化解与调整，以免情况恶化。

## *11.6.3* 实施收尾阶段

一是根据需要决定是否持续跟进后续传播活动；二是搜集、整理传播实施结果素材，为之后的传播效果评估做好相应的准备。

# 任务 *11.7* 评估反馈整合营销传播结果

**情境观察**

**广告效果应该如何有效评估**

多年前，业内曾尝试了解：消费者在观看了广告后是什么进入了其大脑。而“进入大脑”部分正是效果评估需要提升的地方。业界专家渴望看到的是，在数字媒体领域（在线领域或未来的电视），针对曝光率的评估能够变得具备可靠性和比较性。

一些评估更多的是专注于洞悉消费者的行为。值得一提的是，“行为定位”技术使用“过去的行为”来服务于相关的广告。举例来说，消费者的浏览记录可以为下次精准推荐提供服务。不过，不要把这误认为是“神经营销学”。监测脑电波对定向反馈、小规模样品、诊疗工作才更有效。

业界曾进行过“为什么营销者的回报长期低于营销预算”的监测，发现宣传远比知名度更重要。由此可见，衡量模式应该足够灵活，以便在新媒体（如手机）上进行更多尝试。

因此，业界呼吁要采取的行动是：摆脱“到达率和知名度就已足够”的心态。对于不能够进行新渠道试验的模式，应当及早抛弃。改革（甚至变革）营销效果的衡量方式，使效果评估更具可靠性和比较性。

整合营销传播效果评估是通过对传播活动的准备、实施、控制和效果的信息反馈，评估传播活动是否达到预期目标。通过评估反馈，不断提高传播创意水平、执行力和传播效果。

传播效果评估通常分为事前、事中和事后评估 3 类。

### 11.7.1 事前评估

事前评估是指传播方案正式实施之前所进行的调查测定活动，目的在于评估该方案的可行性和有效性。事前评估的方法主要有征求意见法和试验法两种。

### 11.7.2 事中评估

事中评估是指在传播活动进行过程中对其传播过程和阶段性效果进行评估。这可大致掌握消费者对传播活动的反应。它实际上是一种消费者调查，一般包括 3 个方面：传播活动进行期间消费者对活动的反应，可以通过现场记录来分析消费者参与的数量、购买量、重复购买率、购买量的增幅等；参与活动的消费者结构，包括新、老消费者比例，新、老消费者的重复购买率，新消费者数量的增幅等；消费者意见，包括消费者参与动机、态度、要求、评价等。

笔记

### 11.7.3 事后评估

事后评估是指在传播活动告一段落或全部结束后对其产生的效果进行评估。评估传播活动效果的指标有传播总费用、所达到的传播效果、执行情况等。常用方法有比较法和调查法。

**拓展训练**

1．训练内容

所在学校一家新开的休闲餐厅即将开张，请利用整合营销传播理念与原理，结合该餐厅的定位及拟实施差异化经营策略，为该餐厅设计一份开业推广传播方案。

要求如下：

① 首先进行有效的校园市场调研及需求分析。

② 找出该项目的目标消费群体，制定有效的目标市场策略。

③ 找出目标消费群体的日常信息渠道，设计有针对性的传播诉求内容。

④ 线上线下传播渠道融合。

2．训练目的

通过实务操作，让学生感知、识别当前传播环境下影响整合营销传播的因素及相关可供选择的传播方式和手段，引导学生结合实践，学会有效设计并实施整合营销传播活动。

3．训练要求

① 认真学习影响整合营销传播的因素，比较各种传播方式与手段及其适用范围。

② 做好项目调研，确保调研数据信息全面、客观、真实，保证调研质量。

③ 按照整合营销传播策略制定的步骤，策划完成这份校园餐厅推广传播方案。

④ 按照规范格式完成活动策划方案的撰写。

⑤ 团队汇报答辩注意礼仪等细节。

4．训练步骤

① 组建3～5人任务小组，进行任务研讨与分工。

② 有效进行案头调研，开展实地调研，给出调研数据。

③ 小组讨论，完成策划方案的撰写。

④ 小组汇报、展示本项目整合营销传播策划方案，并答辩。

5．训练考核

（1）知识与技能

所做整合营销传播方案能综合考虑相关影响因素，符合整合营销传播活动的流程与步骤，具备有效触达目标受众的可操作性。

（2）职业操守

树立内容为王、用社会化媒体将营销与公关一起做的整合营销传播思维。

（3）逻辑与规范性

逻辑合理，格式规范，礼仪得体。

### 任务实施评价

完成本任务的"工作任务卡""应知应会""拓展训练"等学习任务后，请按照如表11.5所示的测评项目，给出本任务的自主学习个人最终成绩与评价。

**表11.5　任务11——实施评价与职业能力测评**

完成时间：　　　年　　月　　日

| 学　生 | | 学　号 | | 班　级 | |
|---|---|---|---|---|---|
| 小　组 | | 小组长 | | 个人成绩 | |
| 多元评价 | 信息能力（15%） | 表达与沟通能力（25%） | 专业能力（35%） | 职业操守（15%） | 团队协作能力（10%） |
| 自我评价（10%） | | | | | |
| 小组评价（25%） | | | | | |
| 组间评价（25%） | | | | | |
| 教师评价（40%） | | | | | |
| 总　评 | | | | | |

**说明**：该实施评价与职业能力测评表是根据原劳动和社会保障部职业技能鉴定中心《职业核心能力培训测评标准》所列文献相关内容提炼，并结合营销职业能力构成及营销课程过程性实施特点编制而成的。

## 主要参考文献


[1] 科特勒，凯勒. 营销管理[M]. 15 版. 上海：格致出版社，上海人民出版社，2016.
[2] 科特勒，卡塔加雅，塞蒂亚万. 营销革命 4.0：从传统到数字[M]. 北京：机械工业出版社，2018.
[3] 勒庞. 乌合之众：大众心理研究[M]. 杭州：浙江文艺出版社，2015.
[4] 王永贵. 市场营销[M]. 北京：中国人民大学出版社，2019.
[5] 郑毓煌. 营销——人人都需要的一门课[M]. 北京：机械工业出版社，2016.
[6] 杨洪涛，邓丽红，张倩，等. 市场营销：网络时代的超越竞争[M]. 3 版. 北京：机械工业出版社，2019.
[7] 杨群祥. 市场营销概论——理论、实务、案例、实训[M]. 北京：高等教育出版社，2015.
[8] 里斯，特劳特. 定位[M]. 北京：机械工业出版社，2013.
[9] 博古斯基. 自营销[M]. 杭州：浙江人民出版社，2012.
[10] 迈尔-舍恩伯格，等. 大数据时代[M]. 杭州：浙江人民出版社，2013.
[11] 许春燕. 市场营销：理念、原理与实务[M]. 北京：教育科学出版社，2016.
[12] 孙景华. 生活方式创造商业价值[M]. 北京：机械工业出版社，2009.

尊敬的老师：

您好。

请您认真、完整地填写以下表格的内容（务必填写每一项），索取相关图书的教学资源。

## 教学资源索取表

<table>
<tr><td>书　名</td><td colspan="3"></td><td>作者名</td><td></td></tr>
<tr><td>姓　名</td><td></td><td>所在学校</td><td colspan="3"></td></tr>
<tr><td>职　称</td><td></td><td>职　务</td><td></td><td>职　称</td><td></td></tr>
<tr><td rowspan="2">联系方式</td><td>电　话</td><td colspan="2"></td><td>E-mail</td><td></td></tr>
<tr><td>QQ号</td><td colspan="2"></td><td>微信号</td><td></td></tr>
<tr><td colspan="2">地址（含邮编）</td><td colspan="4"></td></tr>
<tr><td colspan="2">贵校已购本教材的数量（本）</td><td colspan="4"></td></tr>
<tr><td colspan="2">所需教学资源</td><td colspan="4"></td></tr>
<tr><td colspan="2">系/院主任姓名</td><td colspan="4"></td></tr>
</table>

系／院主任：________________（签字）

（系／院办公室公章）

20_____年____月____日

注意：

① 本配套教学资源仅向购买了相关教材的学校老师免费提供。

② 请任课老师认真填写以上信息，并请系／院加盖公章，然后传真到（010）80115555转 718438 索取配套教学资源。也可将加盖公章的文件扫描后，发送到fservice@126.com 索取教学资源。欢迎各位老师扫码关注我们的微信号和公众号，随时与我们进行沟通和互动。

③ 个人购买的读者，请提供含有书名的购书凭证，如发票、网络交易信息，以及购书地点和本人工作单位来索取。

微信号

公众号